HEYNE

OSHO

BewusstSein

Beobachte, ohne zu urteilen

Aus dem Englischen
übertragen von Renate Schilling

WILHELM HEYNE VERLAG
MÜNCHEN

HEYNE ESOTERISCHES WISSEN

Herausgegeben von Michael Görden
13/9946

Die Originalausgabe erschien unter dem Titel
AWARENESS – The Key to Living in Balance

Sämtliche ausgewählten Texte von Osho stammen aus spontan gehaltenen Vorträgen, die überwiegend in Englisch, aber auch in Hindi gehalten, auf Tonband aufgezeichnet und in Schriftform übertragen wurden.

Umwelthinweis:
Dieses Buch wurde auf chlor- und säurefreiem Papier gedruckt.

Deutsche Erstausgabe 03/2004

Der Wilhelm Heyne Verlag ist ein Unternehmen
der Ullstein Heyne List GmbH & Co. KG
www.heyne.de
Printed in Germany 2004
Umschlaggestaltung: FranklDesign, München
Umschlagillustration: Art by Osho, Osho International Foundation
Satz: Fotosatz Völkl, Türkenfeld
Druck und Bindung: Ebner & Spiegel, Ulm

ISBN 3-453-86884-6

Inhalt

Vorwort

Eines der wichtigsten Dinge, die man über den Menschen wissen muss, ist, dass er schläft. Selbst wenn er denkt, dass er wach ist, ist er es nicht wirklich. Seine Wachheit ist äußerst kümmerlich; sie ist so unbedeutend, dass sie eigentlich vollkommen vernachlässigbar ist. Seine Wachheit ist nur ein schöner Name, doch im Grunde völlig bedeutungslos.

Ihr schlaft bei Nacht, und ihr schlaft bei Tag – von der Geburt bis zum Tod verändert sich immer nur euer Schlafmuster, doch ihr wacht niemals wirklich auf. Nur weil ihr die Augen offen habt, solltet ihr nicht denken, dass ihr wach seid. Solange die inneren Augen nicht offen sind – solange dein Inneres nicht voller Licht ist, solange du nicht sehen kannst, wer du bist –, denke nicht, dass du wach bist. Das ist die größte Illusion, in der der Mensch lebt. Und sobald man wach zu sein meint, kommt man gar nicht mehr auf die Idee, Anstrengungen zu unternehmen, um zu erwachen.

Das Erste, was ihr tief verinnerlichen müsst, ist also, dass ihr schlaft, dass ihr in tiefem Schlaf liegt. Ihr träumt, tagein, tagaus. Manchmal träumt ihr mit offenen Augen und manchmal mit geschlossenen, doch immer seid ihr am Träumen – ihr *seid* ein Traum. Ihr seid noch nicht wirklich Realität.

Das Erste, was ihr tief verinnerlichen müsst, ist also, dass ihr schlaft, dass ihr in tiefem Schlaf liegt. Ihr träumt, tagein, tagaus. Manchmal träumt ihr mit offenen Augen und manchmal mit geschlossenen, doch immer seid ihr am Träumen – ihr seid *ein Traum. Ihr seid noch nicht wirklich Realität.*

Natürlich ist alles, was man in einem Traum macht, bedeutungslos. Was man denkt, ist ohne Bedeutung, was man projiziert, ist Teil des Traums und erlaubt einem niemals, das zu sehen, was wirklich ist. Daher haben alle Buddhas immer nur diesen einen Punkt betont: Wacht auf! All ihre Lehren über die Jahrhunderte hinweg lassen sich in einer einzigen Aufforderung zusammenfassen: Seid wach. Und sie haben Methoden und Techniken dafür entwickelt; sie haben Zusammenhänge und Räume und Energiefelder geschaffen, in denen ihr so geschockt werden könnt, dass ihr aufwacht.

Denn wenn ihr nicht geschockt werdet, wenn ihr nicht bis auf den tiefsten Grund erschüttert werdet, wacht ihr nicht auf. Euer Schlaf dauert bereits so lange, dass er den Kern eures Wesens erreicht hat; ihr seid damit durchtränkt. Jede Zelle eures Körpers und jede Faser eures Verstandes ist inzwischen voller Schlaf. Es handelt sich dabei nicht um ein unbedeutendes Phänomen. Daher braucht es wirkliche Anstrengung, um wach zu sein, aufmerksam zu sein, wachsam zu sein, Zeuge zu sein.

Wenn all die Buddhas der Welt in einem Punkt übereinstimmen, dann ist es dieser – dass der Mensch so, wie er ist, schläft und dass er wach sein sollte. Wachheit ist das Ziel, Wachheit ist der Geschmack all ihrer Lehren. Zarathustra, Lao-tse, Jesus, Buddha, Bahauddin, Kabir, Nanak – all die Erwachten haben nur das Eine gelehrt … in unterschiedlichen Sprachen, mit unterschiedlichen Metaphern, doch ihr Lied ist immer das gleiche. So wie das Meer immer nach Salz schmeckt – ob man es nun vom Norden oder vom Osten oder vom Westen aus probiert, das Meer schmeckt immer salzig –, so ist der Geschmack der Buddhas Wachheit.

Doch ihr werdet keine Anstrengungen dazu unternehmen, wenn ihr glaubt, dass ihr bereits wach seid. Dann taucht die Frage nach irgendwelchen Anstrengungen überhaupt nicht auf – wozu auch?

Und aus euren Träumen heraus habt ihr Religionen erschaffen, Götter, Gebete und Rituale – doch eure Götter sind ebenso Teil eurer Träume wie alles andere. Eure Politik ist Teil eurer Träume, eure Religionen sind Teil eurer Träume, eure Poesie, eure Malerei, eure Kunst – was immer ihr tut, tut ihr im Schlaf, tut ihr eurem eigenen Geisteszustand entsprechend.

Eure Götter können sich nicht von euch unterscheiden. Wer sollte sie erschaffen? Wer sollte ihnen Form und Farbe und Gestalt geben? Ihr erschafft sie, ihr gestaltet sie; sie haben Augen wie ihr, Nasen wie ihr – und einen Verstand wie ihr! Der Gott des Alten Testaments sagt: »Ich bin ein eifersüchtiger Gott!« Nun, wer hat wohl diesen eifersüchtigen Gott erschaffen? Gott kann nicht eifersüchtig sein. Doch wenn Gott tatsächlich eifersüchtig *ist*, was könnte dann falsch daran sein, eifersüchtig zu sein? Wenn sogar Gott eifersüchtig ist, warum sollte man dann glauben, dass man etwas falsch macht, wenn man eifersüchtig ist? Eifersucht ist göttlich!

Der Gott des Alten Testaments sagt: »Ich bin ein zorniger Gott! Wenn ihr meine Gebote nicht befolgt, werde ich euch vernichten. Ich werde euch auf ewig ins Feuer der Hölle werfen. Und weil ich eifersüchtig bin, dürft ihr keinen anderen verehren. Ich kann es nicht dulden.« Wer hat solch einen Gott erschaffen? Aus eurer eigenen Eifersucht, aus eurem eigenen Zorn heraus müsst ihr dieses Bild erschaffen haben. Es ist eure Projektion, es ist euer Schatten. Es spiegelt euch selbst und nichts anderes. Und das gilt auch für alle anderen Götter aller anderen Religionen.

Aus diesem Grund hat Buddha niemals über Gott gesprochen. Er sagte: »Wie kann man zu Menschen, die schlafen, über Gott sprechen? Sie werden schlafen, während sie zuhören. Sie werden träumen über das, was man ihnen sagt, und sie werden ihre eigenen Götter erschaffen – Götter, die vollkommen falsch, vollkommen machtlos, vollkommen bedeutungslos sind. Es ist besser, keine solchen Götter zu haben.«

Das ist der Grund, warum Buddha kein Interesse daran hatte, über Gott zu sprechen. Sein ganzes Interesse bestand darin, die Menschen aufzuwecken.

Es gibt eine Geschichte von einem erleuchteten buddhistischen Meister, der eines Abends am Flussufer saß und dem Klang des Wassers lauschte, dem Klang des Windes, der durch die Bäume strich … Da kam ein Mann zu ihm und fragte ihn: »Kannst du mir in einem einzigen Wort die Essenz deiner Religion erklären?«

Der Meister blieb still sitzen, vollkommen still, als ob er die Frage nicht gehört hätte. Darauf meinte der Fragesteller: »Bist du vielleicht taub, oder was?«

Der Meister erwiderte: »Ich habe deine Frage gehört, und ich habe sie auch beantwortet! Stille ist die Antwort. Ich blieb still – diese Pause, dieses Intervall, das war meine Antwort.«

Der Mann meinte: »So eine mysteriöse Antwort verstehe ich nicht. Kannst du es nicht ein bisschen klarer ausdrücken?«

Also schrieb der Meister mit dem Finger in kleinen Buchstaben das Wort »Meditation« in den Sand. Darauf meinte der Mann: »Jetzt kann ich etwas lesen. Das ist ein bisschen besser als zuvor. Wenigstens habe ich jetzt ein Wort, über das ich nachdenken kann. Aber kannst du es nicht noch etwas deutlicher machen?«

Erneut schrieb der Meister »MEDITATION«, diesmal natürlich mit etwas größeren Buchstaben. Der Mann fühlte sich verlegen, verwirrt, beleidigt, ärgerlich. Er sagte: »Du schreibst noch einmal *Meditation*? Kannst du es mir nicht noch etwas deutlicher machen?«

Also schrieb der Meister mit riesigen Buchstaben »MEDITATION«.

Darauf erwiderte der Mann: »Du bist wohl verrückt!«

Der Meister antwortete: »Ich habe mich schon sehr weit herabgelassen. Die erste Antwort war die richtige, die zweite war schon nicht mehr so richtig, die dritte schon etwas falscher, die vierte absolut falsch« – denn wenn man MEDITATION in Großbuchstaben schreibt, hat man einen Gott daraus gemacht.

Das ist der Grund, warum im Englischen das Wort für Gott, *God*, mit einem Großbuchstaben beginnt, während man alles andere klein schreibt. Immer wenn man etwas besonders herausragend, besonders groß machen möchte, schreibt man es mit großem Anfangsbuchstaben. Der Meister sagte: »Ich habe damit bereits eine Sünde begangen.« Er wischte alle Wörter aus, die er geschrieben hatte, und sagte: »Bitte lausche auf meine erste Antwort. Nur sie ist richtig.«

Stille ist der Raum, in dem man erwacht, und der laute Verstand ist der Raum, in dem man im Schlaf verharrt. Wenn dein Verstand laufend plappert, schläfst du. Wenn du still sitzt, wenn der Verstand verschwindet und du nur das Zwitschern der Vögel hörst und keinen Verstand im Innern, sondern nur Stille …, nur das Trillern und Zwitschern der Vögel und keinen Verstand, der sich in deinem Kopf dreht, vollkommene Stille … dann bahnt sich Bewusstheit in dir ihren Weg. Sie kommt nicht von außen, sie entsteht in dir selbst, sie wächst in dir. Doch ansonsten schläfst du – merke dir das.

Stille ist der Raum, in dem man erwacht, und der laute Verstand ist der Raum, in dem man im Schlaf verharrt. Wenn dein Verstand laufend plappert, schläfst du.

DIE GRUNDLAGEN

Ich verwende niemals den Begriff Verzicht. *Ich sage vielmehr: Freut euch des Lebens, der Liebe, der Meditation, der Schönheiten der Welt, der Ekstase des Lebens – erfreut euch an allem! Verwandelt das Alltägliche in etwas Heiliges. Verwandelt das Diesseits in das Jenseits, verwandelt die Erde in ein Paradies.*

Und dann beginnt indirekt ein gewisser Verzicht. Doch es geschieht einfach, man macht es nicht. Es ist kein aktives Tun, es ist ein Geschehen. Man beginnt seine Narrheiten aufzugeben; man beginnt auf Schrott zu verzichten. Man gibt bedeutungslose Beziehungen auf. Man gibt Jobs auf, die das innere Wesen nicht befriedigen. Man gibt Orte auf, an denen kein Wachstum möglich ist. Doch ich nenne das nicht Verzicht, ich nenne es Bewusstheit, Verstehen.

Wenn jemand Steine in der Hand trägt und denkt, dass es sich um Diamanten handelt, werde ich nicht zu ihm sagen, er solle diese Steine aufgeben. Ich werde ihm einfach nur sagen: »Sei wachsam und schau noch mal genau hin!« Wenn du selbst erkennst, dass es sich nicht um Diamanten handelt, wirst du dann das Gefühl haben, dass du sie aufgeben musst? Sie werden von ganz allein aus deinen Händen gleiten. Tatsächlich würde es eine große Anstrengung für dich bedeuten, sie weiter mit dir herumzutragen, du müsstest große Willenskraft dafür aufwenden, sie weiter zu tragen. Doch selbst dann wirst du sie nicht lange tragen können; sobald du eingesehen hast, dass sie nutzlos sind, dass sie wertlos sind, wirst du sie einfach nur wegwerfen.

Und sobald deine Hände leer sind, kannst du nach den wahren Schätzen suchen. Und die wahren Schätze sind nicht in der Zukunft zu finden. Die wahren Schätze finden sich genau hier und jetzt.

Von Menschen und Ratten

Wachheit ist der Weg zum Leben.
Der Narr schläft, als wäre er bereits tot.
Doch der Meister ist wach und lebt ewig.
Er beobachtet. Er ist klar.
Wie glücklich er ist! Denn er sieht, dass Wachheit Leben ist.
Wie glücklich er ist, denn er folgt dem Pfad der Erwachten.
Mit großer Beharrlichkeit meditiert er und sucht Freiheit und Glück.

AUS DEM *DHAMMAPADA* VON GAUTAMA BUDDHA

Wir achten im Leben selten auf das, was um uns herum geschieht. Wir sind sehr effizient geworden im Tun. Wir sind so effizient im Tun, dass wir bei dem, was wir tun, überhaupt keine Bewusstheit mehr brauchen. Es geht mechanisch, automatisch. Wir funktionieren wie Roboter. Wir sind noch keine Menschen; wir sind Maschinen.

Das ist es, was George Gurdjieff immer zu sagen pflegte: dass der Mensch so, wie er heute existiert, eine Maschine ist. Er hat damit viele Leute beleidigt, denn niemand hört es gern, wenn man ihn als Maschine bezeichnet. Maschinen hören es gern, wenn man sie Götter nennt; dann sind sie glücklich, dann können sie sich aufplustern. Gurdjieff pflegte die Menschen Maschinen zu nennen, und er hatte Recht. Wenn ihr euch selbst beobachtet, werdet ihr erkennen, wie mechanisch ihr euch verhaltet.

Der russische Physiologe Pawlow und der amerikanische Psychologe Skinner haben zu 99,9 Prozent Recht in dem, was sie über den Menschen sagen: dass der Mensch nur eine wunderbare Maschine ist und nichts weiter. Er besitzt keine Seele. Ich sage, zu 99,9 Prozent haben sie Recht, nur zu einem winzigen Teil haben sie Unrecht. In diesem winzigen Teil befinden sich die Buddhas, die Erwachten. Doch das muss man ihnen vergeben, denn

Pawlow ist niemals einem Buddha begegnet – stattdessen begegnete er Millionen von Menschen wie euch.

Skinner hat Menschen und Ratten untersucht und keinen Unterschied festgestellt. Ratten sind einfache Wesen, das ist alles; der Mensch ist ein bisschen komplizierter. Der Mensch ist eine komplizierte Maschine, und Ratten sind einfache Maschinen. Es ist leichter, Ratten zu untersuchen; das ist der Grund, warum Psychologen ständig Ratten untersuchen. Sie untersuchen Ratten und schließen daraus auf den Menschen – und ihre Schlussfolgerungen sind fast immer richtig. Ich sage »fast«, achtet darauf, denn dieses Zehntel Prozent ist das Wichtigste, was jemals geschehen ist. Ein Buddha, ein Jesus, ein Mohammed – diese wenigen erwachten Menschen sind die wahren Menschen. Doch wo hätte B. F. Skinner einen Buddha finden sollen? Sicher nicht in Amerika …

Der Mensch ist eine komplizierte Maschine, und Ratten sind einfache Maschinen. Es ist leichter, Ratten zu untersuchen; das ist der Grund, warum Psychologen ständig Ratten untersuchen. Sie untersuchen Ratten und schließen daraus auf den Menschen – und ihre Schlussfolgerungen sind fast immer richtig.

Ich habe gehört:

Ein Mann fragte einen Rabbi: »Warum hat sich Jesus nicht das Amerika des 20. Jahrhunderts ausgesucht, um auf die Erde zu kommen?«

Der Rabbi zuckte mit den Achseln und meinte: »Amerika? Das wäre unmöglich gewesen. Erstens, wo findet man hier eine Jungfrau? Und zweitens, wo findet man drei weise Männer?«

Wo sollte B. F. Skinner einen Buddha finden? Und selbst wenn er einen Buddha finden könnte, würden seine Vorurteile, seine vorgefassten Ideen ihm nicht erlauben, ihn zu erkennen. Er würde immer nur weiter seine Ratten sehen. Er versteht nichts von dem, was Ratten nicht können. Nun, Ratten meditieren nicht, Ratten werden nicht erleuchtet. Und er sieht den Menschen nur als eine größere Art von Ratte. Und doch sage ich, was die Mehrzahl der Menschen betrifft, hat er Recht; seine Schlussfolgerungen sind nicht falsch, und Buddhas würden mit ihm über die so genannte normale Menschheit übereinstimmen. Die normale Menschheit befindet sich in tiefem Schlaf. Selbst Tiere schlafen nicht so tief.

Habt ihr schon einmal ein Reh im Wald gesehen – wie wachsam es schaut, wie aufmerksam es sich bewegt? Habt ihr schon einmal einen Vogel gesehen, der auf einem Zweig sitzt – mit welcher Intelligenz er alles beobachtet, was um ihn herum vor sich geht? Du bewegst dich in Richtung des Vogels – es gibt einen gewissen Abstand, den er gerade noch zulässt. Geh näher, nur einen Schritt weiter, und er fliegt davon. Er besitzt eine gewisse Wachsamkeit für sein Territorium. Wenn jemand dieses Territorium betritt, wittert er Gefahr.

Wenn du dich umschaust, wirst du erstaunt feststellen: Der Mensch scheint dasjenige Tier auf Erden zu sein, das am tiefsten schläft.

Die Ausstattung eines Luxusbordells wird versteigert. Eine Frau kauft den Papagei des Hauses und lässt den Käfig zwei Wochen lang zugedeckt in der Hoffnung, dass er so seinen lästerlichen Wortschatz vergisst. Als sie den Käfig schließlich abdeckt, sieht sich der Papagei um und bemerkt: »Arrk! Neues Haus. Neue Madame.« Als die Töchter des Hauses hereinkommen, fügt er hinzu: »Arrk! Neue Mädchen!«

Und als am Abend der Ehemann nach Hause kommt, ruft der Papagei: »Arrk! Arrk! Immer noch die alten Kunden!«

Der Mensch befindet sich in einem gefallenen Zustand. Tatsächlich ist das die Bedeutung der christlichen Parabel vom Sündenfall Adams und seiner Vertreibung aus dem Paradies. Warum wurden Adam und Eva aus dem Paradies vertrieben? Sie wurden vertrieben, weil sie von der Frucht der Erkenntnis gegessen hatten. Sie wurden vertrieben, weil sie einen *Verstand* entwickelt hatten und weil sie ihr *Bewusstsein* verloren hatten. Wenn man sich mit dem Verstand identifiziert, verliert man das Bewusstsein – der Verstand bedeutet Schlaf, bedeutet Lärm, bedeutet Mechanik. Wenn man zum Verstand wird, verliert man das Bewusstsein.

❧

Warum wurden Adam und Eva aus dem Paradies vertrieben? Sie wurden vertrieben, weil sie von der Frucht der Erkenntnis gegessen hatten. Sie wurden vertrieben, weil sie einen Verstand *entwickelt hatten und weil sie ihr* Bewusstsein *verloren hatten.*

❧

Daher besteht die Aufgabe darin, wieder zu Bewusstsein zu kommen und den Verstand zu verlieren. Man muss alles aus seinem System entfernen, was man in Form von Wissen angesammelt hat. Es ist das Wissen, das einen schlafen lässt; daher befindet sich der Mensch umso tiefer im Schlaf, je mehr Wissen er hat.

Das war auch immer meine eigene Beobachtung. Unschuldige Dörfler sind sehr viel wacher und aufmerksamer als die Professoren an den Universitäten und die Gelehrten im Tempel. Die Gelehrten sind nichts als Papageien, und die Akademiker an den Universitäten sind voll heiliger Kuhscheiße, voll absolut bedeutungslosem Getöse – nur Verstand und kein Bewusstsein.

Menschen, die mit der Natur arbeiten – Bauern, Gärtner, Holzfäller, Schreiner, Maler –, sind weit wachsamer als die Menschen, die als Professoren und Dozenten und Dekane an den Universitäten arbeiten. Denn wenn man mit der Natur arbeitet, hat man ein wachsames Gegenüber. Bäume sind aufmerksam; ihre Form der Aufmerksamkeit ist natürlich anders, doch sie sind sehr wachsam.

Es gibt jetzt sogar wissenschaftliche Beweise für ihre Wachsamkeit. Wenn der Holzfäller mit einer Axt in der Hand auftaucht und mit dem bewussten Vorhaben, einen Baum zu fällen, dann zittern alle Bäume, die ihn kommen sehen. Es gibt jetzt wissenschaftliche Beweise dafür; ich erzähle hier keine Märchen, ich spreche von wissenschaftlichen Tatsachen, wenn ich das sage. Es gibt inzwischen Instrumente, die messen können, ob der Baum glücklich oder unglücklich, ängstlich oder angstfrei, traurig oder ekstatisch ist. Wenn der Holzfäller kommt, beginnen alle Bäume, die ihn sehen, zu zittern. Ihnen wird bewusst, dass der Tod naht. Und der Holzfäller hat noch gar keinen Baum gefällt – allein sein Kommen …

Und da gibt es noch etwas, etwas noch Seltsameres – wenn der Holzfäller einfach nur vorbeigeht, ohne die Absicht, einen Baum zu fällen, dann bekommt keiner der Bäume Angst. Derselbe Holzfäller, mit derselben Axt. Es scheint so, als würde seine *Absicht*, einen Baum zu fällen, eine Wirkung auf die Bäume haben. Das bedeutet, dass sie seine Absicht verstehen; es bedeutet, dass diese Schwingung von den Bäumen entschlüsselt und verstanden wird.

Und noch eine signifikante Tatsache wurde wissenschaftlich beobachtet: Wenn man in den Wald geht und ein Tier tötet, wird dadurch nicht nur das Tierreich ringsum erschüttert, sondern auch die Bäume fühlen mit. Wenn man ein Reh tötet, fühlen alle Rehe ringsum die Schwingung dieses Mordes und werden traurig; ein großes Zittern erfasst sie. Plötzlich werden sie – aus keinem besonderen Grund – von Angst überwältigt. Sie haben möglicherweise den Tod des anderen Rehs gar nicht gesehen, doch irgendwie, auf eine subtile Art und Weise, werden sie davon berührt – instinktiv, intuitiv. Doch nicht nur die Rehe werden davon berührt – ebenso auch die Bäume, die Vögel, die Tiger, die Adler, die Gräser. Ein Mord ist geschehen, Zerstörung ist geschehen, Tod ist geschehen – alles rundherum wird davon berührt. Der Mensch scheint derjenige zu sein, der am tiefsten schläft …

Man muss tief über Buddhas Sutras meditieren, muss sie in sich aufnehmen, sie befolgen. Er sagt:

Wachheit ist der Weg zum Leben.

Ihr seid nur in dem Maße lebendig, in dem ihr wach und bewusst seid. Bewusstheit ist der Unterschied zwischen Leben und Tod. Man ist nicht schon lebendig, nur weil man atmet, man ist nicht schon lebendig, nur weil das Herz schlägt. Physiologisch kann man im Krankenhaus ohne jedes Bewusstsein am Leben erhalten werden. Das Herz schlägt weiter, und man wird beatmet. Es gibt Maschinen, die einen über Jahre hinweg am Leben erhalten können – so, dass der Körper atmet, das Herz schlägt und das Blut zirkuliert. In den hoch zivilisierten Ländern der Welt gibt es inzwischen viele Menschen, die nur noch in den Krankenhäusern dahinvegetieren, weil der technologische Fortschritt es möglich gemacht hat, dass der Tod endlos hinausgeschoben wird – jahrelang kann man auf diese Weise am Leben erhalten werden. Wenn das Leben ist, dann kann man am Leben erhalten werden. Doch eigentlich ist das kein Leben. Nur dahinzuvegetieren ist kein Leben.

Buddhas haben eine andere Definition von Leben. Ihre

Definition heißt Bewusstheit. Sie sagen nicht, dass man lebendig ist, weil man atmet, weil das Blut zirkuliert; sie sagen, dass man lebendig ist, wenn man wach ist. Bis auf die Erwachten ist also niemand wirklich lebendig. Ihr seid eigentlich Tote – Tote, die gehen, die reden, die irgendwelche Dinge tun. Ihr seid Roboter.

Wachheit ist der Weg zum Leben, sagt Buddha. Werdet wacher, und ihr werdet lebendiger. Und Leben ist Gott – es gibt keinen anderen Gott. Daher spricht Buddha über Leben und Bewusstheit. Leben ist das Ziel, und Bewusstheit ist die Methode, die Technik, um es zu erreichen.

Der Narr schläft …

Und alle schlafen, also sind alle Narren. Fühlt euch jetzt nicht beleidigt. Man muss die Tatsachen einfach beim Namen nennen. Ihr funktioniert im Schlaf; aus diesem Grund stolpert ihr ständig, aus diesem Grund tut ihr dauernd Dinge, die ihr gar nicht tun wollt. Ihr tut ständig Dinge, von denen ihr eigentlich beschlossen hattet, sie nicht zu tun. Ihr tut dauernd Dinge, von denen ihr wisst, dass sie nicht gut sind, und ihr tut nicht das, von dem ihr wisst, dass es gut wäre.

Wie ist das möglich? Warum könnt ihr eurem Weg nicht folgen? Warum geratet ihr immer wieder auf Umwege? Warum verirrt ihr euch ständig?

Ein junger Mann mit einer guten Stimme wird gebeten, bei einem Theaterstück mitzuspielen, obwohl er sich damit herauszureden versucht, dass solche Situationen ihn immer sehr verwirren würden. Man erklärt ihm, dass seine Rolle sehr einfach sei und er nur einen ganz kurzen Auftritt habe. Er müsse nur sagen: »Ich komme, einen Kuss zu stehlen und mich dann in den Kampf zu stürzen. Horch! Ein Pistolenschuss«, und dann von der Bühne gehen.

Bei der Premiere taucht er auf der Bühne auf, schon etwas verlegen wegen der altmodischen, engen Kniehosen, die er im letzten Augenblick noch anziehen musste. Doch angesichts der attraktiven Hauptdarstellerin, die in einem weißen Kleid auf einer Gartenbank sitzt und auf ihn wartet, ist er dann völlig aufgelöst. Er räuspert sich und deklamiert: »Ich komme, einen Stuss zu kehlen – nein! –, einen Kuss zu stehlen und mich dann in den Stampf zu kürzen – ich meine, in den Kampf zu stürzen! Horch! Ein Sistolenpuss – nein! –, ein Postilenschoss, nein, ein Pistolenschiss. Oh, Schiss, Schoss, Scheiß auf euch alle! Ich wollte doch von Anfang an überhaupt nicht in diesem verdammten Stück mitspielen!«

Das ist es, was euch dauernd passiert. Beobachtet nur mal euer Leben – alles, was ihr tut, ist so verwirrt und so verwirrend. Ihr habt keine Klarheit, ihr habt keine Wahrnehmungsfähigkeit. Ihr seid nicht wach. Ihr könnt nicht sehen, ihr könnt nicht hören – natürlich habt ihr Ohren, mit denen ihr hören könnt, doch es ist niemand im Innern da, der es vernehmen könnte. Natürlich habt ihr Augen, mit denen ihr sehen könnt, doch im Innern ist niemand präsent. Eure Augen sehen zwar, und eure Ohren hören, doch ihr versteht nichts. Bei jedem Schritt stolpert ihr, bei jedem Schritt macht ihr etwas falsch. Und dabei glaubt ihr die ganze Zeit, dass ihr wach seid.

Lasst diese Vorstellung vollkommen fallen. Sie fallen zu lassen ist ein großer Fortschritt, ein großer Sprung, denn sobald ihr die Vorstellung fallen gelassen habt, dass ihr wach seid, könnt ihr anfangen, nach Mitteln und Wegen zu suchen, um wach zu werden. Das Erste, was tief in euch einsinken muss, ist also, dass ihr nicht wach seid, dass ihr tief und fest schlaft.

Die moderne Psychologie hat ein paar Dinge entdeckt,

die von großer Bedeutung sind; auch wenn man sie bisher nur auf der intellektuellen Ebene erkannt hat, ist das doch ein guter Anfang. Wenn man sie erst einmal intellektuell verstanden hat, kann man sie früher oder später auch existenziell erfahren.

Freud war ein großer Pionier; natürlich war er kein Buddha, aber er war doch ein Mensch von großer Bedeutung, weil er der Erste war, der es geschafft hat, dass die Vorstellung vom Unbewussten von einem großen Teil der Menschheit akzeptiert wurde. Der bewusste Verstand macht nur ein Zehntel aus, und der unbewusste Teil des Verstandes ist neunmal größer als der bewusste.

Sein Schüler Jung ging dann sogar noch ein bisschen weiter, ein bisschen tiefer, und entdeckte das kollektive Unbewusste. Hinter dem individuellen Unbewussten liegt das kollektive Unbewusste. Jetzt braucht es noch jemanden, um das zu entdecken, was sich dahinter befindet, und ich hoffe, dass die psychologische Forschung es früher oder später entdecken wird – das kosmische Unbewusste. Die Buddhas haben davon gesprochen.

Wir können also vom bewussten Verstand sprechen – er ist sehr empfindlich, ein sehr kleiner Teil eures Wesens. Hinter dem bewussten Verstand liegt der unterbewusste Verstand – er ist sehr vage, sodass ihr sein Flüstern hören könnt, doch ohne ihn zu verstehen. Er ist immer da, hinter dem bewussten Verstand, und spinnt seine Fäden. Als Drittes kommt der unbewusste Verstand, auf den ihr nur in Träumen stoßt oder wenn ihr Drogen nehmt. Dann folgt das kollektive Unbewusste. Ihm begegnet ihr nur, wenn ihr euch auf eine tiefe Suche in eurem eigenen Unbewussten begebt; dann begegnet ihr dem kollektiven Unbewussten. Und wenn ihr noch weiter geht, noch tiefer, dann werdet ihr auf das kosmische Unbewusste stoßen. Das kosmische Unbewusste ist die Natur. Das kollektive Unbewusste ist die gesamte Menschheit, die bis jetzt gelebt hat; es ist ein Teil von euch. Das Unbewusste ist euer individuelles Unbewusstes, das die Gesellschaft in euch unterdrückt hat, das sich nicht ausdrücken durfte. Daher kommt es in der Nacht, in euren Träumen, zur Hintertür herein.

Und der bewusste Verstand … Ich werde ihn den so genannten bewussten Verstand nennen, denn man nennt ihn nur so, er ist nicht wirklich bewusst. Er ist winzig, nur ein kleines Flackern, doch auch wenn er nur ein Flackern ist, ist er von Bedeutung, weil er einen Samen in sich trägt; Samen sind immer klein. Er trägt ein großes Potenzial in sich. In ihm öffnet sich eine vollkommen neue Dimension. So wie Freud die Dimension unterhalb des Bewussten geöffnet hat, so hat Sri Aurobindo die Dimension über dem Bewussten geöffnet. Freud und Sri Aurobindo waren die zwei wichtigsten Menschen dieses Jahrhunderts. Beide waren Intellektuelle, keiner von beiden war ein Erwachter, doch beide haben der Menschheit einen großen Dienst erwiesen. Sie haben uns auf der intellektuellen Ebene gezeigt, dass wir nicht so klein sind, wie wir oberflächlich erscheinen, dass sich hinter der Oberfläche große Höhen und Tiefen verbergen.

Freud hat sich in die Tiefen begeben, und Sri Aurobindo versuchte in die Höhen vorzudringen. Über unserem so genannten bewussten Verstand befindet sich der wahre bewusste Verstand; dieser ist nur durch Meditation zu erreichen. Wenn der gewöhnliche bewusste Verstand sich mit Meditation verbindet, wenn der normale bewusste Verstand durch Meditation ergänzt wird, dann wird er zum wahren bewussten Verstand.

Jenseits des wahren bewussten Verstandes befindet sich der überbewusste Verstand. Wenn man meditiert, bekommt man nur erste flüchtige Einblicke in ihn. Meditation ist wie ein Tasten im Dunkeln. Ja, ein paar Fenster öffnen sich dabei, doch man fällt wieder und wieder zurück. Der überbewusste Verstand bedeutet *Samadhi* – nun hat man eine kristallklare Wahrnehmungsfähigkeit erreicht, einen integrierten Bewusstseinszustand. Jetzt kann man nicht mehr zurückfallen; er steht einem immer zur Verfügung. Selbst im Schlaf bleibt er einem erhalten.

Jenseits des Überbewussten befindet sich das kollektive Überbewusste; das kollektive Überbewusste ist das, was in den Religionen als »Gott« bezeichnet wird. Und jenseits davon befindet sich das kosmische Überbewusste, das selbst noch über das Göttliche hinausreicht. Buddha nennt es *Nirvana*, Mahavira nennt es *Kaivalya*, die hinduistischen Mystiker haben es als *Moksha* bezeichnet; man kann es auch *die Wahrheit* nennen.

Das sind die neun Zustände eures Wesens. Und ihr lebt nur in einer kleinen Ecke eures Wesens – dem winzigen bewussten Verstand. Es ist, als besäße jemand einen Palast, hätte ihn aber vollständig vergessen und würde nur auf der Veranda leben – und dabei annehmen, das sei alles, was ihm zur Verfügung steht.

Ihr lebt nur in einer kleinen Ecke eures Wesens – dem winzigen bewussten Verstand. Es ist, als besäße jemand einen Palast, hätte ihn aber vollständig vergessen und würde nur auf der Veranda leben – und dabei annehmen, das sei alles, was ihm zur Verfügung steht.

Freud und Sri Aurobindo waren intellektuelle Giganten, Pioniere, Philosophen, und dabei waren beide noch am Raten. Statt den jungen Leuten die Philosophie von Bertrand Russell, Alfred North Whitehead, Martin Heidegger und Jean-Paul Sartre beizubringen, sollte man sie besser mehr über Sri Aurobindo lehren, denn er war der größte Philosoph unserer Zeit. Doch er wird vollkommen vernachlässigt und von der akademischen Welt ignoriert. Der Grund dafür liegt darin, dass man ein Gefühl für die eigene Unbewusstheit bekommt, wenn man Sri Aurobindo liest. Dabei ist er selbst noch kein Buddha, und doch bringt er einen in Verlegenheit. Wenn er Recht hat, was macht ihr dann eigentlich? Warum erforscht ihr nicht die Höhen eures Wesens?

Freud traf auf großen Widerstand, doch schließlich wurde er akzeptiert. Sri Aurobindo ist noch lange nicht akzeptiert. Es gibt noch nicht einmal Widerstand gegen ihn; er wird einfach ignoriert. Und der Grund dafür ist klar. Freud sprach über etwas unterhalb des Menschen – das ist nicht so peinlich; man kann sich gut dabei fühlen, wenn man weiß, dass man bewusst ist und dass sich unter dem Bewusstsein das Unterbewusste und das Unbewusste und das kollektive Unbewusste befinden. Doch diese Zustände liegen alle unterhalb von euch; ihr befindet euch an der Spitze, und ihr könnt euch gut dabei fühlen. Doch wenn ihr Sri Aurobindo lest, werdet ihr euch peinlich berührt fühlen, werdet ihr euch beleidigt fühlen, denn es gibt noch höhere Stufen über euch – und das menschliche Ego gibt einfach nicht gern zu, dass es etwas Höheres als es selbst geben könnte. Der Mensch möchte glauben, dass er der Gipfel ist, der Höhepunkt, der Gouri Shankar, der Everest – dass nichts höher ist als er selbst …

Und er fühlt sich gut dabei – obwohl er damit sein eigenes Königreich verleugnet, seine eigenen Höhen, fühlt er sich gut dabei. Schaut euch nur mal diese Dummheit an!

Buddha hat Recht. Er sagt: *Der Narr schläft, als wäre er bereits tot, doch der Meister ist wach und lebt ewig.*

Bewusstheit ist ewig, sie kennt keinen Tod. Nur Unbewusstheit stirbt. Wenn ihr also unbewusst bleibt, wenn ihr schlaft, werdet ihr wieder sterben. Wenn ihr euch von diesem ganzen Elend befreien wollt, wieder und wieder geboren zu werden und zu sterben, wenn ihr euch aus diesem Rad von Geburt und Tod befreien wollt, dann müsst ihr vollkommen wach werden. Dann müsst ihr in immer höhere Dimensionen des Bewusstseins vordringen.

Und all das gilt es nicht einfach nur auf einer intellektuellen Ebene zu akzeptieren; man muss es unmittelbar erfahren, es muss existenziell werden. Es geht nicht darum, philosophisch überzeugt zu sein, denn philosophische Überzeugungen bringen nichts, sie liefern keine Ernte. Die wahre Ernte kann nur dann eingebracht werden, wenn ihr die Anstrengung unternehmt, euch selbst aufzuwecken.

Doch diese intellektuellen Landkarten können eine Sehnsucht, ein Verlangen in euch wecken; sie können euch das Potenzial, die Möglichkeiten bewusst machen; sie können euch bewusst machen, dass ihr nicht seid, was ihr zu sein scheint – dass ihr weit mehr seid.

Der Narr schläft, als wäre er bereits tot, doch der Meister ist wach und lebt ewig.

Er beobachtet. Er ist klar.

Einfache und schöne Aussagen. Die Wahrheit ist immer einfach und schön. Achtet nur einmal auf die Einfachheit dieser beiden Aussagen ... und wie viel sie doch enthalten. Welten über Welten, unendliche Welten. – *Er beobachtet. Er ist klar.*

Das Einzige, was es zu lernen gilt, ist Aufmerksamkeit. Beobachte! Beobachte alles, was du tust. Beobachte jeden Gedanken, der dir durch den Kopf geht. Beobachte jedes Verlangen, das von dir Besitz ergreift. Beobachte selbst die kleinsten Handlungen – wenn du gehst, redest, isst, ein Bad nimmst. Beobachte einfach alles. Lass alles zu einer Gelegenheit zum Beobachten werden.

Iss nicht mechanisch, stopfe dich nicht einfach nur voll –

sei voller Aufmerksamkeit dabei. Kaue gut und aufmerksam … und du wirst staunen, wie viel du bisher versäumt hast, denn jeder Bissen wird dir enorme Befriedigung schenken. Wenn du aufmerksam isst, wird das Essen schmackhafter. Selbst gewöhnliches Essen schmeckt wundervoll, wenn du aufmerksam bist; und wenn du nicht aufmerksam bist, kannst du das köstlichste Essen verzehren, doch es wird keinen Geschmack haben, weil niemand da ist, der ihn wahrnimmt. Dann stopfst du dich einfach nur voll. Iss langsam und aufmerksam; kaue jeden Bissen gründlich und nimm den Geschmack wahr.

Rieche, fühle, nimm die kühle Brise und die Sonnenstrahlen wahr. Schau dir den Mond an und werde ein stiller Teich der Aufmerksamkeit, und der Mond wird sich voller Schönheit in dir spiegeln.

Bewege dich immer voller Aufmerksamkeit durchs Leben. Wieder und wieder wirst du es vergessen. Lass dich davon nicht frustrieren; es ist normal. Millionen von Leben lang hast du niemals versucht, aufmerksam zu sein, deshalb ist es ganz einfach normal, dass du es wieder und wieder vergisst. Doch in dem Augenblick, in dem du dich daran erinnerst, sei wieder aufmerksam.

Denke immer daran: Wenn du dich daran erinnerst, dass du das Beobachten vergessen hast, dann sei nicht frustriert oder reuevoll; damit verschwendest du nur Zeit. Mach dir keine Vorwürfe, sag nicht: »Ich habe schon wieder versagt.« Gib dir nicht das Gefühl, dass du ein Sünder bist. Fang nicht an, dich zu verurteilen, denn das wäre reine Zeitverschwendung. Bereue niemals die Vergangenheit! Lebe immer in der Gegenwart! Du hast es vergessen, na und? Das ist ganz normal – es ist zu einer Gewohnheit geworden, und Gewohnheiten lassen sich nur schwer verändern. Und das ist keine Gewohnheit, die nur aus diesem Leben stammt; das ist eine Gewohnheit, die ihr schon Millionen von Leben in euch tragt. Wenn ihr also auch nur ein paar Augenblicke lang wachsam sein könnt, solltet ihr dankbar sein. Selbst diese wenigen Augenblicke sind mehr, als ihr erwarten könnt.

Er beobachtet. Er ist klar.

Wenn du beobachtest, wird irgendwann Klarheit auftauchen. Warum entsteht Klarheit aus Wachsamkeit? Weil deine ganze Hektik sich immer mehr legt, je mehr du beobachtest. Du wirst anmutiger. Wenn du beobachtest, wird dein lauter Verstand immer weniger schnattern, weil die Energie, die bisher ins Schnattern ging, sich verwandelt und zu Wachsamkeit wird – es ist dieselbe Energie! Jetzt wird mehr und mehr Energie in Wachsamkeit verwandelt, und der Verstand bekommt nicht mehr seine übliche Nahrung. Die Gedanken werden weniger, sie verlieren an Gewicht. Langsam, ganz langsam beginnen sie sich aufzulösen. Und wenn die Gedanken sich aufzulösen beginnen, entsteht Klarheit. Nun wird der Verstand zu einem Spiegel.

Je mehr du beobachtest, desto mehr wird sich deine ganze Hektik legen. Du wirst anmutiger. Wenn du beobachtest, wird dein lauter Verstand immer weniger schnattern, weil die Energie, die bisher ins Schnattern ging, sich verwandelt und zu Wachsamkeit wird – es ist dieselbe Energie!

Wie glücklich er ist! Wenn man klar ist, ist man glücklich. Verwirrung ist der Hauptgrund für alles Elend; Klarheit ist die Grundlage für Seligkeit. *Wie glücklich er ist! Denn er sieht, dass Wachheit Leben ist.*

Jetzt weiß er, dass es keinen Tod gibt, denn Wachheit kann niemals zerstört werden. Wenn der Tod kommt, wird er auch ihn beobachten. Er wird sterben und es beobachten – und dieses Beobachten wird nicht sterben. Der Körper wird verschwinden, Staub zu Staub, doch die Wachheit wird bleiben; sie wird Teil des kosmischen Ganzen. Sie wird zu kosmischem Bewusstsein.

In solchen Augenblicken haben die Seher der Upanischaden erklärt: »*Aham brahmasmi* – ich bin das kosmische Bewusstsein.« Aus solchen inneren Räumen heraus hat Al-Hillaj Mansour erklärt: »*Ana'l haq!* – ich bin die Wahrheit!« Dies sind die Dimensionen, auf die ihr von Geburt an ein Anrecht habt. Wenn ihr sie nicht erreicht, seid nur ihr selbst dafür verantwortlich und niemand sonst.

Wie glücklich er ist! Denn er sieht, dass Wachheit Leben ist.

Wie glücklich er ist, denn er folgt dem Pfad der Erwachten.

Mit großer Beharrlichkeit meditiert er und sucht Freiheit und Glück.

Hört euch diese Worte gut an. *Mit großer Beharrlichkeit ...* Wenn ihr nicht eure ganze Kraft dafür einsetzt, zum Erwachen zu gelangen, wird es euch nicht gelingen. Halbherzige Anstrengungen sind vergeblich. Man darf dabei nicht halbherzig sein, man darf nicht lauwarm sein. Das bringt einen nicht weiter. Lauwarmes Wasser verdunstet nicht, und lauwarme Anstrengungen, wachsam zu sein, sind zum Scheitern verurteilt.

❧

Man darf dabei nicht halbherzig sein, man darf nicht lauwarm sein. Das bringt einen nicht weiter. Lauwarmes Wasser verdunstet nicht, und lauwarme Anstrengungen, wachsam zu sein, sind zum Scheitern verurteilt.

❧

Eine Transformation geschieht nur, wenn ihr eure ganze Energie vollkommen auf dieses Ziel richtet. Wenn ihr mit 100 Grad Celsius kocht, dann werdet ihr verdampfen, dann kann die alchemistische Veränderung geschehen. Dann beginnt ihr nach oben zu steigen. Habt ihr es nicht schon beobachtet? – Wasser fließt nach unten, doch Dampf steigt nach oben. Genau dasselbe geschieht hier: Unbewusstheit fließt nach unten, Bewusstheit bewegt sich nach oben.

Und noch etwas: Oben entspricht innen, und unten entspricht außen. Bewusstheit bewegt sich nach innen, Unbewusstheit bewegt sich nach außen. Unbewusstheit sorgt dafür, dass ihr euch für anderes interessiert – andere Dinge, andere Menschen, immer nur das andere. Unbewusstheit sorgt dafür, dass ihr vollkommen im Dunkeln bleibt; eure Augen bleiben auf andere gerichtet. Sie erzeugt eine Außenorientierung, sie macht euch extrovertiert. Bewusstheit erzeugt Innenorientierung. Sie macht euch introvertiert; sie führt euch nach innen, tiefer und tiefer nach innen.

Und tiefer und tiefer bedeutet gleichzeitig höher und höher; beides wächst gleichzeitig, so wie ein Baum wächst. Man sieht ihn nur nach oben wachsen, man sieht nicht, wie die Wurzeln nach unten wachsen. Doch zuerst müssen die Wurzeln nach unten wachsen, nur dann kann der Baum nach oben wachsen. Wenn ein Baum bis in den Himmel wachsen möchte, muss er seine Wurzeln tief in den Boden versenken, muss er sich so tief wie möglich verwurzeln. Ein Baum wächst in beide Richtungen gleichzeitig. Auf genau dieselbe Art und Weise wächst das Bewusstsein einerseits nach oben … und dringt andererseits mit seinen Wurzeln nach unten in dein Wesen vor.

Die Wurzeln des Leidens

Leid ist ein Zustand der Unbewusstheit. Wir sind unglücklich, weil wir uns dessen, was wir tun, was wir denken, was wir fühlen, nicht bewusst sind – daher widersprechen wir uns in jedem Augenblick selbst. Unser

Handeln geht in die eine Richtung, unser Denken in eine andere, und das Gefühl befindet sich noch mal ganz woanders. Wir fallen immer mehr auseinander, wir fühlen uns immer stärker fragmentiert. Das ist es, was Leid bedeutet – wir verlieren unsere Integrität, wir verlieren unsere Ganzheit. Wir verlieren vollkommen das Zentrum und sind nur noch Peripherie. Und ein Leben, das nicht harmonisch ist, muss natürlich unglücklich sein, tragisch, eine Last, die irgendwie ertragen werden muss, ein Leiden. Man kann dieses Leiden dann höchstens ein bisschen weniger schmerzhaft machen. Und es gibt Tausende von Schmerzmitteln.

❧

Wir widersprechen uns in jedem Augenblick selbst. Unser Handeln geht in die eine Richtung, unser Denken in eine andere, und das Gefühl befindet sich noch mal ganz woanders. Wir fallen immer mehr auseinander, wir fühlen uns immer stärker fragmentiert. Das ist es, was Leid bedeutet – wir verlieren unsere Integrität, wir verlieren unsere Ganzheit.

❧

Es gibt nicht nur Drogen und Alkohol – auch die so genannte Religion dient als Opium. Sie betäubt die Menschen. Und natürlich sind alle Religionen gegen Drogen, denn schließlich handeln sie ja selbst auf demselben Markt; sie sind einfach nur gegen ihre Konkurrenten, gegen ihre Wettbewerber. Wenn die Menschen Opium nehmen, brauchen sie vielleicht keine Religion mehr, haben sie kein Bedürfnis mehr danach. Sie haben ihr Opium gefunden, warum sollten sie sich noch mit Religion abgeben? Und Opium ist einfacher, denn es verlangt weniger eigene Beteiligung. Wenn die Menschen Marihuana nehmen, LSD oder noch raffiniertere Drogen, werden sie natürlich nicht mehr religiös sein, denn Religion ist eine sehr primitive Droge. Daher sind alle Religionen gegen Drogen.

Der Grund dafür ist nicht, dass sie tatsächlich gegen die Drogen an sich sind. Der Grund ist vielmehr, dass die Drogen eine Konkurrenz darstellen, und wenn man die Menschen davon abhalten kann, Drogen zu nehmen, müssen sie natürlich den Priestern in die Falle gehen, denn das ist dann der einzige Ausweg. Es ist eine Art von Monopolstreben, sodass nur ihr eigenes Opium auf dem Markt bleibt und alles andere illegal wird.

❧

Religionen sind gegen Drogen, weil Drogen eine Konkurrenz darstellen, und wenn man die Menschen davon abhalten kann, Drogen zu nehmen, müssen sie natürlich den Priestern in die Falle gehen, denn das ist dann der einzige Ausweg. Es ist eine Art von Monopolstreben, sodass nur ihr eigenes Opium auf dem Markt bleibt und alles andere illegal wird.

❧

Die Menschen leben im Leid. Es gibt nur zwei Wege aus diesem Leid: Man kann zum Meditierenden werden – wach, aufmerksam, bewusst ... das ist eine anstrengende Sache. Es braucht Mut. Der einfachere und billigere Weg ist, etwas zu finden, was einen sogar noch unbewusster macht, als man bereits ist, damit man das Leid nicht mehr spürt. Man muss etwas finden, was einen vollkommen unempfindlich macht, ein Betäubungsmittel, ein Schmerzmittel, das einen so unbewusst macht, dass man sich in diese Bewusstlosigkeit flüchten und die ganze Angst, Qual und Sinnlosigkeit vergessen kann.

Der zweite Weg ist nicht der richtige Weg. Der zweite Weg macht das Leid nur ein bisschen angenehmer, ein bisschen erträglicher, ein bisschen bequemer. Doch er hilft nicht wirklich – er verwandelt euch nicht. Eine Verwandlung geschieht nur durch Meditation, denn Meditation ist die einzige Methode, die euch erwachen lässt. Für mich ist Meditation die einzige wahre Religion. Alles andere ist Hokuspokus. Und es gibt verschiedene Arten von Opium – Christentum, Hinduismus, Islam, Jainismus, Buddhismus –, doch das sind einfach nur unterschiedliche Sorten. Der Behälter ist unterschiedlich, doch der Inhalt ist derselbe: Sie alle helfen euch nur auf irgendeine Art und Weise, mit eurem Leiden zurechtzukommen.

Meine Bemühungen dagegen zielen darauf ab, euch über das Leid hinauszuführen. Es gibt keinen Grund, sich mit dem Leiden zu arrangieren; es gibt eine Möglichkeit, vollkommen frei von Leid zu sein. Doch dieser Weg ist etwas anstrengender; dieser Weg ist eine Herausforderung.

❧

Es gibt keinen Grund, sich mit dem Leiden zu arrangieren; es gibt eine Möglichkeit, vollkommen frei von Leid zu sein. Doch dieser Weg ist etwas anstrengender; dieser Weg ist eine Herausforderung.

❧

Zuerst müsst ihr euch eures Körpers bewusst werden und was ihr damit macht …

Eines Tages gab Buddha seine morgendliche Belehrung, und der König war gekommen, um ihm zuzuhören. Er saß genau vor Buddha und bewegte ständig seinen großen Zeh. Buddha hörte auf zu sprechen und blickte auf den Zeh des Königs. Als Buddha auf den Zeh blickte, hörte der König auf, ihn zu bewegen. Doch sobald Buddha wieder zu sprechen begann, begann der König wieder seinen Zeh zu bewegen. Da fragte Buddha ihn: »Warum machst du das?«

Der König antwortete: »Erst als du aufgehört hast zu sprechen und meinen Zeh angesehen hast, wurde mir bewusst, was ich mache; zuvor war es mir überhaupt nicht bewusst.«

Buddha meinte: »Es ist dein Zeh, und doch bist du dir seiner nicht bewusst … Dann könntest du ebenso gut einen anderen Menschen umbringen und dir dessen nicht bewusst sein!«

Und genau so sind auch schon Menschen ermordet worden, ohne dass der Mörder sich dessen bewusst war. Schon viele Male haben Mörder vor Gericht absolut bestritten, jemanden ermordet zu haben. Früher war man der Ansicht, dass sie dabei einfach nur lügen, doch die neuesten Erkenntnisse sind, dass sie nicht lügen; sie haben es einfach nur in einem unbewussten Zustand getan. Sie waren so wütend, so außer sich in diesem Augenblick, dass sie von ihrer Wut wie besessen waren. Wenn man voller Wut ist, scheidet der Körper bestimmte betäubende Substanzen aus, die ins Blut übergehen. Ein Wutanfall ist also nichts anderes als zeitweiliger Wahnsinn. Und anschließend vergisst der Mensch den Vorfall vollkommen, weil er nicht wirklich bewusst war. Auf diese Art und Weise verlieben sich Menschen, bringen sich Menschen gegenseitig um, begehen sie Selbstmord und alles mögliche andere.

Der erste Schritt der Bewusstheit ist also, den eigenen Körper zu beobachten. Langsam, ganz allmählich, wird man sich dabei jeder Geste, jeder Bewegung bewusst. Und wenn man immer bewusster wird, geschieht ein Wunder: Viele Dinge, die man zuvor unbewusst zu tun pflegte, verschwinden einfach. Der Körper wird entspannter, der Körper befindet sich mehr im Einklang, ein tiefer Frieden beginnt den Körper zu erfüllen, eine subtile Musik beginnt in ihm zu pulsieren.

Der erste Schritt der Bewusstheit ist also, den eigenen Körper zu beobachten. Und wenn man immer bewusster wird, geschieht ein Wunder: Viele Dinge, die man zuvor unbewusst zu tun pflegte, verschwinden einfach. Der Körper wird entspannter, der Körper befindet sich mehr im Einklang.

Dann werde dir deiner Gedanken bewusst – dasselbe muss man auch mit den Gedanken machen. Sie sind subtiler als der Körper und daher natürlich auch gefährlicher. Und wenn du dir deiner Gedanken bewusst wirst, wirst du erstaunt sein, was ständig in dir vorgeht. Wenn du alles aufschreibst, was von Moment zu Moment in dir vorgeht, wirst du ziemlich staunen. Du wirst es gar nicht glauben können – »Das ist es, was ständig in mir vorgeht?« Schreib einfach nur zehn Minuten lang alles auf. Schließe die Türen, verschließe alle Türen und Fenster, damit niemand hereinkommen kann, damit du vollkommen ehrlich sein kannst – und zünde ein Feuer an, damit du das Geschriebene anschließend ins Feuer werfen kannst! – Damit niemand etwas davon weiß außer dir. Und dann sei vollkommen aufrichtig; schreibe einfach alles auf, was in deinem Verstand vor sich geht. Interpretiere es nicht, verändere es nicht, bearbeite es nicht. Schreibe es einfach auf, so nackt, wie es ist, exakt so, wie es ist.

Wenn du dir deiner Gedanken bewusst wirst, wirst du erstaunt sein, was ständig in dir vorgeht. Wenn du alles aufschreibst, was von Moment zu Moment in dir vorgeht, wirst du ziemlich staunen. Du wirst es gar nicht glauben können!

Nach zehn Minuten lies es dir durch – und du wirst feststellen, dass du einen wahnsinnigen Verstand in dir hast! Wir sind uns nicht bewusst, dass sich dieser ganze Wahnsinn ständig wie ein unterirdischer Fluss in uns bewegt. Er beeinflusst alles, was in deinem Leben von Bedeutung ist. Er beeinflusst alles, was du machst; er beeinflusst alles, was du nicht machst; er beeinflusst alles. Und all das zusammen macht dein Leben aus!

Dieser Wahnsinnige muss also verändert werden. Und das Wunder der Bewusstheit ist, dass es nichts weiter braucht, als bewusst zu werden. Allein schon durch das Phänomen des Beobachtens verändert es sich. Langsam, ganz langsam verschwindet der Wahnsinn. Langsam, ganz langsam beginnen die Gedanken ein gewisses Muster anzunehmen: Das Chaos verschwindet, und sie werden mehr zu einem Kosmos. Und wieder entsteht ein tiefer Frieden.

Und wenn dein Körper und dein Verstand im Frieden sind, wirst du erkennen, dass sie aufeinander eingestimmt sind, dass es eine Verbindung zwischen ihnen gibt. Jetzt rennen sie nicht mehr in verschiedene Richtungen, jetzt reiten sie nicht mehr auf unterschiedlichen Pferden. Zum ersten Mal herrscht Einklang, und dieser Einklang hilft enorm beim dritten Schritt – er hilft dir dabei, dir deiner Gefühle, deiner Emotionen, deiner Stimmungen bewusst zu werden. Das ist die subtilste Schicht und die schwierigste, doch wenn du dir deiner Gedanken bewusst geworden bist, ist es einfach nur noch ein weiterer Schritt. Es braucht jetzt nur noch ein wenig intensivere Bewusstheit, wenn du anfängst, deine Stimmungen, deine Emotionen, deine Gefühle zu beobachten.

Sobald du dir dieser drei Ebenen bewusst geworden bist, verbinden sie sich zu einem einzigen Phänomen. Und wenn diese drei eins geworden sind und perfekt zusammenwirken und du ihre gemeinsame Musik wahrnehmen kannst – denn sie sind zu einem Orchester geworden –, dann geschieht das Vierte. Es lässt sich nicht forcieren – es geschieht von allein, es ist ein Geschenk des Ganzen. Es ist eine Belohnung für diejenigen, die zuvor diese drei Schritte gemacht haben.

Das Vierte ist die letztendliche Bewusstheit, die einen zum Erwachten macht. Man wird sich seiner Bewusstheit bewusst – das ist der vierte Schritt. Das macht einen zum Buddha, zu einem Erwachten. Und nur in diesem Erwachen erfährt man, was Glückseligkeit ist. Der Körper kennt Lust, der Verstand kennt Glück, das Herz kennt Freude, und das Vierte kennt Glückseligkeit. Glückseligkeit ist das Ziel, und Bewusstheit ist der Weg dorthin.

Private Welten

Heraklit sagt:

Die Menschen achten
in ihren wachen Momenten
so wenig auf das, was um sie herum vorgeht,
als lägen sie in tiefem Schlaf.
Narren sind taub,
obgleich sie hören;
für sie gilt das Sprichwort,
dass sie abwesend sind,
selbst wenn sie anwesend sind.
Man sollte nicht handeln oder sprechen,
als würde man schlafen.
Die Wachen leben in einer einzigen gemeinsamen Welt;
Schlafende leben in ihrer ganz eigenen privaten Welt.
Wenn wir wach sind, sehen wir den Tod,
wenn wir schlafen, Träume.

Heraklit berührt hier das tiefste Problem des Menschen, nämlich dass er schläft, selbst wenn er wach ist.

Ihr schlaft, wenn ihr schlaft, doch ihr schlaft auch, wenn ihr wach seid. Was bedeutet das? – Denn das ist es, was Buddha sagt, das ist es, was Jesus sagt, das ist es, was Heraklit sagt. Ihr wirkt hellwach, doch das ist nur äußerer Schein; tief in eurem Innern liegt ihr dauernd im Schlaf.

Selbst jetzt seid ihr innerlich am Träumen. Tausend Gedanken schwirren in euch herum, und ihr seid euch nicht bewusst, was gerade geschieht, ihr seid euch nicht bewusst, was ihr tut, ihr seid euch nicht bewusst, wer ihr seid. Ihr bewegt euch wie Menschen im Schlaf.

Bestimmt seid ihr schon mal jemandem begegnet, der im Schlaf herumgeht, dies oder jenes tut und dann weiterschläft. Das ist eine Krankheit, die man Schlafwandeln nennt. Viele Menschen stehen in der Nacht auf; ihre Augen sind offen, und sie können herumlaufen! Sie gehen herum, sie finden die Tür. Sie gehen in die Küche, sie essen etwas; sie kommen zurück und gehen wieder zu Bett. Wenn man sie am Morgen danach fragt, wissen sie nichts mehr davon. Wenn sie sich zu erinnern versuchen, haben sie höchstens das Gefühl, dass sie davon geträumt haben, dass sie aufgewacht und in die Küche gegangen sind. Doch es war höchstens ein Traum; und selbst daran können sie sich nur mit Mühe erinnern.

Viele Menschen haben in solch einem Zustand schon Verbrechen begangen; wenn sie vor Gericht stehen, sagen viele Mörder, dass sie nichts davon wissen, dass sie sich nicht daran erinnern können, jemals so etwas getan zu haben. Es ist nicht so, dass sie das Gericht zu belügen versuchen, nein. Psychoanalytiker haben herausgefunden, dass sie nicht lügen, dass sie nicht unaufrichtig sind; sie sind vollkommen aufrichtig. Sie haben den Mord verübt, und zwar, während sie in tiefem Schlaf lagen – wie in einem Traum. Dieser Schlaf ist sogar noch tiefer als gewöhnlicher Schlaf. Dieser Schlaf ist wie Betrunkensein: Man kann sich noch bewegen, man kann noch etwas tun, man ist auch noch irgendwie bewusst – doch man ist betrunken. Man weiß nicht so ganz genau, was eigentlich passiert. Was hast du in der Vergangenheit gemacht? Kannst du dich noch genau daran erinnern, warum du getan hast, was du getan hast? Was ist passiert? Warst du wach, als es geschah? Ihr verliebt euch und wisst nicht, warum; ihr werdet zornig und wisst nicht, warum. Natürlich findet ihr Ausreden; ihr findet rationale Erklärungen für alles, was ihr tut – doch rationale Erklärungen sind keine Bewusstheit.

❧

Was hast du in der Vergangenheit gemacht? Kannst du dich noch genau daran erinnern, warum du getan hast, was du getan hast? Was ist passiert? Warst du wach, als es geschah?

❧

Bewusstheit bedeutet, dass alles, was im Moment geschieht, in vollem Bewusstsein geschieht; dass du ganz präsent dabei bist. Wenn du präsent bist, während Wut auftaucht, kann die Wut sich nicht entfalten. Sie kann sich nur entfalten, wenn du dich in tiefem Schlaf befindest. Wenn du präsent bist, geschieht sofort eine Transformation in deinem Wesen, denn wenn du präsent bist, wenn du bewusst bist, sind viele Dinge einfach nicht möglich. Alles, was man so als Sünde bezeichnet, ist nicht möglich, wenn man bewusst ist. Also gibt es eigentlich nur eine einzige Sünde, und das ist Unbewusstheit.

Das ursprüngliche Wort für *Sünde* bedeutet, dass etwas fehlt. Es bedeutet nicht, etwas Falsches zu tun; es bedeutet vielmehr, etwas zu verfehlen, etwas zu verpassen, abwesend zu sein. Die hebräische Wurzel des Wortes für *Sünde* bedeutet, etwas zu verfehlen. Es gibt etliche Wörter, die das als Vorsilbe enthalten: Fehlverhalten, Fehltritt, Fehlgriff. Etwas zu verfehlen bedeutet, nicht da zu sein, etwas zu tun, ohne wirklich anwesend zu sein – das ist die einzige Sünde. Und die einzige Tugend? Vollkommen wach zu sein, während man etwas tut – was Gurdjieff als Selbsterinnerung bezeichnet hat, Buddha als rechte Achtsamkeit, Krishnamurti als Bewusstheit, was Kabir *Surati* genannt hat. Anwesend zu sein! – Das ist alles, was es braucht, und nichts weiter.

Das ursprüngliche Wort für Sünde *bedeutet, dass etwas fehlt. Es bedeutet nicht, etwas Falsches zu tun; es bedeutet vielmehr, etwas zu verfehlen, etwas zu verpassen, abwesend zu sein, etwas zu tun, ohne wirklich anwesend zu sein – das ist die einzige Sünde.*

Man muss überhaupt nichts verändern, denn selbst wenn man etwas zu verändern versucht, gelingt es einem doch nicht. Immer schon habt ihr versucht, vieles in euch zu verändern. Ist es euch jemals gelungen? Wie oft habt ihr schon beschlossen, nicht mehr wütend zu werden? Was ist aus eurer Entscheidung geworden? Wenn der entscheidende Augenblick kommt, befindet ihr euch wieder in derselben alten Falle: Ihr werdet wütend, und wenn die Wut vorbei ist, bereut ihr sie. Das ist zu einem Teufelskreis geworden: Ihr habt einen Wutanfall, und anschließend bereut ihr ihn, und dann seid ihr bereit, den nächsten Wutanfall zu bekommen.

Denkt daran, selbst während ihr bereut, seid ihr nicht wirklich da; die Reue ist also selbst Teil der Sünde. Das ist der Grund, warum sich nichts verändert. Ihr versucht es wieder und wieder, und ihr gebt euch viele Versprechen und viele Gelübde, doch nichts geschieht – ihr bleibt immer dieselben. Ihr seid heute noch genauso wie damals, als ihr geboren wurdet; nicht das Geringste hat sich in euch verändert. Nicht, weil ihr es nicht versucht hättet, nicht, weil ihr es nicht genug versucht hättet – ihr habt es versucht und versucht und versucht. Doch es ist euch nicht gelungen, denn es ist keine Frage der Anstrengung. Mehr Anstrengung wird euch nicht helfen. Es ist eine Frage von Bewusstheit, nicht von Anstrengung.

Wenn man bewusst ist, fallen viele Dinge einfach von einem ab; man muss sie dann nicht mehr fallen lassen. In Bewusstheit sind manche Dinge einfach nicht möglich. Das ist meine Definition, und es gibt kein anderes Kriterium. Man kann sich nicht verlieben, wenn man bewusst ist; sich zu verlieben ist also eine Sünde. Man kann lieben, doch das ist etwas anderes, denn dabei nimmt man an Bewusstheit zu, nicht ab. Warum verwenden wir den Ausdruck »sich verlieben«? Weil man dabei an Bewusstheit verliert; sie nimmt ab, nicht zu. Doch wenn man bewusst ist, kann man nicht an Bewusstheit verlieren – nicht einmal in der Liebe. Es ist nicht möglich, es kann einfach nicht geschehen. Wenn man bewusst ist, nimmt die Bewusstheit in der Liebe zu. Und in der Liebe bewusster zu werden ist ein vollkommen anderes Phänomen, als sich zu verlieben. Verliebtsein ist ein Traumzustand. Darum kann man es an den Augen erkennen, wenn Menschen verliebt sind: Es ist, als würden sie noch tiefer schlafen als der Rest, als wären sie betäubt, als würden sie träumen. Man sieht es an ihren Augen, weil eine gewisse Schläfrigkeit, eine Abwesenheit in ihnen liegt. Menschen, die in der Liebe bewusster werden, sind vollkommen anders. Man kann erkennen, dass sie sich nicht mehr in einem Traum befinden, dass sie die Realität sehen und daran wachsen.

Man kann sich nicht verlieben, wenn man bewusst ist; sich zu verlieben ist also eine Sünde. Man kann lieben, doch das ist etwas anderes, denn dabei nimmt man an Bewusstheit zu, nicht ab.

Wenn man sich verliebt, bleibt man ein Kind; wenn man in der Liebe bewusster wird, wird man reif. Und nach und nach wird die Liebe sich nicht mehr auf eine Beziehung beschränken, sie wird zu einem Zustand deines Seins. Dann gilt nicht mehr, dass du dieses liebst und jenes nicht liebst – nein, du bist einfach nur noch Liebe. Wer immer dir nahe kommt, empfängt deine Liebe. Was immer geschieht, erhält deine Liebe. Du berührst einen Felsen, und du berührst ihn, als würdest du einen geliebten Körper berühren. Du schaust einen Baum an, und du schaust ihn an, als würdest du ein geliebtes Gesicht betrachten. Liebe wird zu einem Zustand deines Seins. Jetzt bist du nicht mehr nur verliebt – jetzt *bist* du Liebe. Das ist eine Zunahme, keine Abnahme an Bewusstheit.

Liebe ist wunderschön, wenn man durch sie bewusster wird, und sie wird schmutzig und hässlich, wenn man durch sie unbewusster wird. Denn dann wird man früher oder später feststellen, dass sie giftig ist, dass sie zu Sklaverei wird. Du bist darin gefangen, deine Freiheit ist verloren gegangen. Deine Flügel sind beschnitten; jetzt bist du nicht mehr frei. Verliebt man sich, so wird man zu einem Besitz: Man besitzt, und man erlaubt einem anderen, einen zu besitzen. Man wird zu einem Ding, und man versucht, den anderen, in den man sich verliebt hat, ebenfalls zu einem Ding zu machen.

Schaut euch nur einmal Ehemänner und Ehefrauen an: Sie sind beide wie Dinge füreinander geworden, sie sind keine Menschen mehr! Beide versuchen sich gegenseitig zu besitzen. Nur Dinge kann man besitzen, Menschen kann man niemals besitzen. Wie kann man einen Menschen besitzen? Wie kann man über einen Menschen dominieren? Wie kann man einen Menschen in Besitz verwandeln? Unmöglich! Doch der Ehemann versucht seine Frau zu besitzen, und die Frau versucht dasselbe. Dadurch entsteht ein Konflikt, dadurch werden sie im Grunde Feinde. Dann versuchen sie sich gegenseitig zu zerstören.

Ich habe folgende Geschichte gehört:

Mulla Nasruddin ging ins Friedhofsbüro und beschwerte sich beim Direktor: »Ich weiß genau, dass meine Frau hier auf diesem Friedhof begraben ist, doch ich kann ihr Grab nicht finden.«

Der Friedhofsleiter überprüfte sein Register und fragte: »Wie war der Name?«

Mulla antwortete: »Mrs. Mulla Nasruddin.«

Der Direktor schaute nochmals nach und meinte dann: »Wir haben keine Mrs. Mulla Nasruddin, doch es gibt einen Mulla Nasruddin. Es tut mir Leid, etwas scheint hier durcheinander geraten zu sein.«

Nasruddin erwiderte: »Nein, das ist schon in Ordnung. Wo ist das Grab von Mulla Nasruddin? – Es läuft alles auf meinen Namen.«

Selbst das Grab seiner Frau!

Besitztümer ... jeder versucht den Geliebten, den Partner zu besitzen. Das ist keine Liebe mehr. Tatsächlich hasst man, zerstört man, tötet man, wenn man einen Menschen besitzt; man ist ein Mörder. Liebe sollte Freiheit schenken; Liebe ist Freiheit. Liebe schenkt dem Geliebten mehr und mehr Freiheit, Liebe schenkt Flügel, Liebe eröffnet den weiten Himmel. Sie kann nicht zum Gefängnis werden, zum Käfig. Doch diese Liebe kennt ihr nicht, denn sie geschieht nur, wenn man bewusst ist; diese Qualität der Liebe entsteht nur, wenn Bewusstheit vorhanden ist. Ihr kennt nur eine Liebe, die Sünde ist, denn sie entstammt eurem Schlaf.

Liebe schenkt dem Geliebten mehr und mehr Freiheit, Liebe schenkt Flügel, Liebe eröffnet den weiten Himmel. Sie kann nicht zum Gefängnis werden, zum Käfig. Doch diese Qualität der Liebe entsteht nur, wenn Bewusstheit vorhanden ist.

Und das gilt für alles, was ihr tut. Selbst wenn ihr etwas Gutes zu tun versucht, schadet ihr nur. Schaut euch doch nur die Leute an, die Gutes tun wollen: Sie schaden nur, sie sind die schlimmsten Unheilstifter der Welt. Die Sozialreformer, die so genannten Revolutionäre, sie sind die größten Unheilstifter. Doch es ist schwierig zu erkennen, worin ihre Schädlichkeit besteht, denn sie sind gute Menschen, sie tun anderen immer nur Gutes – das ist ihre Art und Weise, ein Gefängnis für die anderen zu erschaffen. Wenn du ihnen erlaubst, dir etwas Gutes zu tun, nehmen sie dich in Besitz. Sie fangen damit an, dir die Füße zu massieren, und früher oder später wirst du feststellen, dass ihre Hände bereits deinen Hals erreicht haben! Sie beginnen bei den Füßen und enden am Hals, weil sie nicht bewusst sind; sie wissen nicht, was sie tun. Sie haben nur einen Trick gelernt – wenn man jemanden besitzen möchte, muss man ihm Gutes tun. Ihnen ist nicht einmal bewusst, dass sie diesen Trick gelernt haben. Doch sie fügen anderen Schaden zu, weil alles – alles –, was dazu dient, einen anderen in Besitz zu nehmen, welche Form oder Bezeichnung es auch haben mag, unheilig ist, Sünde ist.

Eure Kirchen, eure Tempel, eure Moscheen, sie alle haben Sünden gegen euch begangen, weil sie besitzorientiert sind, weil sie dominierend sind. Jede Kirche ist gegen die Religion – denn Religion bedeutet Freiheit! Warum entwickelt es sich dann auf diese Weise? Jesus versuchte euch Freiheit zu geben, er versuchte euch Flügel zu geben. Und dann, was geschah dann, wie kam die Kirche ins Spiel?

Es geschah deshalb, weil Jesus auf einer vollkommen anderen Seinsebene lebte, auf der Ebene der Bewusstheit; und jene, die ihm zuhörten, jene, die ihm nachfolgten, leben auf der Ebene des Schlafs.

Was immer sie hören und interpretieren, wird durch ihre eigenen Träume beeinflusst. Und was immer sie erschaffen, kann nur Sünde sein. Christus gibt euch Religion, und dann verwandeln Menschen, die sich in tiefem Schlaf befinden, diese in eine Kirche.

Es wird erzählt, dass der Satan einmal unter einem Baum saß und sehr traurig war. Ein Heiliger kam vorbei; er betrachtete Satan und fragte: »Uns wurde gesagt, dass du niemals ruhst, dass du immer irgendwo irgendwelche Bosheiten ausheckst. Was machst du also hier unter diesem Baum?«

Satan war wirklich deprimiert. Er antwortete: »Mir scheint, meine Arbeit ist von den Priestern übernommen worden, und ich habe nichts mehr zu tun – ich bin vollkommen überflüssig. Manchmal denke ich schon daran, Selbstmord zu begehen, weil die Priester es so gut machen, dass für mich nichts mehr zu tun bleibt.«

Die Priester haben es so gut gemacht, weil sie Freiheit in Gefangenschaft verwandelt haben, weil sie Wahrheit in Dogmen verwandelt haben – weil sie alles von der Ebene der Bewusstheit auf die Ebene des Schlafs gezerrt haben.

Die Priester haben es so gut gemacht, weil sie Freiheit in Gefangenschaft verwandelt haben, weil sie Wahrheit in Dogmen verwandelt haben – weil sie alles von der Ebene der Bewusstheit auf die Ebene des Schlafs gezerrt haben.

Versucht genau zu verstehen, worum es sich bei diesem Schlaf handelt, denn wenn ihr spüren könnt, was dieser Schlaf ist, seid ihr bereits dabei, wach zu werden – ihr seid bereits auf dem Weg zum Erwachen. Was ist dieser Schlaf? Wie geschieht er? Was ist sein Mechanismus? Was ist sein Modus Operandi?

Der Verstand befindet sich immer entweder in der Vergangenheit oder in der Zukunft. Er kann sich nicht in der Gegenwart befinden, denn es ist für den Verstand vollkommen unmöglich, in der Gegenwart zu sein. Wenn du dich in der Gegenwart befindest, gibt es keinen Verstand mehr – denn Verstand bedeutet Denken. Wie kann man in der Gegenwart denken? Man kann über die Vergangenheit nachdenken; sie ist bereits Teil der Erinnerungen geworden, und der Verstand kann damit arbeiten. Man kann über die Zukunft nachdenken; sie ist noch nicht da, und der Verstand kann davon träumen. Der Verstand kann nur zwei Dinge tun: Er kann sich entweder in die Vergangenheit begeben – dort gibt es Raum genug, um sich zu bewegen, den weiten Raum der Vergangenheit; dort kann er weiter und weiter und immer weiter gehen –, oder der Verstand kann sich in die Zukunft begeben; auch dort gibt es einen weiten Raum ohne Ende, in dem er träumen und träumen und immer weiter träumen kann. Doch wie könnte der Verstand in der Gegenwart funktionieren? Sie bietet keinen Raum für den Verstand, in dem er sich bewegen könnte.

Die Gegenwart ist nur eine Trennlinie, das ist alles. Sie hat keinen Raum. Sie trennt die Vergangenheit und die Zukunft – sie ist nur eine Trennlinie. Man kann in der Gegenwart *sein*, doch man kann in ihr nicht denken, denn zum Denken braucht es Raum. Gedanken brauchen Platz, sie sind wie Dinge. Denkt daran – Gedanken sind subtile Dinge, sie sind materiell. Gedanken sind nicht spirituell, denn die Dimension des Spirituellen beginnt erst, wenn keine Gedanken mehr vorhanden sind. Gedanken sind materielle Dinge, wenn auch sehr subtile, und alle materiellen Dinge brauchen Platz.

❧

Man kann in der Gegenwart sein, *doch man kann in ihr nicht denken, denn zum Denken braucht es Raum. Gedanken brauchen Platz, sie sind wie Dinge. Denkt daran – Gedanken sind subtile Dinge, sie sind materiell. Die Dimension des Spirituellen beginnt erst, wenn keine Gedanken mehr vorhanden sind.*

❧

Man kann in der Gegenwart nicht denken. In dem Augenblick, in dem man zu denken beginnt, befindet man sich bereits in der Vergangenheit. Man sieht die Sonne aufgehen; man sieht sie und sagt: »Oh, was für ein herrlicher Sonnenaufgang!« – Und schon ist er Vergangenheit. Wenn die Sonne aufgeht, ist nicht einmal genug Raum vorhanden, um zu sagen: »Wie schön!«, denn wenn man diese beiden Worte äußert – »Wie schön!« –, ist die Erfahrung bereits zur Vergangenheit geworden; der Verstand hat sie bereits im Gedächtnis verstaut. Doch *genau* in dem Augenblick, in dem die Sonne aufgeht, in dem die Sonne am Aufgehen ist, wie kann man da denken? Was kann man da denken? Man kann mit der aufgehenden Sonne *sein*, doch man kann nicht denken. Für *dich* ist ausreichend Raum, doch nicht für Gedanken.

Im Garten steht eine wunderschöne Blume, und du

sagst: »Eine wundervolle Rose« – jetzt bist du nicht mehr bei der Blume, in diesem Moment; alles ist bereits Erinnerung. Wenn die Blume da ist und du da bist, beide präsent füreinander, wie kannst du da denken? Was kannst du denken? Wie ist da Denken möglich? Es gibt keinen Raum dafür. Der Raum ist so eng – tatsächlich ist überhaupt kein Raum da –, dass du und die Blume nicht einmal getrennt als zwei Phänomene existieren können, denn es ist nicht genug Raum für zwei, nur eins kann existieren.

Das ist der Grund dafür, warum du in tiefer Präsenz zur Blume wirst und die Blume zu dir. Wenn es keine Gedanken gibt, wer ist dann die Blume und wer der Beobachter? Der Beobachter wird zum Beobachteten. Plötzlich lösen sich die Grenzen auf. Plötzlich bist du eingedrungen, bist in die Blume eingedrungen, und die Blume ist in dich eingedrungen. Plötzlich seid ihr nicht mehr zwei – es existiert nur noch eines.

Wenn du zu denken beginnst, bist du wieder zu zweien geworden. Wenn du nicht denkst, wo ist dann die Dualität? Wenn du mit der Blume existierst, ohne zu denken, ist es ein Dialog – kein Duolog, sondern ein Dialog. Wenn du mit deinem Geliebten bist, ist es ein Dialog, kein Duolog, weil es keine zwei gibt. Wenn du neben deinem Geliebten sitzt, wenn du die Hand des Geliebten hältst, bist du einfach da. Du denkst nicht an die Tage, die vorbei und verflossen sind; du denkst nicht an die Zukunft – du bist im Hier und Jetzt. Und es ist so wunderbar, im Hier und Jetzt zu sein, und so intensiv, dass kein Gedanke in diese Intensität vordringen kann.

Doch das Tor ist schmal; schmal ist das Tor der Gegenwart. Nicht einmal zwei können es gleichzeitig betreten, sondern nur einer. In der Gegenwart ist kein Denken möglich, ist kein Träumen möglich, denn Träumen ist nichts anderes als Denken in Bildern. Beides sind Dinge, beides ist materiell.

Wenn du dich in der Gegenwart befindest, ohne zu denken, bist du zum ersten Mal spirituell. Eine neue Dimension tut sich auf – diese Dimension ist Bewusstheit. Weil du diese Dimension bisher nicht gekannt hast, sagt Heraklit, dass du schläfst, dass du nicht wach bist. Bewusstheit bedeutet, so total im Augenblick zu sein, dass es keine Bewegung in Richtung Vergangenheit gibt, keine Bewegung in Richtung Zukunft – jede Bewegung hört auf.

Bewusstheit bedeutet, so total im Augenblick zu sein, dass es keine Bewegung in Richtung Vergangenheit gibt, keine Bewegung in Richtung Zukunft – jede Bewegung hört auf.

Das bedeutet nicht, dass du statisch wirst. Eine neue Bewegung beginnt, eine Bewegung in die Tiefe. Es gibt zwei Arten von Bewegungen, und das ist die Bedeutung des christlichen Kreuzes: Es zeigt zwei Bewegungen, eine Kreuzung. Eine Bewegung ist linear: Man bewegt sich in einer Linie, von einer Sache zur nächsten, von einem Gedanken zum nächsten, von einem Traum zum nächsten – von A nach B, von B nach C, von C nach D. Auf diese Weise bewegt man sich in einer Linie, horizontal. Das ist die Bewegung der Zeit; das ist die Bewegung von jemandem, der tief schläft. Man kann sich auch wie ein Pendelbus hin und her bewegen – die Linie ist da. Man kann sich von B nach A oder von A nach B bewegen – die Linie ist da.

Es gibt aber noch eine andere Bewegung, die sich in einer vollkommen anderen Dimension abspielt. Diese Bewegung ist nicht horizontal, sie ist vertikal. Man geht nicht von A nach B und von B nach C; man geht von A zu einem tieferen A: von A1 zu A2, A3, A4, in die Tiefe – oder in die Höhe.

Wenn das Denken aufhört, beginnt diese neue Bewegung. Jetzt fällt man in die Tiefe, in so etwas wie einen Abgrund. Menschen, die tief meditieren, kommen früher oder später an diesen Punkt; dann bekommen sie Angst, weil sie das Gefühl haben, dass sich ein Abgrund aufgetan hat – er scheint bodenlos, und man fühlt sich schwindlig, man bekommt Angst. Man möchte an der alten Art von Bewegung festhalten, denn sie war bekannt; das Neue erscheint einem wie der Tod.

Das ist es, was das Kreuz Jesu bedeutet: Es ist ein Tod. Von der Horizontalen zur Vertikalen überzugehen bedeutet Tod – das ist der wirkliche Tod. Doch nur von der einen Seite aus ist es Tod; von der anderen Seite aus ist es Auferstehung. Es bedeutet, zu sterben, um neu geboren zu werden; es bedeutet, in einer Dimension zu sterben, um in einer anderen Dimension geboren zu werden. Auf der Horizontalen ist man Jesus. Auf der Vertikalen wird man zu Christus.

Bewegt man sich von einem Gedanken zum nächsten, so bleibt man in der Welt der Zeit. Bewegt man sich in den Augenblick – nicht in die Gedanken –, so bewegt man sich in die Ewigkeit. Man wird nicht statisch; nichts in dieser Welt ist statisch, nichts kann statisch sein – sondern eine neue Art von Bewegung entsteht, eine Bewegung ohne Motiv. Merkt euch diese Worte. Auf der horizontalen Linie bewegt man sich aufgrund einer Motivation. Man muss etwas erreichen – sei es nun Geld, Prestige, Macht oder Gott, doch immer muss man etwas erreichen. Es gibt eine Motivation.

❧

Bewegt man sich von einem Gedanken zum nächsten, so bleibt man in der Welt der Zeit. Bewegt man sich in den Augenblick – nicht in die Gedanken –, so bewegt man sich in die Ewigkeit. Man wird nicht statisch; nichts in dieser Welt ist statisch, nichts kann statisch sein – sondern eine neue Art von Bewegung entsteht, eine Bewegung ohne Motiv.

❧

Eine motivierte Bewegung bedeutet Schlaf. Eine unmotivierte Bewegung bedeutet Bewusstheit – man bewegt sich, weil Bewegung reine Freude ist, man bewegt sich, weil Bewegung Leben ist, man bewegt sich, weil Leben Energie und Energie Bewegung ist. Man bewegt sich, weil Energie Entzücken bedeutet – und aus keinem anderen Grund. Es gibt kein Ziel, man rennt nicht irgendeiner Leistung hinterher. Tatsächlich geht man nirgendwohin, man geht überhaupt nicht – man genießt einfach die Energie. Es gibt kein Ziel außer der Bewegung an sich; die Bewegung besitzt ihren eigenen inneren Wert, keinen äußeren Wert.

Auch ein Buddha lebt, auch ein Heraklit lebt, auch ich lebe und atme – doch mit einer anderen Art von Bewegung, unmotiviert.

Jemand hat mich vor ein paar Tagen gefragt: »Warum hilfst du den Menschen zu meditieren?«

Ich habe ihm geantwortet: »Weil es eine Freude für mich ist. Es gibt keinen tieferen Grund – ich genieße es einfach.« So wie jemand es genießt, Samen im Garten auszusäen und auf die Blumen zu warten – ich genieße es, wenn ihr erblüht. Es ist nichts anderes als Gärtnern; wenn jemand erblüht, ist es reines Entzücken. Und ich gebe es weiter. Es gibt kein tieferes Ziel. Wenn ihr nicht erblüht, bin ich nicht frustriert. Wenn ihr nicht erblüht, ist auch das in Ordnung, denn Blühen kann nicht erzwungen werden. Man kann eine Knospe nicht gewaltsam öffnen – man kann schon, doch damit zerstört man sie. Es mag wie ein Erblühen aussehen, doch es ist kein Erblühen mehr.

Die ganze Welt bewegt sich, die Existenz bewegt sich, bis in alle Ewigkeit. Der Verstand bewegt sich in der Zeit. Die Existenz bewegt sich in die Tiefe und die Höhe, und der Verstand bewegt sich vorwärts und rückwärts. Der Verstand bewegt sich horizontal – das ist Schlaf. Wenn du dich vertikal bewegen kannst, ist es Bewusstheit.

Sei im Augenblick. Bringe dein ganzes Wesen in den Augenblick. Lass nicht die Vergangenheit dazwischentreten, und lass nicht die Zukunft ins Spiel kommen. Die Vergangenheit ist nicht mehr, sie ist tot. Wie Jesus gesagt hat: »Lasst die Toten ihre Toten begraben.« Die Vergangenheit ist vorbei, warum macht ihr euch Sorgen deswegen? Warum kaut ihr immer und immer und immer wieder auf ihr herum? Seid ihr wahnsinnig? Sie ist nicht mehr; sie existiert nur noch in eurem Kopf, sie ist nur noch Erinnerung. Die Zukunft ist noch nicht da – wozu denkt ihr über die Zukunft nach? Wie könnt ihr über etwas nachdenken, was noch nicht ist? Wie könnt ihr dafür Pläne schmieden?

Was immer ihr tut, es wird sich nicht erfüllen, und dann seid ihr frustriert, weil das Ganze seinen eigenen Plan hat. Warum versucht ihr, eure eigenen Pläne dagegenzustellen?

Das Leben hat seine eigenen Pläne, es ist weiser als ihr – das Ganze muss schließlich weiser sein als die Teile. Warum tut ihr so, als wärt ihr das Ganze? Das Ganze hat sein eigenes Schicksal, seine eigene Erfüllung; warum macht ihr euch Sorgen darum? Und was immer ihr tut, es ist alles nur Sünde, weil ihr den Augenblick verpasst – diesen Augenblick. Und wenn das zu einer Gewohnheit wird – und das wird es; wenn ihr ihn einmal verpasst, wird es zu einer Gewohnheit –, dann werdet ihr auch die Zukunft verpassen, wenn sie gekommen ist, denn dann wird sie nicht mehr Zukunft sein, sondern Gegenwart. Gestern habt ihr über heute nachgedacht, weil es damals noch morgen war; jetzt ist es heute, und ihr denkt über morgen nach, und wenn morgen kommt, wird es heute sein – weil alles, was existiert, hier und jetzt existiert, es kann nicht anders existieren. Und wenn ihr eine starre Funktionsweise habt, bei der euer Verstand immer auf das Morgen schielt, wann wollt ihr dann leben? Morgen kommt niemals. Dann werdet ihr es immer verpassen, verfehlen – und das ist Sünde. Das ist die Bedeutung der hebräischen Wurzel des Wortes *Sünde*.

Sobald die Zukunft ins Spiel kommt, kommt die Zeit ins Spiel. Ihr habt gegen das Leben gesündigt, ihr habt es verpasst. Und das ist zu einem fixen Muster geworden: Wie Roboter macht ihr immer weiter und verpasst es immer weiter.

Es gibt Leute, die aus fernen Ländern zu mir kommen. Wenn sie dort sind, denken sie an mich und freuen sich darauf, mich zu sehen, und lesen und denken und träumen davon. Doch wenn sie dann hier sind, fangen sie an, an ihr Zuhause zu denken; kaum dass sie angekommen sind, machen sie sich bereits auf den Rückweg! Dann fangen sie an, an ihre Kinder zu denken, an ihre Frau, an ihre Arbeitsstelle, an dies und jenes und tausend Dinge. Und ich sehe diese ganze Narretei. Sobald sie wieder zurück sind, werden sie wieder anfangen, an mich zu denken. Sie verpassen die Gegenwart, und das ist Sünde.

Wenn ihr hier bei mir seid, dann seid auch hier bei mir – seid vollkommen bei mir, sodass ihr eine neue Art von Bewegung lernen könnt, sodass ihr euch in die Ewigkeit bewegen könnt, statt euch nur in der Zeit zu bewegen.

Zeit ist die Welt, und die Ewigkeit ist Gott; die Horizontale ist die Welt, die Vertikale ist Gott. Beide treffen sich an einem Punkt – das ist der Punkt, an dem Jesus gekreuzigt ist. Beide, die Horizontale und die Vertikale, treffen sich an einem Punkt – und dieser Punkt ist hier und jetzt. Von hier und jetzt aus kann man sich auf zwei Reisen begeben: eine Reise in die Welt, in die Zukunft, oder eine Reise zu Gott, in die Tiefe.

Werdet mehr und mehr bewusst, seid mehr und mehr wach und aufmerksam für die Gegenwart.

Was macht ihr nun also? Wie wird es möglich? – Denn

ihr befindet euch in so tiefem Schlaf, dass ihr auch daraus einen Traum machen könnt. Ihr könnt daraus ein Denkspiel machen, einen Denkprozess. Ihr könnt euch so angespannt darum bemühen, dass ihr genau deswegen nicht in der Gegenwart sein könnt. Wenn ihr zu viel darüber nachdenkt, wie man in der Gegenwart sein kann, wird euch das nicht helfen. Wenn ihr euch schuldig fühlt, sobald ihr zwischendurch in der Vergangenheit landet – und das werdet ihr, denn es ist eine alte Gewohnheit, und machmal werdet ihr auch anfangen, über die Zukunft nachzudenken – und sofort werdet ihr euch schuldig fühlen, weil ihr wieder eine Sünde begangen habt.

Macht euch selbst keine Schuldgefühle. Versteht die Sünde, doch fühlt euch nicht schuldig – und das ist eine sehr, sehr feine Unterscheidung. Wenn ihr euch schuldig fühlt, habt ihr das Ganze verfehlt. Damit beginnt ihr das alte Muster nur wieder auf neue Art und Weise. Jetzt fühlt ihr euch schuldig, weil ihr die Gegenwart verpasst habt. Und damit denkt ihr an die Vergangenheit – denn diese Gegenwart ist nicht mehr gegenwärtig; sie ist vergangen, und ihr fühlt euch deswegen schuldig. Und damit habt ihr es wieder verfehlt.

Denkt also daran: Wann immer ihr erkennt, dass ihr in die Vergangenheit oder in die Zukunft abgeglitten seid, macht kein Problem daraus. Kehrt einfach in die Gegenwart zurück und macht kein Problem daraus. Es ist in Ordnung! Bringt einfach die Aufmerksamkeit zurück in die Gegenwart. Ihr werdet es Millionen Male verpassen; es wird euch nicht jetzt sofort gelingen, gleich und unmittelbar. Es kann gelingen, doch nicht durch eure Anstrengung, nicht durch euer Verdienst. Es handelt sich um eine so uralte und eingeschliffene Gewohnheit, dass ihr sie nicht sofort und unmittelbar ablegen könnt. Doch keine Sorge, das Leben ist nicht in

Eile. Die Ewigkeit kann ewig warten. Macht euch deswegen keinen Druck.

Wann immer du das Gefühl hast, dass du es verfehlt hast, komm zurück, das ist alles. Fühle dich nicht schuldig; das ist ein Trick des Verstandes, damit spielt er schon wieder ein Spiel. Bereue nicht: »Ich habe es schon wieder vergessen.« Wenn du bemerkst, dass du denkst, dann kehre einfach zu dem zurück, was du gerade machst. Kehre zurück zu deinem Bad, zu deinem Essen, zu deinem Spaziergang. In dem Augenblick, in dem du bemerkst, dass du nicht wirklich hier und jetzt bist, komm zurück – ganz einfach und unschuldig. Mach keine Schuld daraus. Wenn du dich schuldig fühlst, hast du es falsch verstanden.

Es gibt Sünde, aber keine Schuld – doch das ist schwierig für euch. Wenn ihr das Gefühl habt, dass etwas falsch ist, fühlt ihr euch sofort schuldig. Der Verstand ist sehr, sehr raffiniert. Wenn ihr euch schuldig fühlt, hat das Spiel schon wieder begonnen – auf einer anderen Basis zwar, doch immer noch das alte Spiel. Die Menschen kommen zu mir und sagen: »Wir vergessen es immer wieder.« Sie sind sehr traurig, wenn sie das sagen: »Wir vergessen es immer wieder. Wir versuchen es, doch wir denken nur ein paar Sekunden lang daran. Wir sind wach, uns unserer selbst bewusst, und dann ist es schon wieder weg – was sollen wir bloß machen?« Da kann man überhaupt nichts machen! Es ist keine Frage des Machens. Was kann man tun? Das Einzige, was man tun kann, ist, keine Schuldgefühle deswegen zu entwickeln, sondern einfach zurückzukehren.

Und je mehr man zurückkommt ... und zwar ganz einfach, denkt daran. Nicht mit einem ernsten Gesicht, nicht mit großer Anstrengung – einfach, unschuldig, ohne ein Problem daraus zu machen. Denn die Ewigkeit kennt keine Probleme – alle Probleme existieren nur auf der horizontalen Ebene; auch dieses Problem existiert nur auf der horizontalen Ebene. Die vertikale Ebene kennt keine Probleme. Sie ist reines Entzücken, ohne jede Angst, ohne jedes Elend, ohne jede Sorge, ohne Schuld, ohne alles. Sei also einfach und komm zurück.

Du wirst es viele Male verfehlen, das ist ganz sicher. Doch mach dir deswegen keine Sorgen; das ist einfach so, wie es ist. Du wirst es viele Male vergessen, doch darum geht es gar nicht. Richte deine Aufmerksamkeit nicht so sehr darauf, dass du es viele Male vergessen hast, sondern vielmehr darauf, dass du viele Male wieder daran gedacht hast.

Denkt daran – die Betonung sollte nicht darauf liegen, dass ihr es viele Male vergessen habt, sondern darauf, dass ihr euch viele Male wieder daran erinnert habt. Freut euch darüber. Dass ihr es verfehlt, muss einfach so sein. Ihr seid menschlich, ihr habt viele, viele Leben lang auf der horizontalen Ebene gelebt, also ist es ganz normal. Das Schöne daran ist, dass ihr viele Male zurückgekehrt seid. Ihr habt das Unmögliche vollbracht; freut euch darüber!

In 24 Stunden vergesst ihr es 24 000-mal, doch 24 000-mal erinnert ihr euch auch wieder daran. Jetzt beginnt allmählich ein neuer innerer Modus zu funktionieren. So viele Male kehrt ihr nach Hause zurück; jetzt taucht nach und nach eine neue Dimension auf. Ihr werdet mehr und mehr fähig, in der Bewusstheit zu bleiben, und werdet immer weniger hin und her schwanken. Die Spanne des Weggehens und Zurückkehrens wird immer kürzer. Weniger und weniger vergesst ihr es, mehr und mehr erinnert ihr euch – ihr betretet die Vertikale. Und eines Tages verschwindet plötzlich die Horizontale. Eine gewisse Intensität kommt zur Bewusstheit hinzu, und die Horizontale verschwindet.

Das ist es, was Shankara*, Vedanta** und die Hindus meinen, wenn sie diese Welt als Illusion bezeichnen. Denn wenn die Bewusstheit vollkommen wird, verschwindet diese Welt einfach – diese Welt, die ihr durch euren Verstand erschaffen habt –, und eine andere Welt enthüllt sich. *Maya* verschwindet, die Illusion verschwindet – die Illusion gibt es nur wegen eures Schlafs, wegen eurer Unbewusstheit.

Es ist wie in einem Traum. Nachts bewegt ihr euch im Traum, und während ihr träumt, wirkt es vollkommen echt. Habt ihr jemals in einem Traum gedacht: »Das ist einfach nicht möglich«? Im Traum geschieht Unmögliches, doch ihr zweifelt nicht daran. Im Traum habt ihr so viel Glauben; im Traum ist niemand ein Skeptiker, nicht einmal ein Bertrand Russell. Nein, im Traum ist jeder ein Kind und vertraut allem, was geschieht. Du siehst deine Frau im Traum auftauchen – und plötzlich verwandelt sie sich in ein Pferd. Nicht einen einzigen Augenblick lang fragst du dich: »Wie ist das möglich?«

Träumen heißt vertrauen, träumen heißt glauben. Im Traum kann man nicht zweifeln. Wenn man in einem Traum zu zweifeln beginnt, bricht man die Regeln. Sobald man zweifelt, beginnt der Traum sich aufzulösen. Wenn man sich auch nur einen Augenblick lang erinnert, dass es sich um einen Traum handelt, wirkt das wie ein Schock, und der Traum löst sich auf, und man erwacht.

Die Welt, die ihr um euch herum seht, ist nicht die wirkliche Welt. Nicht, weil sie nicht existiert – sie existiert durchaus –, sondern weil ihr sie durch den Schleier des Schlafes seht. Eure Unbewusstheit steht dazwischen; ihr schaut sie an, und ihr interpretiert sie auf eure eigene Art und Weise; ihr seid wie Betrunkene.

---

* Indischer Philosoph, achtes Jahrhundert nach Christus (der Übersetzer).

** System der indischen Philosophie (der Übersetzer).

❧

Die Welt, die ihr um euch herum seht, ist nicht die wirkliche Welt. Nicht, weil sie nicht existiert – sie existiert durchaus –, sondern weil ihr sie durch den Schleier des Schlafes seht. Eure Unbewusstheit steht dazwischen; ihr schaut sie an, und ihr interpretiert sie auf eure eigene Art und Weise.

❧

Es geschah einmal Folgendes:

> Mulla Nasruddin kam angerannt. Er war vollkommen betrunken, und der Mann, der den Fahrstuhl bediente, war gerade dabei, die Tür zu schließen, als Mulla sich noch eben hineinquetschen konnte. Der Fahrstuhl war voll. Jeder bemerkte, dass Mulla ziemlich betrunken war; er roch nach Alkohol. Er versuchte, es sich nicht anmerken zu lassen; er versuchte, nur auf die Tür zu schauen, doch er konnte nichts sehen – seine Augen waren zu sehr getrübt. Er versuchte, irgendwie aufrecht zu stehen, doch auch das gelang ihm nicht. Da wurde es ihm langsam peinlich, denn jeder blickte ihn an, und ihm war klar, dass alle ihn im Stillen für völlig betrunken hielten. Weil er nicht wusste, was er tun sollte, sagte er unvermittelt: »Sie wundern sich sicher, weshalb ich diese Versammlung einberufen habe.«

Am nächsten Morgen wird Nasruddin wieder nüchtern sein. Dann wird er darüber lachen, wie ihr jetzt darüber lacht.

Alle Buddhas lachen, wenn sie erwachen. Ihr Lachen ist wie das Brüllen eines Löwen. Sie lachen – nicht etwa über euch, sondern über den ganzen kosmischen Witz. Sie hatten in einem Traum gelebt, im Schlaf, vollkommen von Verlangen betäubt, und durch dieses Verlangen betrachteten sie die Existenz. Dadurch war es nicht das wirkliche Leben; sie hatten nur ihren eigenen Schlaf darauf projiziert.

Ihr nehmt die ganze Existenz als Leinwand, und dann projiziert ihr den Inhalt eures Verstandes darauf. Ihr seht Dinge, die gar nicht da sind, und die Dinge, die da sind, seht ihr nicht. Doch der Verstand hat für alles Erklärungen. Wenn euch Zweifel kommen, so kann der Verstand es erklären. Er erschafft Theorien, Philosophien, Systeme, nur damit er das Gefühl hat, dass alles in Ordnung ist. Alle Philosophien existieren nur zu dem Zweck, das Leben annehmbar zu machen, damit alles in Ordnung ist, damit nichts falsch ist – doch alles ist falsch, solange ihr schlaft.

Einmal kam ein Mann zu mir, der sich Sorgen machte. Er hatte eine wunderschöne Tochter, doch er machte sich große Sorgen um sie, und er sagte: »Jeden Morgen ist ihr leicht übel, und ich war mit ihr bereits bei allen möglichen Ärzten, und alle sagen, es fehlt ihr nichts. Was soll ich nur tun?«

Also empfahl ich ihm: »Geh einfach zu Mulla Nasruddin – er ist hier derjenige, der alles weiß, und ich habe noch nie gehört, dass er gesagt hätte: ›Das weiß ich nicht.‹ Geh einfach zu ihm.«

Also ging er zu Nasruddin. Ich folgte ihm, nur um zu hören, was Nasruddin ihm sagen würde. Nasruddin schloss die Augen, überdachte das Problem, öffnete dann die Augen wieder und fragte: »Geben Sie ihr Milch am Abend, bevor sie zu Bett geht?«

Der Mann antwortete: »Ja!«

Darauf meinte Nasruddin: »Da haben wir das Problem! Wenn man einem Kind Milch gibt und das Kind sich die ganze Nacht lang hin und her wälzt, von links nach rechts und von rechts nach links, dann wird aus der Milch Quark, und aus dem Quark wird Käse, und aus dem Käse wird Butter, und aus der Butter wird Fett, und aus dem Fett Zucker, und aus dem Zucker Alkohol – und am Morgen hat sie dann natürlich einen Kater.«

Das ist genau das, was alle Philosophien machen: Sie erklären Dinge, die man nicht erklären kann, und tun so, als wüssten sie etwas über Dinge, die niemand weiß. Doch das macht das Leben einfacher. Man schläft besser, denn sie wirken wie ein Beruhigungsmittel.

Denkt daran, das ist der Unterschied zwischen Philosophie und Religiosität: Philosophie ist ein Beruhigungsmittel, Religiosität ist ein Schock; Philosophie hilft euch, besser zu schlafen; Religiosität holt euch aus dem Schlaf. Religiosität ist keine Philosophie – sie ist eine Technik, um euch aus eurer Unbewusstheit aufzuwecken. Alle Philosophien dagegen sind Techniken, euch besser schlafen zu lassen; sie schenken euch Träume, Utopien.

Religiosität nimmt euch alle Träume weg, alle Utopien. Religiosität führt euch zur Wahrheit – und die Wahrheit ist nur möglich, wenn ihr nicht träumt. Ein träumender Verstand kann die Wahrheit nicht erkennen. Ein träumender Verstand verwandelt die Wahrheit ebenfalls in einen Traum.

Hast du schon einmal Folgendes beobachtet? Du stellst den Wecker, weil du am Morgen um vier Uhr aufstehen willst, um einen Zug zu erreichen. Am Morgen schrillt der Alarm, und dein Verstand macht einen Traum daraus: Du sitzt in einem Tempel, und die Tempelglocken läuten – und schon ist alles erklärt. Der Wecker ist jetzt kein Problem mehr, er kann dich nicht mehr wecken. Du hast ihn wegerklärt – im selben Augenblick!

Der Verstand ist subtil. Und nun grübeln die Psychoanalytiker darüber nach, wie das funktioniert, wie der Verstand sofort Erklärungen liefern kann, ohne jede Verzögerung. Es ist nicht so einfach – der Verstand muss es bereits vorwegnehmen. Wie könnte man sich sonst plötzlich in einer Kirche oder einem Tempel befinden, wo die Glocken läuten? Der Wecker geht los, und sofort taucht im Traum eine Erklärung auf. Du versuchst den Wecker zu ignorieren; du möchtest nicht aufstehen, an so einem kalten Wintermorgen möchtest du nicht aus dem Bett steigen. Der Verstand sagt also: »Das ist nicht der Wecker, das ist eine Glocke in dem Tempel, in dem du dich befindest.« Und schon ist alles erklärt, und du kannst weiterschlafen.

Das ist genau das, was Philosophien machen, und das ist der Grund, warum es so viele Philosophien gibt – weil jeder eine andere Erklärung braucht. Die Erklärung, die einem anderen hilft zu schlafen, hilft dir vielleicht überhaupt nicht. Und genau das sagt Heraklit mit seinen Worten.

Jetzt versucht noch einmal, ihn zu verstehen. Er sagt:

Die Menschen achten
in ihren wachen Momenten
so wenig auf das, was um sie herum vorgeht,
als lägen sie in tiefem Schlaf.

Im Schlaf ist euch nicht bewusst, was um euch herum vorgeht, doch ist euch in euren wachen Stunden bewusst, was um euch herum vorgeht?

Zu dieser Frage wurde schon viel geforscht. 98 Prozent der ankommenden Botschaften nimmt der Verstand überhaupt nicht auf – 98 Prozent! Nur zwei Prozent werden aufgenommen, und auch diese zwei Prozent werden vom Verstand interpretiert. Ich sage etwas, und ihr hört etwas anderes. Ich sage etwas anderes, und ihr interpretiert es so, dass es euren Schlaf nicht stört. Euer Verstand liefert euch sofort eine Interpretation. Ihr findet in eurem Verstand einen Platz für die Aussage, der Verstand integriert sie; sie wird zu einem Teil des Verstandes. Das ist der Grund, warum ihr Buddha, Christus, Heraklit und andere nie verstanden habt. Sie haben immer wieder zu euch gesprochen; sie haben euch immer wieder gesagt, dass sie etwas entdeckt haben, dass sie etwas erfahren haben, doch wenn sie es euch sagen, interpretiert ihr es sofort auf eure Weise. Ihr habt dafür so eure Tricks.

Aristoteles zum Beispiel fühlte sich durch Heraklit sehr beunruhigt. Er entschied daher, dass dieser Mann einen Charakterfehler haben müsse. Und damit Schluss! – Schon hat er ihn in eine Schublade gepackt, weil er ihm nicht passt, weil er stört. Heraklit muss schwer auf Aristoteles gelastet haben – denn Aristoteles bewegt sich auf der Horizontalen, er ist ein Meister darin, und dieser Heraklit versucht einen in den Abgrund zu stoßen. Aristoteles bewegt sich auf der einfachen Ebene der Logik, und dieser Heraklit versucht einen in das Mysterium zu stoßen. Dafür braucht es eine Erklärung. Also behauptet Aristoteles: »Dieser Mann hat einen Defekt – einen Fehler in der Biologie, der Physiologie, im Charakter, irgendetwas. Warum sollte er sonst auf Paradoxen bestehen? Warum sollte er auf dem Mysterium bestehen? Warum sollte er darauf bestehen, dass es eine Harmonie zwischen den Gegensätzen gibt? Gegensätze sind Gegensätze; da gibt es keine Harmonie. Leben ist Leben, und Tod ist Tod – darüber muss man sich klar sein, man darf die Dinge nicht vermischen. Dieser Mensch scheint alles durcheinander zu bringen.«

Bei Lao-tse war es ganz ähnlich. Lao-tse sagte: »Jeder scheint weise zu sein außer mir. Jeder scheint klug zu sein außer mir – nur ich bin ein Narr!« Lao-tse war einer der größten Weisen, die jemals geboren wurden, doch unter euch hat er das Gefühl, dass er ein Narr ist. Lao-tse sagt: »Jeder scheint so klar zu denken, nur ich bin verwirrt.« Was Aristoteles über Heraklit sagt, sagt Lao-tse über sich selbst.

Lao-tse sagt: »Wenn jemand meinen Lehren lauscht, ohne den Verstand zu gebrauchen, wird er erleuchtet. Wenn er meinen Lehren mit dem Verstand lauscht, dann findet er seine eigenen Erklärungen, die nichts mit mir zu tun haben. Und wenn jemand zuhört, ohne wirklich zu hören – und es gibt solche Leute, die hören, ohne zu hören –, wenn jemand zuhört und dabei nicht hört, dann lacht er über meine Narrheit.« Und der dritte Typ ist in der Mehrzahl. Lao-tse sagt: »Wenn nicht die Mehrheit über dich lacht, sei dir bewusst, dass du wohl etwas Falsches sagst. Nur wenn die Mehrheit lacht, sagst du etwas Wahres. Nur wenn die Mehrheit denkt, dass du ein Verrückter bist, besteht die Möglichkeit, dass du ein Weiser bist; andernfalls ist es unmöglich.«

Heraklit erscheint Aristoteles verwirrt. Auch euch wird er so erscheinen, denn Aristoteles hat alle Universitäten erobert, alle Schulen der ganzen Welt. Jetzt lernt ihr überall nur etwas über Logik, und nichts über das Mysterium. Überall lernt ihr nur, rational zu sein, und nicht mystisch. Jeder wird dazu trainiert, klar zu sein. Um klar zu sein, muss man sich auf der Horizontalen bewegen. Dort ist A nur A, und B ist B, und A ist niemals B. Doch im geheimnisvollen Abgrund der Vertikalen verschwinden die Grenzen, und die Dinge gehen ineinander über. Männlich ist weiblich, und weiblich ist männlich; richtig ist falsch, und falsch ist richtig; dunkel ist hell, und hell ist dunkel; Leben ist Tod, und Tod ist Leben. Alle Grenzen verschwimmen und verschwinden.

Aristoteles hat alle Universitäten erobert, alle Schulen der ganzen Welt. Jetzt lernt ihr überall nur etwas über Logik, und nichts über das Mysterium.

Daher ist Gott ein Mysterium und kein Syllogismus. Jene, die Beweise für die Existenz Gottes liefern wollen, versuchen das Unmögliche; für Gott kann es keine Beweise geben. Beweise existieren nur auf der horizontalen Ebene.

Das ist die Bedeutung von Vertrauen: Man fällt in den Abgrund, man erfährt den Abgrund, man verschwindet einfach darin ... und man weiß. Man weiß erst, wenn der Verstand nicht mehr da ist, niemals zuvor.

Wo immer ihr anwesend seid, ist genau der Ort, wo ihr abwesend seid. Ihr seid möglicherweise irgendwo anders, doch nicht dort, wo ihr seid. Wo immer ihr auch seid, da seid ihr nicht.

In den alten tibetischen Schriften heißt es, dass Gott viele Male zu euch kommt, doch dass er euch niemals dort antrifft, wo ihr seid. Er klopft an eure Tür, doch der Gastgeber ist nicht da – er ist immer irgendwo anders. Seid ihr in eurem Haus, in eurem Heim, oder irgendwo anders? Wie kann Gott euch da finden? Ihr braucht euch nicht zu ihm zu begeben, seid einfach nur zu Hause, und er wird euch finden. Er sucht euch genauso, wie ihr nach ihm sucht. Seid einfach nur zu Hause, sodass er euch antrifft, wenn er kommt. Er kommt, er klopft an, Millionen Male, und er wartet vor der Tür, doch ihr seid niemals da.

Heraklit sagt:

Narren sind taub,
obgleich sie hören;
für sie gilt das Sprichwort,
dass sie abwesend sind,
selbst wenn sie anwesend sind.

Das ist der Schlaf: abwesend zu sein, nicht im gegenwärtigen Augenblick anwesend zu sein, irgendwo zu sein.

Es geschah einmal:

Mulla Nasruddin saß im Café und ließ sich über seine Großzügigkeit aus. Und wenn er redet, übertreibt er gern, wie es alle tun, weil er vergisst, was er da gerade sagt. Da meinte jemand zu ihm: »Nasruddin, wenn du so großzügig bist, warum lädst du uns dann nie zu dir nach Hause ein? Du hast uns noch nicht zu einer einzigen Mahlzeit eingeladen. Wie wär´s also damit?«

Nasruddin war so im Schwung, dass er seine Frau komplett vergaß. Also erwiderte er: »Aber ja, kommt zu mir, jetzt gleich!« Doch je näher er seinem Haus kam, desto nüchterner wurde er. Er dachte an seine Frau und bekam es mit der Angst – er brachte 30 Gäste mit! Unmittelbar vor dem Haus sagte er zu ihnen: »Ihr wartet hier! Ihr wisst alle, dass ich eine Frau habe. Ihr habt auch Frauen zu Hause, also wisst ihr Bescheid. Wartet also. Lasst mich zuerst hineingehen und sie überreden, dann rufe ich euch herein.« Damit ging er hinein und verschwand.

Sie warteten und warteten und warteten, und er kam und kam nicht heraus, also klopften sie an. Nasruddin hatte seiner Frau erzählt, was passiert war, dass er zu viel über Großzügigkeit geredet hatte und in die Falle gegangen war. Seine Frau sagte: »Aber wir haben nicht genügend da für 30 Leute, und so spät am Abend kann ich auch nichts mehr besorgen.«

Also erwiderte Nasruddin: »Du machst einfach Folgendes: Wenn sie anklopfen, gehst du hinaus und sagst ihnen, dass Nasruddin nicht zu Hause ist.«

Darauf meinten sie: »Das überrascht uns aber, denn wir sind mit ihm hergekommen, er ist hineingegangen, und wir haben ihn nicht herauskommen sehen, und wir warten hier direkt vor dem Eingang, 30 Leute – er muss sich

also noch drinnen befinden. Geh also wieder hinein und suche ihn. Er muss sich wohl irgendwo versteckt haben.«
Die Frau ging hinein und erzählte es Nasruddin und fragte: »Was sollen wir jetzt machen?«
Da wurde es Nasruddin zu bunt. Er sagte zu ihr: »Warte einen Augenblick!« Dann ging er hinaus und sagte zu seinen Freunden: »Was soll das heißen? Er hätte doch schließlich auch zur Hintertür hinausgehen können!«

So etwas kommt vor, so etwas passiert euch jeden Tag. Nasruddin vergaß sich vollständig; das ist es, was passierte – er vergaß sich selbst vor lauter Logik. Die Logik ist richtig, das Argument ist richtig, doch .... »Was soll das heißen? Ihr wartet vor dem Vordereingang, und er hätte doch schließlich auch zur Hintertür hinausgehen können!« – Die Logik ist richtig, doch Nasruddin hat völlig vergessen, dass er selbst es ausspricht.

Ihr seid nicht präsent. Ihr seid weder für die Welt noch für euch selbst präsent. Das ist der Schlaf. Wie könnt ihr da hören? Wie könnt ihr da sehen? Wie könnt ihr da fühlen? Wenn ihr nicht hier und jetzt präsent seid, dann sind alle Türen verschlossen. Dann seid ihr Tote, seid ihr nicht lebendig. Das ist der Grund, warum Jesus immer wieder zu seinen Zuhörern sagte: »Wer Ohren hat zu hören, der höre; wer Augen hat zu sehen, der sehe!«

Heraklit muss vielen Menschen begegnet sein, die hören und doch nicht hören, die sehen und doch nicht sehen, weil ihr Haus vollkommen leer ist. Der Hausherr ist nicht zu Hause. Die Augen sehen, die Ohren hören, doch im Innern ist niemand anwesend. Augen sind einfach nur Fenster; sie können nicht sehen, wenn du nicht durch sie blickst. Wie könnte ein Fenster sehen? Du musst am Fenster stehen, nur dann kannst du sehen. Wie auch sonst? Es ist nur ein Fenster, es kann nichts wahrnehmen. Doch wenn du da bist, dann ist es vollkommen anders.

❧

Augen sind einfach nur Fenster; sie können nicht sehen,
wenn du nicht durch sie blickst. Wie könnte ein Fenster sehen?
Du musst am Fenster stehen, nur dann kannst du sehen.

❧

Der ganze Körper ist wie ein Haus, und der Verstand ist auf Reisen; der Herr des Hauses ist immer irgendwo anders unterwegs, und das Haus steht leer. Und das Leben klopft an deine Tür – du kannst es Gott nennen oder wie immer du willst, der Name spielt keine Rolle; nenne es das Leben –; es klopft an die Tür, es klopft ständig bei dir an, doch du bist niemals zu Hause anzutreffen. Das ist der Schlaf.

Man sollte nicht handeln oder sprechen,
als würde man schlafen.

Handle und sprich mit vollkommener Bewusstheit, und du wirst eine enorme Veränderung in dir selbst wahrnehmen. Schon allein die Tatsache, dass du bewusst bist, verändert deine Handlungen. Dann kannst du keine Sünde mehr begehen. Nicht dass du dich kontrollieren müsstest, o nein! Kontrolle ist ein schlechter Ersatz für Bewusstheit, ein sehr schlechter Ersatz; sie nützt nicht viel. Wenn du bewusst bist, brauchst du deine Wut nicht zu kontrollieren, denn wenn du bewusst bist, wird überhaupt keine Wut auftauchen. Beides zusammen kann nicht existieren; es gibt kein Nebeneinander für sie beide. Wenn du bewusst bist, taucht auch keine Eifersucht auf. Wenn du bewusst bist, verschwinden viele Dinge von selbst – alle Dinge, die negativ sind.

Kontrolle ist ein schlechter Ersatz für Bewusstheit, ein sehr schlechter Ersatz; sie nützt nicht viel. Wenn du bewusst bist, brauchst du deine Wut nicht zu kontrollieren, denn wenn du bewusst bist, wird überhaupt keine Wut auftauchen. Beides zusammen kann nicht existieren.

Es ist wie mit dem Licht. Wenn in deinem Haus Licht brennt, wie könnte da noch Dunkelheit herrschen? Sie verschwindet einfach. Wenn dein Haus erleuchtet ist, wie kannst du da noch stolpern? Wie kannst du gegen die Wände laufen? Das Licht ist da, du kennst die Tür; du gehst einfach zur Tür und gehst hinaus oder hinein. Wenn Dunkelheit herrscht, dann stolperst du, dann tastest du herum, dann fällst du hin. Wenn du nicht bewusst bist, dann tastest du herum, stolperst und fällst hin. Wut ist nichts anderes als ein Stolpern; Eifersucht ist nichts anderes als ein Herumtasten im Dunkeln. Alles, was falsch ist, ist nicht von sich aus falsch, sondern weil du im Dunkeln lebst.

Wenn Jesus zornig sein möchte, kann er es sein; er kann den Zorn benutzen. Ihr könnt ihn nicht benutzen – ihr werdet von ihm benutzt. Wenn Jesus das Gefühl hat, dass es gut und nützlich ist, kann er alles einsetzen – er ist ein Meister. Jesus kann zornig sein, ohne zornig zu sein. Viele Menschen haben mit Gurdjieff gearbeitet, und er war ein schrecklicher Mann. Wenn er zornig war, war er ganz schrecklich zornig und sah aus wie ein Mörder! Doch das war nur ein Spiel, nur eine Rolle, um jemandem zu helfen. Und unmittelbar danach, völlig übergangslos, konnte er jemand anderen ansehen und dabei lächeln. Und wenn er dann wieder den anderen Menschen ansah, auf den er zornig war, dann sah er schrecklich wütend aus.

Das ist möglich. Wenn man bewusst ist, kann man alles

benutzen. Selbst Gift wird zum Elixier, wenn man bewusst ist. Und wenn man schläft, wird jedes Elixier zum Gift – weil alles davon abhängt, ob man wach ist oder nicht. Handlungen bedeuten nichts. Handlungen spielen keine Rolle – du, deine Bewusstheit, ob du bewusst bist, ob du achtsam bist, das ist es, was zählt. Was du dabei tust, ist nicht von Bedeutung.

❧

Handlungen bedeuten nichts. Handlungen spielen keine Rolle – du, deine Bewusstheit, ob du bewusst bist, ob du achtsam bist, das ist es, was zählt. Was du dabei tust, ist nicht von Bedeutung.

❧

Es gibt da eine Geschichte:

Es war einmal ein großer Meister, ein buddhistischer Meister, namens Nagarjuna. Eines Tages kam ein Dieb zu ihm. Der Dieb war von diesem Meister begeistert, denn er hatte noch nie zuvor einen so schönen Menschen gesehen, so unendliche Anmut. Er fragte also Nagarjuna: »Gibt es auch für mich eine Möglichkeit zu wachsen? Doch eines muss ich gleich klarstellen: Ich bin ein Dieb. Und noch etwas: Ich kann es nicht aufgeben, also mache es bitte nicht zur Bedingung. Ich werde alles tun, was du sagst, doch ich kann nicht aufhören, ein Dieb zu sein. Ich habe es schon viele Male versucht – es hat nie funktioniert, also habe ich es aufgegeben. Ich habe akzeptiert, dass ich ein Dieb bin und ein Dieb bleiben werde, also sprich mir nicht darüber. Das muss von Anfang an klar sein.«

Nagarjuna antwortete: »Warum hast du Angst? Wer will denn darüber sprechen, dass du ein Dieb bist?«

Der Dieb erwiderte: »Aber wenn ich zu einem Mönch

gehe, zu einem Priester oder zu einem Heiligen, dann sagen sie immer: ›Erst musst du aufhören zu stehlen.‹«

Da lachte Nagarjuna und meinte: »Dann musst du wohl zu Dieben gegangen sein, denn warum sollte es sie sonst stören? Warum sollte es ihnen etwas ausmachen? Mir macht es nichts aus!«

Das machte den Dieb sehr glücklich. Er sagte: »Dann ist es ja in Ordnung. Es scheint, dass ich jetzt ein Schüler werden kann. Du bist der richtige Meister für mich.«

Nagarjuna nahm ihn also als Schüler an und sagte zu ihm: »Du kannst hingehen und tun, was immer du möchtest. Du musst nur eine Bedingung erfüllen: Sei bewusst! Brich in Häuser ein, nimm Dinge mit, stehle; tu, was immer du möchtest, das interessiert mich nicht, ich bin kein Dieb – doch tue alles mit voller Bewusstheit.«

Dem Dieb war nicht klar, dass er dabei in eine Falle ging. Er sagte: »Dann ist ja alles in Ordnung. Ich werde es versuchen.«

Doch drei Wochen später kam er zurück und sagte: »Du bist raffiniert – denn wenn ich bewusst bin, kann ich nicht stehlen. Wenn ich stehle, verschwindet die Bewusstheit. Ich stecke in der Klemme.«

Nagarjuna erwiderte: »Lass dieses Gerede von Einbrechen und Stehlen. Das interessiert mich nicht, ich bin kein Dieb. Du entscheidest es jetzt! Wenn du Bewusstheit möchtest, dann entscheidest du das. Wenn du sie nicht möchtest, dann entscheidest du auch das.«

Der Dieb meinte: »Aber jetzt ist es schwierig. Ich habe einen kleinen Geschmack davon bekommen, und es ist so wunderbar – ich würde alles dafür aufgeben, was immer du sagst. Vergangene Nacht ist es mir zum ersten Mal gelungen, in den Palast des Königs einzudringen. Ich habe die Schatzkammer geöffnet. Ich hätte zum reichsten Mann der Welt werden können – doch irgendwie warst du bei mir, und ich musste bewusst sein. Doch sobald ich bewusst war – keine Motivation mehr, kein Verlangen. Wenn ich bewusst war, sahen die Diamanten einfach nur aus wie Steine, gewöhnliche Steine. Wenn ich die Bewusstheit verlor, lag vor mir ein Schatz. Und ich habe gewartet und das viele Male gemacht. Ich war bewusst und war wie ein Buddha, und ich konnte sie nicht einmal anfassen, denn das Ganze wirkte idiotisch, dumm – einfach nur Steine, was soll das? Mich selbst zu verlieren, wegen Steinen? Und dann verlor ich die Bewusstheit wieder, und sie waren wieder schön, verlockend, diese ganze Illusion. Doch schließlich entschied ich, dass sie es nicht wert sind.«

Sobald du Bewusstheit einmal kennen gelernt hast, gibt es nichts, was es wert wäre, sie wieder aufzugeben, denn du hast die größte Seligkeit im Leben kennen gelernt. Dann fallen viele Dinge ganz von allein weg; sie werden dumm, sie werden überflüssig. Die Motivation ist nicht mehr vorhanden, das Verlangen danach fehlt, die Träume sind verschwunden.

Man sollte nicht handeln oder sprechen,
als würde man schlafen.

Das ist der einzige Schlüssel.

Die Wachen leben in einer einzigen gemeinsamen Welt.
Schlafende leben in ihrer ganz eigenen privaten Welt.

Träume sind privat, vollkommen privat! Niemand kann in deine Träume eindringen. Man kann einen Traum nicht einmal mit einem geliebten Menschen teilen. Verheiratete Paare schlafen in einem Bett und träumen doch getrennt. Es ist unmöglich, einen Traum zu teilen, denn er ist nichts

– wie könnte man ein Nichts miteinander teilen? Er ist wie eine Seifenblase, vollkommen substanzlos; man kann ihn nicht teilen, man muss alleine träumen.

Das ist der Grund – die Schläfer, wegen der vielen Schläfer –, warum es so viele verschiedene Welten gibt. Jeder von euch hat seine eigene Welt; wenn ihr schlaft, seid ihr eingeschlossen in euren eigenen Gedanken, Konzepten, Träumen, Sehnsüchten. Wenn ihr dann auf jemand anderen trefft, kollidieren zwei Welten miteinander. Welten in Kollision – das ist die Situation. Beobachtet es nur einmal!

❧

Wenn ihr schlaft, seid ihr eingeschlossen in euren eigenen Gedanken, Konzepten, Träumen, Sehnsüchten. Wenn ihr dann auf jemand anderen trefft, kollidieren zwei Welten miteinander. Welten in Kollision – das ist die Situation. Beobachtet es nur einmal!

❧

Schaut euch nur einmal Mann und Frau an, wenn sie miteinander reden; sie reden nicht wirklich miteinander. Der Mann denkt ans Büro, an sein Gehalt; die Frau denkt an ihre Kleider für Weihnachten. Im Innern leben sie in ihren eigenen privaten Welten, doch ihre privaten Welten treffen sich irgendwo – oder vielmehr, sie kollidieren –, weil die Kleider der Frau vom Gehalt des Mannes abhängen, weil das Gehalt des Mannes für die Kleider der Frau sorgen muss. Die Frau sagt »Liebling« zu ihm, doch hinter dem »Liebling« stehen die Kleider, denn das ist es, woran sie denkt. »Liebling« bedeutet nicht das, was im Wörterbuch steht, denn immer wenn eine Frau »Liebling« sagt, ist es nur eine Fassade, und der Mann bekommt sofort Angst. Er zeigt es natürlich nicht, denn das geht schließlich nicht, wenn jemand »Liebling« sagt. Er antwortet: »Ja, mein Schatz, wie geht es dir?« Doch er hat Angst, weil er an sein

Gehalt denkt und weil er weiß, dass Weihnachten bevorsteht und Gefahr im Verzug ist.

Mulla Nasruddins Frau sagte zu ihm: »Was ist los? In letzter Zeit kann ich weinen, so viel ich will, doch du fragst mich überhaupt nicht mehr, warum ich weine.« Nasruddin erwiderte: »Genug ist genug! Es kostet mich zu viel, wenn ich frage. In der Vergangenheit habe ich diesen Fehler schon viel zu oft gemacht, denn diese Tränen sind nicht einfach nur Tränen – dahinter stehen Kleider, ein neues Haus, neue Möbel, ein neues Auto; viele Dinge sind hinter diesen Tränen verborgen. Die Tränen sind immer nur der Anfang.«

Kein Dialog ist möglich, weil sich im Innern zwei getrennte Welten befinden. Es kann nur Konflikt geben.

Träume sind privat, doch die Wahrheit ist nicht privat. Die Wahrheit kann nicht privat sein – die Wahrheit kann nicht mein oder dein sein, die Wahrheit kann nicht christlich oder hinduistisch sein, die Wahrheit kann nicht indisch oder griechisch sein. Die Wahrheit kann nicht privat sein. Träume sind privat. Denkt daran, alles, was privat ist, gehört zur Welt der Träume. Die Wahrheit dagegen ist ein offener Himmel; sie ist für alle da, sie ist eins.

❧

Träume sind privat. Denkt daran, alles, was privat ist, gehört zur Welt der Träume. Die Wahrheit dagegen ist ein offener Himmel; sie ist für alle da, sie ist eins.

❧

Darum mögen die Worte verschieden sein, wenn Lao-tse spricht oder wenn Buddha spricht oder wenn Heraklit spricht; die Worte sind verschieden – doch sie meinen dasselbe, sie weisen auf dasselbe hin. Sie leben nicht in getrennten Welten. Die private Welt ist zusammen mit ihren Träumen und Wünschen verschwunden – zusammen mit dem Verstand. Der Verstand hat eine private Welt, doch das Bewusstsein hat keine privaten Welten. Die Erwachten haben eine Welt gemeinsam ... All jene, die wach sind, haben eine Welt gemeinsam – und das ist das Leben. Und all jene, die schlafen und träumen, haben ihre eigenen Welten.

Diese Welt müsst ihr aufgeben; das ist der einzige Verzicht, den ich von euch verlange. Ich sage nicht, dass ihr eure Frau aufgeben sollt, dass ihr eure Arbeit aufgeben sollt, dass ihr euer Geld aufgeben sollt, was auch immer – nein! Ich sage einfach nur, dass ihr eure private Welt der Träume aufgeben sollt. Das ist es, was *Sannyas* für mich bedeutet. Früher bedeutete *Sannyas*, diese Welt, die sichtbare Welt, zu verlassen. Man ging in den Himalaja, verließ Frau und Kinder – doch darum geht es überhaupt nicht. Das ist nicht die Welt, die man hinter sich lassen muss, denn wie könnte man sie verlassen? Selbst der Himalaja gehört noch zu dieser Welt. Die Welt, die man wirklich hinter sich lassen muss, ist die Welt des Verstandes, die private Traumwelt. Wenn man sie hinter sich lässt, dann ist man im Himalaja, selbst wenn man auf dem Marktplatz sitzt. Wenn man sie nicht hinter sich lässt, wird man selbst im Himalaja seine eigene private Welt um sich herum erschaffen.

Wie könnte man sich selbst entfliehen? Wo immer du hingehst, wirst du dich selbst mitnehmen. Wo immer du hingehst, wirst du dich gleich verhalten. Die Situationen mögen sich verändern, doch wie solltest du dich verändern? Du wirst selbst im Himalaja schlafen. Welchen Unterschied macht es, ob du in Pune schläfst oder in Boston, in London oder im Himalaja? Wo immer du bist, wirst du träumen. Hör auf zu träumen! Werde wach. Dann verschwinden plötzlich die Träume, und mit den Träumen verschwindet das ganze Elend.

Wenn wir wach sind, sehen wir den Tod,
wenn wir schlafen, Träume.

Das ist wirklich wunderschön. Immer wenn du schläfst, erblickst du Träume, Illusionen, Bilder – deine eigenen Schöpfungen, deine eigene private Welt. Wenn du wach bist, was siehst du dann? Heraklit sagt: »Wenn du wach bist, siehst du den Tod überall um dich herum.«

Vielleicht ist das der Grund dafür, dass ihr nicht sehen wollt. Vielleicht ist das der Grund, warum ihr träumt und euch in eine Wolke aus Träumen hüllt – damit ihr der Tatsache des Todes nicht ins Gesicht sehen müsst. Doch denkt daran: Ein Mensch wird erst religiös, wenn er dem Tod begegnet, niemals zuvor.

Wenn man dem Tod begegnet, wenn man ihm von Angesicht zu Angesicht ins Auge blickt, wenn man ihn nicht vermeidet, ihm nicht aus dem Weg geht, wenn man nicht davonläuft, wenn man sich nicht in eine Wolke hüllt – wenn man der Tatsache des Todes ins Auge blickt, ihr begegnet – dann wird man sich plötzlich bewusst, dass der Tod Leben ist. Je tiefer man sich in den Tod hineinbegibt, desto tiefer begibt man sich ins Leben, denn, wie Heraklit sagt, die Gegensätze begegnen und mischen sich; sie sind eins.

Wenn man dem Tod zu entkommen versucht, denkt daran, dann versucht man auch dem Leben zu entkommen. Das ist der Grund, warum ihr so tot wirkt. Das ist das Paradoxe: Lauft vor dem Tod davon, und ihr werdet tot bleiben; begegnet dem Tod, und ihr werdet lebendig. In dem Augenblick, in dem ihr dem Tod so tief, so intensiv begegnet, dass ihr das Gefühl habt zu sterben – wenn ihr den Tod nicht nur um euch herum, sondern auch in euch fühlt und berührt –, kommt die Krise. Das ist das Kreuz Jesu, die Krise des Sterbens. In diesem Augenblick stirbst du für die eine Welt – die Welt des Horizontalen, die Welt des Verstandes –, und du erstehst auf in einer anderen Welt.

Jesu Auferstehung ist kein physisches Phänomen. Die Christen haben vollkommen unnötigerweise so viele Hypothesen darum herum aufgestellt. Es ist keine Auferstehung dieses Körpers, es ist eine Auferstehung in eine andere Dimension dieses Körpers; es ist eine Auferstehung in eine andere Dimension eines anderen Körpers, der niemals stirbt. Dieser Körper ist zeitlich begrenzt, jener Körper ist ewig. Jesus ersteht auf in eine andere Welt, die Welt der Wahrheit. Die private Welt ist verschwunden.

Im letzten Augenblick äußert Jesus, dass er beunruhigt ist, verstört. Selbst ein Mensch wie Jesus ist beunruhigt, wenn er stirbt, das muss so sein. Er wendet sich an Gott, er schreit: »Was machst du mit mir?« Er möchte an der Horizontalen festhalten, er möchte am Leben festhalten – selbst ein Mensch wie Jesus.

Fühlt euch also nicht schuldig. Auch ihr möchtet gern festhalten. Das ist der Mensch in Jesus, und er ist menschlicher als Buddha, als Mahavira. Das ist der Mensch: Er ist mit dem Tod konfrontiert, und er ist beunruhigt und schreit auf, doch er weicht nicht zurück; er fällt nicht. Sofort wird ihm bewusst, um was er da bittet. Da sagt er: »Dein Wille geschehe!« Er entspannt sich, er gibt sich hin. Sofort dreht sich das Rad – er befindet sich nicht mehr auf der Horizontalen; er hat die Vertikale betreten, die Tiefe. Dort ersteht er auf in die Ewigkeit.

Sterbt für die Zeit, damit ihr in die Ewigkeit auferstehen könnt. Sterbt für den Verstand, damit ihr im Bewusstsein lebendig werden könnt. Sterbt für das Denken, damit ihr in die Bewusstheit geboren werden könnt.

Heraklit sagt: »Wenn wir wach sind, sehen wir den Tod.« Darum leben wir in Träumen, im Schlaf, mit Beruhigungsmitteln, Drogen, Betäubungsmitteln – um die Tatsache des Todes nicht sehen zu müssen. Doch wir müssen uns mit dieser Tatsache konfrontieren. Wenn man sich damit konfrontiert, wird die Tatsache zur Wahrheit; wenn man davonläuft, lebt man mit Lügen. Wenn man der Tatsache des Todes ins Gesicht sieht, wird sie die Tür zur Wahrheit. Der Tod ist eine Tatsache; dem muss man ins Gesicht sehen. Und die Wahrheit ist Leben, ewiges Leben, Leben im Überfluss, Leben, das niemals zu Ende geht.

Bewusstheit und Zentriertheit

Zuerst muss man verstehen, was mit Bewusstheit gemeint ist. Stell dir vor, du gehst spazieren. Du bist dir vieler Dinge bewusst – der Geschäfte um dich herum, der Menschen, die an dir vorbeigehen, der Autos, einfach alles. Du bist dir vieler Dinge bewusst, nur einer Sache nicht – und das bist du selbst. Du gehst auf der Straße, bist dir vieler Dinge bewusst, doch deiner selbst bist du dir dabei nicht bewusst! Diese Bewusstheit von sich selbst hat George Gurdjieff als »Selbsterinnerung« bezeichnet. Gurdjieff sagte: »Ständig, wo immer du bist, erinnere dich deiner selbst.«

Was immer du tust, tu innerlich immer eines: Sei dir deiner selbst bewusst, während du es tust. Du isst – sei dir deiner selbst bewusst. Du gehst – sei dir deiner selbst bewusst. Du hörst zu, du sprichst – sei dir deiner selbst bewusst. Wenn du wütend bist, sei dir bewusst, dass du wütend bist. In dem Augenblick, in dem Wut auftaucht, sei dir bewusst, dass du wütend wirst. Diese ständige Erinnerung an das Selbst erschafft eine subtile Energie, eine sehr subtile Energie in dir. Du fängst an, ein kristallisiertes Wesen zu werden.

Normalerweise bist du nur ein schlaffer Sack! Keine Kristallisation, kein wirkliches Zentrum – nur etwas Flüssiges, nur eine lockere Kombination verschiedener Dinge ohne irgendein Zentrum. Eine Masse, die sich ständig bewegt und verändert, ohne einen Meister im Innern. Bewusstheit macht dich zum Meister – und wenn ich von Meister spreche, meine ich keinen Kontrolleur. Wenn ich sage, dass du ein Meister sein sollst, meine ich damit, dass du eine Präsenz sein sollst – eine ständige Präsenz. Was immer du tust oder nicht tust, eines solltest du ständig im Bewusstsein haben, nämlich dass du *bist*.

❧

Bewusstheit macht dich zum Meister – und wenn ich von Meister spreche, meine ich keinen Kontrolleur. Wenn ich sage, dass du ein Meister sein sollst, meine ich damit, dass du eine Präsenz sein sollst – eine ständige Präsenz. Was immer du tust oder nicht tust, eines solltest du ständig im Bewusstsein haben, nämlich dass du bist.

❧

Diese einfache Wahrnehmung von sich selbst, dass man ist, erzeugt ein Zentrum – ein Zentrum der Stille, ein Zentrum der Ruhe, ein Zentrum innerer Meisterschaft. Es ist eine innere Kraft. Und wenn ich von »innerer Kraft« spreche, meine ich das wörtlich. Das ist der Grund, warum die Buddhas vom »Feuer der Bewusstheit« sprechen – es *ist* ein Feuer. Wenn du anfängst, bewusst zu sein, beginnst du eine neue Energie in dir wahrzunehmen, ein neues Feuer, ein neues Leben. Und aufgrund dieses neuen Lebens, dieser neuen Kraft, dieser neuen Energie werden sich viele Dinge einfach auflösen, die dich jetzt noch beherrschen. Du musst nicht gegen sie ankämpfen.

Im Moment musst du gegen deine Wut, deine Gier, deine Sexualität ankämpfen, weil du schwach bist. Eigentlich sind also nicht die Wut, die Gier und die Sexualität das Problem, sondern deine Schwäche ist das Problem. Sobald du anfängst, innerlich stärker zu werden, mit einem Gefühl innerer Präsenz – dass du *bist* –, konzentrieren sich deine Energien, kristallisieren sie sich in einem einzigen Punkt, und ein Selbst wird geboren. Denkt daran, nicht ein Ego – ein Selbst wird geboren. Ego ist ein falsches Gefühl von Selbst. Ohne ein Selbst zu haben, denkt ihr doch, dass ihr ein Selbst habt – das ist das Ego. Ego bedeutet ein falsches Selbst – du bist noch kein Selbst, und doch glaubst du, dass du ein Selbst bist.

Ego ist ein falsches Gefühl von Selbst. Ohne ein Selbst zu haben, denkt ihr doch, dass ihr ein Selbst habt – das ist das Ego.

Maulungputra, ein Suchender, kam eines Tages zu Buddha. Buddha fragte ihn: »Was suchst du?«

Maulungputra antwortete: »Ich suche mein Selbst. Hilf mir!«

Buddha forderte ihn auf, zu versprechen, dass er alles tun würde, was er ihm vorschlug. Da begann Maulungputra zu weinen und sagte: »Wie könnte ich das versprechen? Ich bin nicht – ich bin noch nicht, wie könnte ich da etwas versprechen? Ich weiß nicht, was ich morgen sein werde; ich habe kein Selbst, das etwas versprechen könnte, erwarte also nicht das Unmögliche von mir. Ich werde es versuchen. Nur so viel kann ich versprechen – dass ich es versuchen werde. Doch ich kann nicht sagen, dass ich alles tun werde, was du sagst, denn wer sollte es tun? Ich suche doch gerade nach dem, der versprechen und sein Versprechen erfüllen kann. Ihn gibt es noch nicht.«

Da sagte Buddha: »Maulungputra, ich habe dir diese Frage gestellt, um genau das zu hören. Wenn du es versprochen hättest, hätte ich dich weggeschickt. Hättest du gesagt: ›Ich verspreche, dass ich es tun werde‹, hätte ich gewusst, dass du nicht wirklich auf der Suche nach deinem Selbst bist, denn ein Suchender muss wissen, dass er noch kein

Selbst hat. Was wäre sonst der Sinn seiner Suche? Wenn man bereits ist, braucht es keine Suche. Du bist noch nicht! Und wenn man das wahrnehmen kann, löst sich das Ego auf.«

Das Ego ist ein falsches Gefühl von etwas, das eigentlich überhaupt nicht da ist. »Selbst« bedeutet ein Zentrum, das versprechen kann. Dieses Zentrum entsteht, indem man ständig bewusst ist, durch dauernde Bewusstheit. Sei dir bewusst, dass du etwas tust – dass du sitzt, dass du jetzt einschläfst, dass dich jetzt der Schlaf überkommt, dass du in Schlaf fällst. Versuche in jedem Augenblick bewusst zu sein, und dann wirst du wahrnehmen, dass ein Zentrum in dir geboren wird; die Dinge haben angefangen, sich zu kristallisieren, eine Zentrierung geschieht. Jetzt ist alles auf ein Zentrum bezogen.

Ihr seid ohne Zentrum. Manchmal fühlt ihr euch zentriert, doch das sind Augenblicke, in denen eine Situation dafür sorgt, dass ihr bewusst seid. Wenn plötzlich eine Situation auftaucht, eine gefährliche Situation, spürt ihr auf einmal ein Zentrum in euch, denn ihr werdet bewusst. Wenn jemand dabei ist, dich zu ermorden, kannst du in diesem Moment nicht nachdenken; du kannst in diesem Augenblick nicht unbewusst sein. Deine ganze Energie ist zentriert, und dieser Augenblick kristallisiert sich. Du kannst dich nicht in die Vergangenheit flüchten, du kannst nicht in die Zukunft fliehen – dieser eine Augenblick wird alles. Dann bist du dir nicht nur des Mörders bewusst, sondern wirst dir auch deiner selbst bewusst, dessen, der ermordet werden soll. In diesem subtilen Moment beginnst du ein Zentrum in dir selbst wahrzunehmen.

Das ist der Grund, warum gefährliche Spiele ihren Reiz haben. Fragt nur mal jemanden, der auf den Gouri Shankar oder den Mount Everest steigt. Als Edmund Hillary das erste Mal oben war, muss er plötzlich ein Zentrum gespürt haben. Und als das erste Mal ein Mensch auf dem

Mond war, muss bei ihm ein plötzliches Gefühl von Zentrum aufgetaucht sein. Das ist der Grund, warum die Gefahr solchen Reiz hat. Man fährt mit dem Auto und fährt schneller und schneller, und irgendwann wird die Geschwindigkeit gefährlich. Dann kann man nicht mehr denken; die Gedanken hören auf. Dann kann man nicht mehr träumen. Dann kann man sich nicht mehr in Fantasien verlieren. Dann bekommt die Gegenwart Gewicht. In diesem gefährlichen Augenblick, wenn der Tod jederzeit zur Realität werden kann, wird man sich plötzlich eines Zentrums in sich selbst bewusst. Die Gefahr hat nur deshalb solchen Reiz, weil man sich in Augenblicken der Gefahr manchmal zentriert fühlt.

Nietzsche sagte einmal, dass es immer weiter Krieg geben wird, weil der Mensch nur im Krieg manchmal ein Selbst spürt – ein Zentrum spürt –, weil Krieg Gefahr bedeutet. Und wenn der Tod zur Realität wird, wird das Leben intensiv. Wenn der Tod nahe ist, wird das Leben intensiv, und man ist zentriert. In jedem Augenblick, in dem man sich seiner selbst bewusst ist, geschieht eine Zentrierung. Doch wenn sie nur situationsbedingt ist, verschwindet sie wieder, wenn die Situation vorbei ist.

Sie darf deshalb nicht einfach nur situationsbedingt sein, sie muss von innen kommen. Versuche also bei jeder gewöhnlichen alltäglichen Aktivität bewusst zu sein. Während du auf deinem Stuhl sitzt, versuche es einmal – sei dir des Sitzenden bewusst. Nicht nur des Stuhles, nicht nur des Raumes, nicht nur der Umgebung, sei dir des Sitzenden bewusst. Schließe die Augen und spüre dich selbst; tauche tief ein und spüre dich selbst.

Eugen Herrigel war Schüler eines Zen-Meisters. Er lernte drei Jahre lang das Bogenschießen. Und der Meister sagte ihm ständig: »Es ist gut. Was du tust, ist gut, doch es ist nicht genug.« Herrigel wurde ein Meisterschütze. Er traf zu 100 Prozent, doch der Meister sagte immer noch: »Du machst es gut, doch es ist nicht genug.«

»Obwohl ich zu 100 Prozent treffe!«, meinte Herrigel. »Was erwartest du denn noch? Was kann ich denn jetzt noch erreichen? Wie kann man bei hundertprozentiger Treffsicherheit noch mehr erwarten?«

Darauf soll der Zen-Meister gesagt haben: »Mir geht es nicht um das Schießen oder um das Treffen. Mir geht es um dich. Du bist ein perfekter Techniker geworden. Doch wenn dein Pfeil den Bogen verlässt, bist du dir deiner selbst nicht bewusst, also ist es vergeblich! Mir geht es nicht darum, ob der Pfeil sein Ziel erreicht. Mir geht es um dich! So wie der Pfeil am Bogen ausgerichtet ist, muss auch dein Bewusstsein im Innern ausgerichtet sein. Selbst wenn du das Ziel verfehlst, macht das nichts aus, doch das innere Ziel darf nicht verfehlt werden, und genau das verfehlst du. Du bist ein perfekter Techniker geworden, doch du bist nur ein Imitator.« Für einen westlichen Verstand oder vielmehr für einen modernen Verstand – denn der westliche Verstand ist der moderne Verstand – ist es schwierig, das zu begreifen. Es scheint Unsinn zu sein. Beim Bogenschießen geht es schließlich darum zu treffen.

Nach und nach wurde Herrigel immer frustrierter, und eines Tages sagte er: »Jetzt gebe ich es auf. Es scheint unmöglich! Es ist unmöglich! Wenn man auf etwas zielt, geht das Bewusstsein zum Ziel, zum Objekt, und wenn man ein erfolgreicher Bogenschütze sein will, muss man sich selbst vergessen – man darf nur noch das Ziel sehen, den Zielpunkt, und alles andere muss man vergessen. Nur das Ziel darf noch da sein.« Doch der Zen-Meister zwang Herrigel beharrlich dazu, ein zweites Ziel in sich selbst zu schaffen. Dieser Pfeil muss zwei Spitzen haben: Er muss auf das äußere Ziel ausgerichtet sein und gleichzeitig auf das innere – das Selbst.

Herrigel sagte: »Jetzt gebe ich es auf. Es scheint unmöglich. Deine Bedingungen lassen sich nicht erfüllen.« Und an dem Tag, als er zum letzten Mal kam, setzte er sich einfach nur hin. Er war nur gekommen, um sich von seinem Meister zu verabschieden, und der Meister war dabei, auf ein Ziel zu schießen. Jemand anderer war als Schüler da, und zum ersten Mal war Herrigel vollkommen unbeteiligt. Er war nur gekommen, um sich zu verabschieden; er saß einfach nur da. Er wartete nur darauf, dass der Meister seine Demonstration abschloss, dann wollte er sich verabschieden und gehen.

Doch da nahm er plötzlich das zweifach ausgerichtete Bewusstsein des Meisters wahr. Der Meister war am Zielen. Drei Jahre lang hatte Herrigel bei diesem Meister gelernt, doch er war dabei mehr an seinen eigenen Anstrengungen interessiert gewesen. Er hatte niemals wirklich zugesehen, was dieser Mann machte. Jetzt sah er es zum ersten Mal und erkannte, um was es ging – und plötzlich, ganz spontan, ohne Anstrengung, ging er zu dem Meister, nahm ihm den Bogen aus der Hand, zielte und schoss den Pfeil ab. Und der Meister meinte: »Sehr gut! Zum ersten Mal hast du es getan. Ich bin zufrieden.«

Und was hatte er getan? Zum ersten Mal war er in sich selbst zentriert. Das Ziel war da, doch auch er war da – präsent.

Was immer du also tust – was auch immer; es muss kein Bogenschießen sein –, was immer du tust, auch wenn du nur dasitzt, sei zweifach ausgerichtet. Sei dir bewusst, was im Außen vor sich geht, und sei dir auch bewusst, wer im Innern ist.

Eines Morgens, als Lin-chi lehrte, fragte plötzlich jemand: »Beantworte mir nur eine Frage: Wer bin ich?« Lin-chi stieg vom Podium und ging zu dem Mann. Der ganze Saal verfiel in Schweigen. Was würde er tun? Es war eine einfache Frage. Er hätte sie von seinem Platz aus beantworten können. Er ging zu dem Mann. Der ganze Saal schwieg. Lin-chi stand vor dem Fragenden und schaute ihm in die Augen. Es war ein intensiver Augenblick. Alles hielt den Atem an. Der Fragesteller begann zu schwitzen. Lin-chi starrte ihm einfach nur in die Augen. Und dann sagte er: »Frag nicht mich. Geh nach innen und finde heraus, wer fragt. Schließe die Augen. Frag nicht: ›Wer bin ich?‹ Geh nach innen und finde heraus, wer die Frage stellt, wer dieser Fragende im Innern ist. Vergiss mich. Finde die Quelle der Frage. Geh tief nach innen!«

Und es wird berichtet, dass jener Mann die Augen schloss, still wurde und plötzlich die Erleuchtung erfuhr. Er öffnete die Augen, lachte, berührte Lin-chis Füße und sagte: »Du hast meine Frage beantwortet. Ich habe allen Leuten diese Frage gestellt und viele Antworten bekommen, doch nichts davon hat sich als wirkliche Antwort erwiesen. Doch du hast mir die Antwort gegeben.«

»Wer bin ich?« Wie kann irgendjemand diese Frage beantworten? Doch in jener besonderen Situation – tausend schweigende Menschen, eine Stille, dass man eine Nadel hätte fallen hören können –, und Lin-chi kam mit durchbohrenden Augen und befahl dem Mann: »Schließe die Augen, geh nach innen und finde heraus, wer der Fragende ist. Warte nicht auf eine Antwort von mir. Finde heraus, wer da gefragt hat.« Und der Mann schloss die Augen. Was geschah in dieser Situation? Er wurde zentriert. Plötzlich war er zentriert, plötzlich war er sich seines innersten Kerns bewusst.

Das ist es, was es zu entdecken gilt, und Bewusstheit ist die Methode, um diesen innersten Kern zu entdecken. Je unbewusster du bist, desto weiter weg bist du von dir selbst. Je bewusster du bist, desto näher kommst du dir selbst. Wenn die Bewusstheit vollkommen ist, bist du im Zentrum. Wenn die Bewusstheit weniger stark ist, befindest du dich näher an der Peripherie. Wenn du unbewusst bist, bist du an der Peripherie, wo das Zentrum vollständig vergessen ist. Das sind also die beiden Richtungen, in die man sich bewegen kann.

Man kann sich zur Peripherie hin bewegen – dann begibt man sich in Unbewusstheit. Wenn du dir einen Film ansiehst, wenn du irgendwo sitzt und dir Musik anhörst, kannst du dich vollkommen vergessen – dann befindest du dich an der Peripherie. Auch wenn du die Bhagavadgita oder die Bibel oder den Koran liest, kannst du dich selbst vergessen – dann befindest du dich an der Peripherie.

Was immer du auch tust, wenn du dir dabei deiner selbst bewusst bist, bist du näher am Zentrum. Dann, eines Tages, bist du plötzlich zentriert. Dann hast du Energie. Diese Energie ist das Feuer. Das ganze Leben, die ganze Existenz ist Energie, ist Feuer. Feuer ist der alte Name; heute spricht man von Elektrizität. Der Mensch hat diesem Phänomen viele, viele Namen gegeben, doch Feuer ist gut. Elektrizität klingt ein bisschen tot; Feuer klingt lebendiger.

Handle achtsam. Es ist eine lange, mühsame Reise, und es ist schwierig, auch nur einen einzigen Augenblick lang bewusst zu sein, denn der Verstand ist ständig am Davonflattern. Doch es ist nicht unmöglich. Es ist anstrengend, es ist schwierig, doch es ist nicht unmöglich. Es ist möglich – jeder kann es schaffen. Es braucht nur Anstrengung, rückhaltlose Anstrengung. Nichts sollte ausgelassen werden; nichts im Innern sollte unberührt bleiben. Alles sollte für Bewusstheit geopfert werden; nur dann lässt sich die innere Flamme entdecken. Sie ist da.

Es ist schwierig, auch nur einen einzigen Augenblick lang bewusst zu sein, denn der Verstand ist ständig am Davonflattern. Doch es ist nicht unmöglich. Es ist anstrengend, es ist schwierig, doch es ist nicht unmöglich.

Wenn man nach der essenziellen Gemeinsamkeit aller Religionen sucht, die jemals existiert haben oder jemals existieren werden, dann wird man dieses eine Wort *Bewusstheit* finden.

Jesus erzählte einmal eine Geschichte … Der Herr eines großen Hauses war weggegangen, und er hatte seinen Dienern aufgetragen, ständig wachsam zu bleiben, da er jeden Augenblick zurückkommen konnte. Also mussten sie 24 Stunden am Tag wachsam sein. Jeden Augenblick konnte der Herr zurückkommen – jeden Augenblick! Es gab keinen bestimmten Augenblick, keinen bestimmten Tag, kein bestimmtes Datum. Wenn es ein bestimmtes Datum gegeben hätte, dann hätten sie schlafen können; dann hätten sie tun können, was immer sie wollten, und nur an dem besonderen Tag aufmerksam sein, weil dann der Herr zurückkommen würde. Doch der Herr hatte gesagt: »Ich kann in jedem Augenblick kommen. Tag und Nacht müsst ihr wach sein, um mich zu empfangen.«

Das ist eine Parabel über das Leben. Man darf nichts aufschieben; jeden Augenblick kann der Herr kommen. Man muss immer wach sein. Es gibt kein bestimmtes Datum; man weiß nicht, wann dieses plötzliche Ereignis eintreten wird. Man kann nur eines tun: wach sein und warten.

Bewusstheit ist die Technik, um sich selbst zu zentrieren, um das innere Feuer zu erlangen. Es ist da, im Verborgenen; man kann es entdecken. Und erst wenn man es entdeckt hat, ist man fähig, den Tempel zu betreten – nicht zuvor, niemals zuvor.

❧

Bewusstheit ist die Technik, um sich selbst zu zentrieren, um das innere Feuer zu erlangen. Es ist da, im Verborgenen; man kann es entdecken.

❧

Doch wir können uns mit Symbolen etwas vormachen. Symbole sollen uns tiefere Wahrheiten zeigen, doch wir können sie auch zur eigenen Täuschung verwenden. Wir können Weihrauch anzünden, wir können äußere Dinge anbeten und uns dann gut fühlen, weil wir etwas getan haben. Wir können uns religiös fühlen, ohne im Geringsten religiös zu sein. Das ist es, was passiert; das ist es, was hier auf der Erde geschieht. Die Menschen denken, sie seien religiös, weil sie äußeren Symbolen folgen, doch sie sind ohne inneres Feuer.

Unternehmt die Anstrengung, auch wenn es euch misslingt. Und am Anfang wird es euch misslingen. Es wird euch wieder und wieder misslingen, doch selbst euer Versagen wird euch helfen. Denn wenn es euch nicht gelingt, auch nur einen Augenblick lang bewusst zu sein, werdet ihr zum ersten Mal wahrnehmen, wie unbewusst ihr seid.

Geht nur einmal die Straße entlang, und schon nach ein paar Schritten werdet ihr eure Bewusstheit verlieren. Wieder und wieder werdet ihr euch selbst vergessen. Ihr lest ein Reklameschild und vergesst euch selbst. Jemand geht vorüber, ihr schaut ihn an und vergesst euch selbst.

Doch euer Versagen kann euch helfen. Es kann euch zeigen, wie unbewusst ihr seid. Und auch wenn euch nur bewusst wird, dass ihr unbewusst seid, habt ihr damit schon eine gewisse Bewusstheit erreicht. Wenn einem Verrückten bewusst wird, dass er verrückt ist, befindet er sich bereits auf dem Weg zur Gesundheit.

Euer Versagen kann euch helfen. Es kann euch zeigen, wie unbewusst ihr seid. Und auch wenn euch nur bewusst wird, dass ihr unbewusst seid, habt ihr damit schon eine gewisse Bewusstheit erreicht. Wenn einem Verrückten bewusst wird, dass er verrückt ist, befindet er sich bereits auf dem Weg zur Gesundheit.

Viele Krankheiten, ein Heilmittel

Ihr habt versucht, nicht wütend zu werden, ihr habt es euch so viele Male vorgenommen, und doch passiert es immer wieder. Ihr habt versucht, nicht gierig zu sein, und doch geht ihr immer wieder in die Falle. Ihr habt alles Mögliche versucht, um euch zu verändern, doch nichts scheint zu funktionieren. Ihr bleibt, wie ihr seid.

Doch hier bin ich und sage, es gibt einen einfachen Schlüssel – Bewusstheit. Ihr könnt es nicht glauben. Wie kann Bewusstheit, nur Bewusstheit, euch helfen, wenn nichts anderes jemals geholfen hat? Aber ein Schlüssel ist immer klein; Schlüssel sind keine großen Sachen. Auch ein kleiner Schlüssel kann eine große Tür öffnen.

Wenn Leute den Buddha fragten: »Was sollen wir tun, um nicht immer wütend zu werden, was sollen wir tun, um weniger habgierig zu sein, oder was sollen wir tun, um uns von unserer Gier nach Sex oder nach Essen zu befreien?«, dann gab er immer dieselbe Antwort: »Seid bewusst. Bringt Bewusstheit in euer Leben.«

Sein Schüler Ananda war verwirrt, als er hörte, wie die unterschiedlichsten Menschen ihre Fragen vorbrachten – unterschiedliche Probleme, doch das Heilmittel des Arztes war immer dasselbe. Er fragte: »Was ist los mit dir? Sie kommen mit unterschiedlichen Krankheiten – einer bringt Gier und ein anderer Sex und ein Dritter Essen und der Nächste wieder etwas anderes – doch dein Heilmittel ist immer dasselbe!«

Darauf erwiderte Buddha: »Ihre Krankheiten sind unterschiedlich – so wie Menschen verschiedene Träume träumen können.«

Wenn 2000 Menschen schlafen, haben sie 2000 unterschiedliche Träume. Doch wenn du zu mir kommst und mich fragst, wie du dich aus diesem Traum befreien kannst, ist das Heilmittel immer dasselbe: Wach auf! Es kann nicht unterschiedlich sein; das Heilmittel ist immer dasselbe. Man kann es Bewusstheit nennen, man kann es Zeugesein nennen, man kann es Erinnern nennen, man kann es Meditation nennen – das sind nur unterschiedliche Bezeichnungen für ein und dasselbe Heilmittel.

Der Analytiker und der Zeuge

Die westliche Methode besteht darin, über ein Problem nachzudenken, die Ursachen für das Problem zu finden, die Geschichte des Problems zu analysieren, in die Vergangenheit zu gehen und die Wurzeln ganz am Anfang zu suchen. Den Verstand zu entkonditionieren oder zu rekonditionieren, den Körper zu rekonditionieren, alle Eindrücke zu entfernen, die das Gehirn aufgenommen hat – das ist die westliche Methode. Psychoanalyse begibt sich in die Erinnerungen; dort arbeitet sie. Sie geht in die Kindheit zurück, in die Vergangenheit; sie geht zurück. Sie findet heraus, wo ein Problem angefangen hat – vielleicht ist das Problem vor 50 Jahren aufgetaucht, als du noch ein Kind warst, in der Beziehung zu deiner Mutter; dann geht die Psychoanalyse so weit zurück.

50 Jahre Geschichte! Das ist eine lange, langwierige Angelegenheit. Und selbst dann hilft es nicht viel, denn es gibt Millionen von Problemen; es geht ja nicht nur um ein einziges Problem. Man kann sich in die Geschichte eines einzelnen Problems vertiefen; man kann sich seine Autobiografie ansehen und die Ursachen dafür herausfinden. Vielleicht kann man dieses eine Problem auch auflösen, doch es gibt Millionen von Problemen. Wenn man anfangen wollte, jedes einzelne Problem zu analysieren, bräuchte man Millionen von Leben, um die Probleme eines einzigen Lebens zu lösen! Lasst es mich wiederholen: Um die Probleme eines einzigen Lebens zu lösen, müsste man

wieder und wieder geboren werden, Millionen Male. Das ist praktisch nicht machbar. Das ist unmöglich. Und in all den Millionen von Leben, in denen man die Probleme dieses einen Lebens zu lösen versuchte, würden wieder neue Probleme auftauchen … und so weiter und so fort. Man wird dabei nur immer mehr und mehr in die Probleme hineingezogen. Es ist absurd!

Nun, derselbe psychoanalytische Ansatz ist auch auf den Körper übertragen worden: Rolfing, Bioenergetik und andere Methoden versuchen, die Muster im Körper, in der Muskulatur aufzulösen. Auch dabaei muss man sich wieder in die Geschichte des Körpers hineinbegeben. Doch eines ist bei beiden Methoden sicher, da sie auf demselben logischen Muster aufgebaut sind – dass das Problem aus der Vergangenheit kommt und deshalb irgendwie in der Vergangenheit aufgelöst werden muss.

Der menschliche Verstand hat immer schon versucht, zwei unmögliche Dinge zu vollbringen. Das eine ist, die Vergangenheit zu verändern – was nicht machbar ist. Die Vergangenheit ist geschehen. Man kann nicht wirklich in die Vergangenheit zurückgehen. Wenn man sich vorstellt, in die Vergangenheit zu gehen, begibt man sich höchstens in die Erinnerung daran; es ist nicht die wirkliche Vergangenheit, es ist nur die Erinnerung. Die Vergangenheit ist nicht mehr, daher kann man sie auch nicht verändern. Das ist eines der unmöglichen Ziele der Menschheit, und der Mensch hat deswegen schon sehr viel gelitten. Ihr wollt die Vergangenheit ungeschehen machen – wie könntet ihr das? Die Vergangenheit ist absolut. Vergangenheit bedeutet, dass das Potenzial einer Sache abgeschlossen ist; es ist Wirklichkeit geworden. Es gibt jetzt keine Möglichkeit mehr, etwas zu verändern, etwas ungeschehen zu machen, etwas anders zu machen. Mit der Vergangenheit kann man nichts mehr machen.

Ihr wollt die Vergangenheit ungeschehen machen – wie könntet ihr das? Die Vergangenheit ist absolut. Vergangenheit bedeutet, dass das Potenzial einer Sache abgeschlossen ist; es ist Wirklichkeit geworden. Es gibt jetzt keine Möglichkeit mehr, etwas zu verändern, etwas ungeschehen zu machen, etwas anders zu machen.

Und die zweite unmögliche Vorstellung, die den menschlichen Verstand immer beherrscht hat, ist, die Zukunft festzulegen – und auch das ist unmöglich. Zukunft bedeutet das, was noch nicht ist; man kann sie nicht festlegen. Die Zukunft lässt sich nicht festlegen, die Zukunft ist immer offen.

Die Zukunft ist reines Potenzial; solange sie nicht geschieht, kann man sich ihrer nicht sicher sein. Die Vergangenheit ist vollkommen abgeschlossen; sie ist geschehen. Jetzt lässt sich nichts mehr daran ändern. Zwischen diesen beiden, der Vergangenheit und der Zukunft, steht der Mensch in der Gegenwart und denkt immer an das Unmögliche. Er möchte die Zukunft festlegen, das Morgen – was nicht möglich ist. Lasst das so tief wie möglich in euch einsinken: *Es ist nicht möglich.* Verschwendet den gegenwärtigen Augenblick nicht mit dem Versuch, die Zukunft festzulegen. Die Zukunft ist Unsicherheit; darin besteht einfach die Qualität der Zukunft. Und verschwendet eure Zeit auch nicht damit zurückzuschauen. Die Vergangenheit ist geschehen, sie ist ein totes Phänomen. Man kann nichts mehr daran ändern. Man kann sie höchstens neu interpretieren, das ist alles. Das ist es, was die Psychoanalyse macht: Sie interpretiert neu. Eine Neuinterpretation ist möglich, doch die Vergangenheit bleibt dieselbe.

Die Zukunft ist reines Potenzial; solange sie nicht geschieht, kann man sich ihrer nicht sicher sein. Die Vergangenheit ist vollkommen abgeschlossen; sie ist geschehen. Jetzt lässt sich nichts mehr daran ändern. Zwischen diesen beiden, der Vergangenheit und der Zukunft, steht der Mensch in der Gegenwart und denkt immer an das Unmögliche.

Psychoanalyse und Astrologie – die Astrologie versucht die Zukunft zu bestimmen, und die Psychoanalyse versucht die Vergangenheit zu verändern. Beide sind sie keine Wissenschaften. Beides ist unmöglich, doch beide haben sie Millionen von Anhängern – weil die Menschen sich davon angesprochen fühlen! Sie möchten sich über die Zukunft sicher sein, also gehen sie zum Astrologen, konsultieren das I Ging, gehen zu einem Kartenleser – es gibt tausend Möglichkeiten, sich selbst etwas vorzumachen, sich selbst zu täuschen. Und dann gibt es die Leute, die sagen, dass sie die Vergangenheit verändern können – und auch zu ihnen gehen die Menschen.

Sobald man diese beiden Dinge aufgibt, ist man frei von allen möglichen Dummheiten. Dann geht man nicht mehr zum Psychoanalytiker oder zum Astrologen. Dann weiß man, dass die Vergangenheit vorbei ist – und man lässt sie in Ruhe. Und die Zukunft ist noch nicht passiert. Wenn sie passiert, werden wir weitersehen – jetzt kann man nichts daran machen. Man kann nur den gegenwärtigen Augenblick damit kaputtmachen, der doch der einzige verfügbare Augenblick ist, der einzig reale.

Der Westen hat sich immer mit Problemen beschäftigt und damit, wie man sie lösen kann. Der Westen nimmt Probleme ernst. Und wenn man sich innerhalb einer bestimmten Logik bewegt, im Rahmen bestimmter Voraussetzungen, erscheint diese Logik perfekt.

Erst vor kurzem habe ich folgende Anekdote gelesen:

Ein großer Philosoph und weltbekannter Mathematiker sitzt in einem Flugzeug. Er sitzt auf seinem Platz und denkt über tiefgründige mathematische Probleme nach, als der Kapitän plötzlich eine Ansage macht: »Es tut mir Leid, doch wir werden eine kleine Verzögerung haben. Einer unserer Motoren ist ausgefallen, und wir fliegen nur noch mit drei Motoren.«

Etwa zehn Minuten später folgt eine weitere Ankündigung: »Ich fürchte, wir werden eine weitere Verzögerung haben – zwei weitere Maschinen sind ausgefallen, und wir haben nur noch eine übrig.«

Da wendet sich der Philosoph an den Mann, der neben ihm sitzt, und sagt: »Großer Gott! Wenn die nächste auch noch ausfällt, werden wir die ganze Nacht hier oben sitzen!«

Wenn man in eine bestimmte Richtung denkt, macht diese Richtung bestimmte Dinge möglich – und macht auch absurde Dinge möglich. Sobald man menschliche Probleme ernst nimmt, sobald man den Menschen als Problem sieht, hat man bestimmte Voraussetzungen akzeptiert, hat man schon den ersten falschen Schritt gemacht. Jetzt kann man in dieser Richtung weitergehen und immer weiter und weiter. Inzwischen hat sich unendlich viel Literatur über die Erscheinungen des Verstandes entwickelt, über die Psychoanalyse; Millionen von Artikeln werden geschrieben, Abhandlungen und Bücher. Nachdem Freud erst einmal die Tür zu einer bestimmten Logik geöffnet hatte, bestimmte sie das ganze Jahrhundert.

Der Osten hat eine vollkommen andere Sichtweise. Erstens sagt er, kein Problem ist wirklich ernst zu nehmen. In dem Augenblick, in dem man sagt, dass ein Problem nicht ernst sei, ist das Problem bereits zu 99 Prozent tot. Die ganze Sichtweise verändert sich. Das Zweite, was der Osten sagt, ist, dass das Problem nur deshalb da ist, weil man sich mit ihm *identifiziert* hat. Es hat nichts mit der Vergangenheit zu tun, es hat nichts mit irgendeiner Geschichte zu tun. Man ist damit identifiziert – das ist die wirkliche Ursache. Und das ist der Schlüssel dazu, alle Probleme zu lösen.

In dem Augenblick, in dem man sagt, dass ein Problem nicht ernst sei, ist das Problem bereits zu 99 Prozent tot. Die ganze Sichtweise verändert sich.

Nehmen wir als Beispiel einmal an, du hast ein Problem mit Wut. Wenn du zum Psychoanalytiker gehst, wird er sagen: »Geh zurück in die Vergangenheit ... wann ist diese Wut zum ersten Mal aufgetaucht? In welchen Situationen hat sie sich mehr und mehr in dich eingebrannt? Wir müssen alle diese Konditionierungen restlos entfernen. Wir müssen deine Vergangenheit vollkommen davon reinigen.«

Wenn du dagegen zu einem östlichen Mystiker gehst, wird er sagen: »Du denkst, dass du die Wut *bist*, du bist mit der Wut identifiziert – das ist der Punkt, an dem die Dinge schief laufen. Das nächste Mal, wenn Wut auftaucht, sei einfach nur ein Beobachter, sei einfach nur ein Zeuge. Identifiziere dich nicht mit der Wut. Sage nicht: ›Ich bin pure Wut.‹ Sage nicht: ›Ich bin wütend.‹ Schau einfach nur zu, was geschieht, als würde es auf einem Bildschirm ablaufen. Schau dich selbst an, als würdest du jemand anderem zuschauen.«

Du bist reines Bewusstsein. Wenn die Wolke der Wut

sich um dich legt, beobachte sie einfach nur – und bleibe wach, damit du dich nicht damit identifizierst. Es geht einfach nur darum, sich nicht mit dem Problem zu identifizieren. Sobald du das gelernt hast, spielt es keine Rolle mehr, wie viele Probleme du hast – denn dieser Schlüssel, der eine Schlüssel, öffnet alle Schlösser. Er funktioniert bei der Wut, bei der Gier, beim Sex. Er funktioniert bei allem, was der Verstand sich ausdenken kann.

❧

Es geht einfach nur darum, sich nicht mit dem Problem zu identifizieren. Sobald du das gelernt hast, spielt es keine Rolle mehr, wie viele Probleme du hast – denn dieser Schlüssel, der eine Schlüssel, öffnet alle Schlösser.

❧

Der Osten sagt: Identifiziere dich einfach nicht damit. Erinnere dich daran, wer du bist – das ist es, was George Gurdjieff meint, wenn er von »Selbsterinnerung« spricht. Erinnere dich, dass du ein Zeuge bist, sei achtsam – das ist es, was Buddha sagt. Sei dir bewusst, dass eine Wolke vorüberzieht – vielleicht kommt die Wolke aus der Vergangenheit, doch das ist bedeutungslos. Sie muss eine bestimmte Vergangenheit haben, sie kann nicht einfach aus dem Nichts heraus entstanden sein. Sie muss aus einer bestimmten Abfolge von Ereignissen entstanden sein – doch das ist ohne Bedeutung. Warum sollte man sich darüber Gedanken machen? Jetzt, in diesem Augenblick, kannst du dich von ihr lösen. Du kannst dich davon lösen, die Brücke kann in diesem Augenblick abgebrochen werden – und sie kann nur im Jetzt abgebrochen werden.

In die Vergangenheit zu gehen hilft nicht. Vor 30 Jahren ist die Wut aufgetaucht, und an jenem Tag hast du angefangen, dich damit zu identifizieren. Von dieser Vergangenheit kannst du dich jetzt nicht mehr lösen – sie ist nicht mehr da! Doch du kannst in *diesem* Augenblick aufhören, dich damit zu identifizieren, jetzt, in diesem Moment – und dann ist die ganze Geschichte der Wut in deiner Vergangenheit kein Teil mehr von dir. Du musst nicht zurückgehen und alles auflösen, was deine Eltern oder deine Gesellschaft oder die Priester oder die Kirche dir angetan haben – das wäre eine reine Verschwendung kostbarer Gegenwart. Damals hat es schon viele Jahre kaputtgemacht, und jetzt würde es auch noch deine Gegenwart kaputtmachen. Doch du kannst dich einfach daraus lösen, so wie eine Schlange aus der alten Haut herausschlüpft.

Die Vergangenheit und ihre Konditionierungen existieren – doch sie existieren nur im Körper oder im Verstand; sie existieren nicht in deinem Bewusstsein, weil das Bewusstsein nicht konditioniert werden kann. Das Bewusstsein bleibt frei – Freiheit ist seine innerste Qualität, Freiheit ist seine Natur. Du kannst es dir ansehen – so viele Jahre der Unterdrückung, so viele Jahre einer bestimmten Erziehung. In dem Augenblick, in dem du es dir ansiehst, ist dein Bewusstsein nicht mehr identifiziert; wer sollte es sich sonst ansehen und sich dessen bewusst sein? Wenn du tatsächlich vollkommen unterdrückt *wärest*, wer sollte sich dann dessen bewusst sein? Dann gäbe es keine Möglichkeit, sich dessen bewusst zu werden.

❧

Die Vergangenheit und ihre Konditionierungen existieren – doch sie existieren nur im Körper oder im Verstand; sie existieren nicht in deinem Bewusstsein, weil das Bewusstsein nicht konditioniert werden kann. Das Bewusstsein bleibt frei – Freiheit ist seine innerste Qualität, Freiheit ist seine Natur.

❧

Doch wenn du sagen kannst: »Ich habe 21 Jahre in einem verrückten Erziehungssystem verbracht«, dann ist eines sicher: Du bist noch nicht verrückt. Das System hat versagt; es hat nicht funktioniert. Du bist nicht verrückt, daher kannst du die Verrücktheit des ganzen Systems erkennen. Ein Verrückter erkennt nicht, dass er verrückt ist. Nur ein Gesunder kann erkennen, dass es sich um Wahnsinn handelt. Um Wahnsinn als Wahnsinn zu erkennen, braucht es geistige Gesundheit. Diese 21 Jahre in einem verrückten System waren umsonst; all diese repressive Konditionierung hat nichts genützt. Sie kann nicht wirklich erfolgreich sein – sie ist immer nur so weit erfolgreich, wie du dich damit identifizierst. In dem Augenblick, in dem du mit Abstand darauf blicken kannst … sie ist noch da, ich sage nicht, dass sie nicht mehr da ist – doch sie ist jetzt nicht mehr Teil deines Bewusstseins.

Das ist das Wunder des Bewusstseins – das Bewusstsein kann sich aus allem lösen. Es gibt keine Grenzen, das Bewusstsein hat keine Begrenzungen. Im einen Augenblick bist du noch Engländer – und eine Sekunde später, sobald du den Unsinn des Nationaldenkens erkannt hast, bist du kein Engländer mehr. Ich sage damit nicht, dass deine Hautfarbe sich verändert; sie wird weiß bleiben – doch du bist nicht mehr damit identifiziert; du hast nichts mehr gegen schwarze Haut. Du erkennst die Dummheit des Ganzen. Ich sage auch nicht, dass du die englische Sprache vergisst, sobald du erkennst, dass du kein Engländer bist, nein. Sie wird immer noch in deinem Gedächtnis vorhanden sein, doch dein Bewusstsein hat sich daraus gelöst, dein Bewusstsein steht jetzt auf einem Hügel und blickt in das Tal hinab – der Engländer liegt jetzt tot im Tal, und du stehst auf den Hügeln, weit weg, unberührt, frei.

Die ganze östliche Methode lässt sich auf eines zurückführen: Zeuge sein. Und die ganze westliche Methode lässt sich auch auf eines zurückführen: analysieren. Beim

Analysieren bewegt man sich immer nur im Kreis. Ist man Zeuge, begibt man sich einfach aus dem Kreis hinaus.

❧

Die ganze östliche Methode lässt sich auf eines zurückführen: Zeuge sein. Und die ganze westliche Methode lässt sich auch auf eines zurückführen: analysieren. Beim Analysieren bewegt man sich immer nur im Kreis. Ist man Zeuge, begibt man sich einfach aus dem Kreis hinaus.

❧

Analysieren ist ein Teufelskreis. Wenn man sich wirklich ins Analysieren hineinbegibt, wird man einfach nur verwirrt – wie soll das alles möglich sein? Wenn man zum Beispiel versucht, in die Vergangenheit zu gehen, wo soll man aufhören? Wo genau? Wenn du in die Vergangenheit gehst, wann begann da die Sexualität in dir aufzutauchen? Als du 14 Jahre alt warst? Doch kam sie da einfach aus heiterem Himmel zu dir? Sie muss im Körper herangereift sein, wann tauchte sie also auf? Als du geboren wurdest? Doch ist sie nicht bereits herangereift, als du im Schoß deiner Mutter warst? Also dann im Augenblick der Empfängnis? Doch davor reifte die Hälfte deiner Sexualität im Ei deiner Mutter heran und die andere Hälfte im Samen deines Vaters. Und wenn du jetzt weitergehst … wo hörst du auf? Du musst bis zu Adam und Eva zurückgehen! Und selbst dann endet es nicht: Du musst bis zu Gottvater selbst zurückgehen – warum hat er Adam überhaupt erschaffen? …

Eine Analyse bleibt immer unvollendet, deshalb hilft sie niemandem wirklich. Sie kann nicht helfen. Sie hilft dir, dich ein bisschen besser an deine Umwelt anzupassen, das ist alles. Sie ermöglicht eine Art von Anpassung, sie hilft dir, deine Probleme ein bisschen besser zu verstehen, ihre Entstehung, wie sie aufgetaucht sind. Und dieses bisschen intellektuelles Verstehen hilft dir, dich besser an die Gesellschaft anzupassen, doch du bleibst dabei derselbe Mensch. Es geschieht dadurch keine Transformation, es ereignet sich keine radikale Veränderung.

❧

Eine Analyse hilft niemandem wirklich. Sie ermöglicht eine Art von Anpassung, sie hilft dir, deine Probleme ein bisschen besser zu verstehen, und dieses bisschen intellektuelles Verstehen hilft dir, dich besser an die Gesellschaft anzupassen, doch du bleibst dabei derselbe Mensch. Es geschieht dadurch keine Transformation.

❧

Zeuge zu sein ist dagegen eine Revolution. Es bewirkt eine radikale Veränderung von den Wurzeln her. Es führt dazu, dass ein vollkommen neuer Mensch entsteht, denn es löst dein Bewusstsein aus allen Konditionierungen. Die Konditionierungen existieren im Körper und im Verstand, doch das Bewusstsein bleibt unkonditioniert. Es ist immer rein und unbefleckt. Es ist jungfräulich, und seine Jungfräulichkeit kann ihm nicht genommen werden.

Die östliche Methode besteht darin, dich auf dieses jungfräuliche Bewusstsein aufmerksam zu machen, auf diese Reinheit, diese Unschuld. Im Osten liegt die Betonung auf dem Himmel, und im Westen liegt sie auf den Wolken. Wolken haben eine Entstehungsgeschichte; wenn du herausfinden möchtest, woher sie kommen, musst du dich mit dem Meer befassen, mit den Sonnenstrahlen und mit der Verdunstung des Wassers, durch die sich die Wolken bilden … und du kannst noch weiter gehen, doch dann wirst du dich irgendwann im Kreis bewegen. Wolken bilden sich und tauchen am Himmel auf, verlieben sich in die Bäume, beginnen sich auf die Erde zu entleeren, werden zu Flüssen, fließen zum Meer, beginnen wieder zu verdunsten und sich auf den Sonnenstrahlen zu erheben, werden zu Wolken, fallen wieder zur Erde … Es geht weiter und weiter, immer im Kreis. Es ist ein Kreislauf. An welchem Punkt willst du dich daraus befreien? Eines führt zum anderen, und schon steckst du im Kreis fest.

Der Himmel hat keine Entstehungsgeschichte. Der Himmel wurde nicht erschaffen; er wurde durch nichts hervorgebracht. Tatsächlich ist es so, dass ein Himmel da sein muss, damit etwas entstehen kann; er ist die Voraussetzung, er muss existieren, bevor etwas anderes entstehen kann. Fragt doch einmal einen christlichen Theologen – er wird euch sagen: »Gott erschuf die Welt.« Fragt ihn einmal, ob es einen Himmel gab oder nicht, bevor Gott die Welt erschuf. Wenn es keinen Himmel gab, wo existierte dann Gott? Er muss einen Raum gehabt haben. Wenn es keinen Raum gab, wo erschuf er die Welt? Wohin hat er die Welt gestellt? Raum ist eine Voraussetzung, damit selbst Gott existieren kann. Man kann nicht sagen: »Gott erschuf den Raum.« Das wäre absurd, denn dann hätte er vorher keinen Raum gehabt, um zu existieren. Der Raum muss Gott vorausgehen.

Der Himmel war schon immer da. Die östliche Methode besteht darin, sich des Himmels bewusst zu werden. Die westliche Methode macht dir mehr und mehr die Wolken bewusst und hilft dir ein bisschen, doch sie macht dir nicht deinen innersten Kern bewusst. Die Peripherie, ja, du wirst dir deiner Peripherie ein bisschen bewusster, doch nicht des Zentrums. Und die Peripherie ist ein Zyklon.

Man muss das Zentrum des Zyklons finden. Und das geschieht nur, indem man Zeuge ist.

Zeuge zu sein verändert nicht deine Konditionierungen. Zeuge zu sein verändert nicht deinen Körper. Doch Zeuge zu sein gibt dir die Erfahrung, dass du jenseits deines Körpers, jenseits aller Konditionierungen bist. In dem Augenblick, in dem du jenseits von all dem bist, in diesem Augenblick der Transzendenz, gibt es kein Problem – nicht für dich.

❧

Zeuge zu sein verändert nicht deine Konditionierungen. Zeuge zu sein verändert nicht deinen Körper. Doch Zeuge zu sein gibt dir die Erfahrung, dass du jenseits deines Körpers, jenseits aller Konditionierungen bist. In dem Augenblick, in dem du jenseits von all dem bist, in diesem Augenblick der Transzendenz, gibt es kein Problem.

❧

Und jetzt hängt es von dir ab. Dein Körper besitzt weiter die alten Muster, und dein Verstand trägt weiter die alten Konditionierungen – jetzt hängt es von dir ab. Wenn du dich einmal nach einem deiner alten Probleme sehnst, kannst du dich in den Körper und den Verstand begeben und das Problem haben und es genießen. Wenn du es nicht haben willst, kannst du außerhalb bleiben. Das Problem wird als Muster in deinem Körper und Verstand vorhanden bleiben, doch du stehst darüber und bist frei davon.

So funktioniert ein Buddha. Du benutzt dein Gedächtnis, und ein Buddha benutzt ebenfalls sein Gedächtnis – doch er ist nicht damit identifiziert. Er benutzt das Gedächtnis als einen Mechanismus. Zum Beispiel benutze ich Sprache. Wenn ich Sprache benutze, benutze ich den Verstand und alle seine Muster, doch ich bin nicht der Verstand; dieses Bewusstsein ist immer vorhanden. Ich bleibe also der Meister, und der Verstand ist nur mein Diener. Wenn der Verstand gerufen wird, kommt er und ist nützlich – doch er kann mich nicht beherrschen.

Die Probleme existieren also weiter, doch nur in Form

von Samen im Körper und im Verstand. Wie könntest du deine Vergangenheit verändern? Du warst in der Vergangenheit ein Katholik; wenn du 40 Jahre lang ein guter Katholik warst, wie könntest du dann diese 40 Jahre verändern und kein Katholik mehr sein? Nein, diese 40 Jahre werden als Periode des Katholizismus in dir bleiben – doch du kannst dich daraus lösen. Dann weißt du, dass es sich nur um eine Identifikation gehandelt hat. Diese 40 Jahre lassen sich nicht ungeschehen machen, und es gibt auch keinen Grund, sie ungeschehen zu machen. Wenn du der Herr im Haus bist, dann gibt es keinen Grund dafür. Du kannst sogar diese 40 Jahre auf eine bestimmte Art und Weise nutzen, auf eine kreative Weise. Selbst diese verrückte Erziehung lässt sich auf kreative Weise nutzen.

All diese Muster im Verstand, in der Körpermuskulatur … sie werden immer da sein, doch nur als Samen – als *Potenzial*. Wenn du dich einsam fühlst und Probleme haben möchtest, kannst du sie haben. Wenn du dich ohne Elend zu elend fühlst, kannst du es haben. Die Probleme werden immer verfügbar sein, doch es besteht kein Zwang, sie zu haben, keine Notwendigkeit. Es ist deine eigene Wahl.

Wenn du dich einsam fühlst und Probleme haben möchtest, kannst du sie haben. Wenn du dich ohne Elend zu elend fühlst, kannst du es haben. Die Probleme werden immer verfügbar sein, doch es besteht kein Zwang, sie zu haben, keine Notwendigkeit. Es ist deine eigene Wahl.

Zeuge zu sein ist eine Technik, um sich zu zentrieren. Wir haben über das Zentrieren gesprochen – ein Mensch kann auf zwei Arten leben: Er kann von seiner Peripherie aus leben, oder er kann von seinem Zentrum aus leben.

Die Peripherie gehört zum Ego, und das Zentrum gehört zum Sein. Wenn man vom Ego aus lebt, ist man immer mit den anderen verbunden. Die Peripherie steht mit den anderen in Beziehung.

Was immer man tut, ist dann keine Aktion, sondern nur eine Reaktion – man tut es als Reaktion auf etwas, was einem getan wurde. Von der Peripherie aus gibt es keine Aktion, alles ist nur eine Reaktion – nichts kommt aus dem Zentrum. Auf gewisse Weise ist man einfach nur ein Sklave der Umstände. Man handelt nicht von sich aus, sondern wird zum Handeln gezwungen.

Vom Zentrum aus ist die Situation vollkommen entgegengesetzt. Vom Zentrum aus beginnt man zu handeln; zum ersten Mal existiert man nicht mehr nur in Beziehung, sondern aus sich heraus.

Buddha ging einmal durch ein Dorf. Einige Leute dort waren ärgerlich auf ihn und regten sich sehr über seine Lehren auf. Sie beschimpften ihn, sie beleidigten ihn. Buddha hörte ihnen schweigend zu und sagte dann: »Wenn ihr fertig seid, dann erlaubt mir weiterzugehen. Ich muss das nächste Dorf erreichen, sie warten schon auf mich. Wenn euch noch etwas beschäftigt, dann könnt ihr es loswerden, wenn ich denselben Weg wieder zurückkomme.«

Darauf sagten sie: »Wir haben dich beschimpft, wir haben dich beleidigt. Willst du nicht darauf antworten?«

Buddha erwiderte: »Ich reagiere inzwischen nicht mehr. Was ihr tut, ist eure Sache – doch ich reagiere nicht darauf, und ihr könnt mich nicht zwingen, irgendetwas zu tun. Ihr könnt mich beschimpfen; das ist eure Sache – doch ich bin nicht euer Sklave. Ich bin ein freier Mensch geworden. Ich handle von meinem Zentrum aus, nicht von der Peripherie, und eure Beschimpfungen berühren nur die Peripherie, nicht mein Zentrum. Mein Zentrum bleibt unberührt.«

Ihr fühlt euch berührt, doch nicht weil euer Zentrum berührt wird, sondern nur deshalb, weil ihr kein Zentrum habt. Ihr seid nur Peripherie, ihr seid identifiziert mit der Peripherie. Die Peripherie wird von allem berührt – von allem, was geschieht. Sie ist einfach eure Grenze, und alles, was geschieht, muss sie berühren, doch ihr habt kein Zentrum. In dem Augenblick, in dem man ein Zentrum besitzt, hat man eine Distanz zu sich selbst – eine Distanz zur eigenen Peripherie. Ein anderer kann dann zwar deine Peripherie beleidigen, aber nicht dich selbst. Du kannst darüber erhaben bleiben, unberührt – denn es besteht eine Distanz zwischen dir und dir selbst. Zwischen dir als Peripherie und dir als Zentrum besteht eine Distanz. Und diese Distanz kann von keinem anderen überwunden werden, weil niemand zum Zentrum vordringen kann. Die äußere Welt kann dich nur an der Peripherie berühren.

❧

In dem Augenblick, in dem man ein Zentrum besitzt, hat man eine Distanz zu sich selbst – eine Distanz zur eigenen Peripherie. Ein anderer kann dann zwar deine Peripherie beleidigen, aber nicht dich selbst. Du kannst darüber erhaben bleiben, unberührt.

❧

Deshalb sagt Buddha: »Inzwischen bin ich zentriert. Vor zehn Jahren wäre es noch anders gewesen; wenn ihr mich damals beleidigt hättet, hätte ich reagiert. Doch inzwischen *agiere* ich nur noch.«

Diesen Unterschied zwischen Aktion und Reaktion muss man klar verstehen. Ihr liebt jemanden, weil der andere euch liebt. Buddha liebt euch ebenfalls, aber nicht, weil ihr ihn liebt; das ist für ihn irrelevant. Ob ihr ihn liebt oder hasst, ist irrelevant – er liebt euch, weil es etwas ist, das von ihm ausgeht, und keine Reaktion. Eine Aktion geht von dir aus, und eine Reaktion wird dir aufgezwungen. Zentrierung bedeutet, dass du anfängst, aus dir heraus zu handeln.

Einen zweiten Punkt gilt es dabei zu beachten: Wenn man aus sich heraus handelt, ist die Handlung immer total. Wenn man reagiert, kann sie niemals total sein. Sie ist dann immer nur teilweise, fragmentiert, denn wenn ich von der Peripherie aus handle – wenn ich *reagiere* –, kann sie nicht vollkommen sein, weil ich nicht wirklich darin involviert bin. Nur meine Peripherie ist involviert, also kann die Handlung nicht total sein. Wenn man von der Peripherie aus liebt, kann die Liebe niemals total sein – sie ist dann immer nur halbherzig. Und das ist von Bedeutung, denn wenn Liebe halbherzig ist, ist der restliche Raum von Hass erfüllt. Wenn deine Freundlichkeit halbherzig ist, ist der übrige Raum von Grausamkeit erfüllt. Wenn deine Güte halbherzig ist, was füllt dann den restlichen Raum aus? Und wenn dein Gott halbherzig ist, braucht es den Teufel, um den restlichen Raum auszufüllen.

Das bedeutet, dass eine halbherzige Handlung widersprüchlich sein muss, im Konflikt mit sich selbst. Die moderne Psychologie sagt, dass wir gleichzeitig lieben und hassen. Unser Verstand ist wechselwarm, widersprüchlich – ein und dasselbe Objekt weckt in uns Liebe und Hass. Und wenn Liebe und Hass gleichzeitig vorhanden sind, entsteht Verwirrung – und zwar eine schädliche Verwirrung. Deine Freundlichkeit ist mit Grausamkeit vermischt, deine Großzügigkeit ist Diebstahl, und deine Gebete werden zu einer Art Vergewaltigung. Selbst wenn du an der Peripherie versuchst, ein Heiliger zu sein, wird deine Heiligkeit mit Sünde vermischt sein. An der Peripherie ist alles widersprüchlich.

Nur wenn man vom Zentrum aus handelt, ist die Handlung total. Und wenn eine Handlung total ist, besitzt sie eine eigene Schönheit. Wenn eine Handlung total ist, bezieht sie sich vollkommen auf den Augenblick. Wenn eine Handlung total ist, schleppt man keine Erinnerung daran mit sich herum – es ist nicht nötig! Wenn eine Handlung dagegen halbherzig ist, bleibt sie immer unvollendet.

Nur wenn man vom Zentrum aus handelt, ist die Handlung total. Und wenn eine Handlung total ist, besitzt sie eine eigene Schönheit. Wenn eine Handlung total ist, bezieht sie sich vollkommen auf den Augenblick. Wenn eine Handlung total ist, schleppt man keine Erinnerung daran mit sich herum – es ist nicht nötig.

Du isst etwas – wenn du nur halbherzig dabei bist, dann isst du im Kopf weiter, auch wenn das Essen eigentlich längst beendet ist. Es bleibt in der Schwebe. Nur etwas Vollkommenes kann einen Anfang und ein Ende haben. Etwas Halbes ist dagegen wie eine fortlaufende Serie ohne Anfang und ohne Ende. Du bist zu Hause, doch innerlich schleppst du die Firma und die Börse mit dir herum. Du bist in der Firma und schleppst dabei dein Zuhause und deine häuslichen Angelegenheiten mit dir herum. Du bist niemals, in keinem Augenblick, vollkommen in etwas versunken – kannst es gar nicht sein –, weil du ständig so viel anderes mit dir herumträgst. Dadurch entsteht die Schwere, die belastende Schwere auf dem Verstand, auf dem Herzen.

Eine vollkommene Handlung hat einen Anfang und ein Ende. Sie ist in sich abgeschlossen, sie ist keine Serie. Sie ist da, und dann ist sie nicht mehr da. Anschließend ist man vollkommen frei davon und kann weiter ins Unbekannte gehen. Ansonsten bewegt man sich immer in Furchen, und der Verstand bekommt lauter Furchen davon. Man bewegt sich dann immer in denselben Kreisen, in einem Teufelskreis. Weil die Vergangenheit niemals zu Ende ist, drängt sie sich in die Gegenwart. Und sie geht auch noch weiter und dringt in die Zukunft vor.

Ein geteilter Verstand, ein peripherer Verstand, trägt also seine Vergangenheit mit sich herum – und die Vergangenheit ist eine ziemlich umfangreiche Angelegenheit! Selbst wenn man vergangene Leben außer Acht lässt, ist die Vergangenheit noch ziemlich umfangreich. 50 Jahre Erfahrungen, schöne und schlechte, doch unerledigt – alle unerledigt, also trägt man ständig 50 Jahre toter Vergangenheit mit sich herum. Diese tote Vergangenheit fällt auf einen einzelnen Augenblick der Gegenwart – sie wird ihn unter sich begraben!

So kann man nicht leben, das ist unmöglich. Mit dieser Bürde der Vergangenheit kann man nicht leben – jeder neue Augenblick ist so frisch und zart, dass dieses ganze tote Gewicht ihn vernichten muss. Es ist Mord! Deine Vergangenheit begräbt ständig deine Gegenwart unter sich, und wenn die Gegenwart dann tot ist, wird sie zu einem Teil deiner Last. Solange sie lebendig ist, ist sie kein Teil von dir – doch wenn sie tot ist, wenn sie von deiner toten Vergangenheit erschlagen wurde, wird sie zu einem Teil von dir. So ist deine Situation.

In dem Augenblick, in dem du vom Zentrum aus zu handeln beginnst, ist jede Handlung total, in sich abgeschlossen. Sie ist da, und dann ist sie nicht mehr da. Dann bist du vollkommen frei davon. Dann kannst du dich ohne Last bewegen – unbelastet. Und nur dann kannst du in dem neuen Augenblick, der immer da ist, wirklich leben, indem du dich ganz frisch in ihn hineinbegibst. Doch du kannst dich nur frisch in ihn hineinbegeben, wenn du keine Vergangenheit mit dir herumträgst.

Und man muss die Vergangenheit mit sich herumschleppen, wenn sie nicht abgeschlossen ist – der Verstand hat die Tendenz, alles abschließen zu wollen. Wenn etwas nicht abgeschlossen ist, muss man es mit sich herumtragen. Wenn etwas im Verlauf des Tages unabgeschlossen geblieben ist, träumt man in der Nacht davon, weil der Verstand dazu neigt, alles abschließen zu wollen. In dem Augenblick, in dem es abgeschlossen ist, ist der Verstand nicht mehr damit belastet. Doch solange es nicht abgeschlossen ist, wird der Verstand wieder und wieder darauf zurückkommen.

Wenn etwas im Verlauf des Tages unabgeschlossen geblieben ist, träumt man in der Nacht davon, weil der Verstand dazu neigt, alles abschließen zu wollen. In dem Augenblick, in dem es abgeschlossen ist, ist der Verstand nicht mehr damit belastet. Doch solange es nicht abgeschlossen ist, wird der Verstand wieder und wieder darauf zurückkommen.

Was immer ihr tut – in der Liebe, beim Sex, in euren Freundschaften –, alles ist unabgeschlossen. Und ihr könnt es nicht abschließen, wenn ihr an der Peripherie bleibt. Wie also kann man sich in sich selbst zentrieren? Wie kann man diese Zentrierung erreichen, sodass man sich nicht mehr an der Peripherie befindet? Die Technik besteht darin, Zeuge zu sein.

Dieser Begriff des *Zeugeseins* ist sehr bedeutsam. Es gibt Hunderte von Techniken zur Zentrierung, doch Zeugesein ist immer ein Teil, ein wesentlicher Bestandteil bei jeder dieser Techniken. Was immer die Technik auch umfassen mag, Zeugesein ist der wesentliche Teil davon. Es ist also angemessen, es die Technik aller Techniken zu nennen. Es ist nicht einfach nur eine Technik; vielmehr ist der Prozess des Zeugeseins der wesentliche Bestandteil *aller* dieser Techniken.

Man kann auch über das Zeugesein als reine Technik sprechen. Krishnamurti zum Beispiel – er spricht über das Zeugesein als reine Technik. Doch das ist genauso, als würde man über den Geist ohne den Körper sprechen. Man kann ihn nicht fühlen, man kann ihn nicht sehen. Der Geist ist in allem verkörpert – man kann den Geist also über den Körper wahrnehmen. Natürlich ist der Geist nicht der Körper, doch man kann ihn über den Körper wahrnehmen. Jede Technik ist nur ein Körper, und Zeugesein ist die Seele. Man kann über das Zeugesein unabhängig vom Körper sprechen, unabhängig von jeder Materie; dann wird es abstrakt, vollkommen abstrakt. Krishnamurti hat ein halbes Jahrhundert lang darüber gesprochen, doch was er gesagt hat, ist so rein, so pur, so unverkörpert, dass man denkt, man würde es verstehen, während dieses Verstehen doch nur ein Konzept bleibt.

Nichts in dieser Welt existiert als reiner Geist. Alles existiert in verkörperter Form. Zeugesein ist der Geist aller spirituellen Techniken, und die Techniken selbst sind Körper, unterschiedliche Körper.

Zuerst müssen wir also verstehen, was Zeugesein ist, und dann können wir verschiedene Körper, verschiedene Techniken ansehen und sie verstehen.

Wir wissen, was Denken ist, also müssen wir mit dem Denken beginnen, um zu verstehen, was Zeugesein bedeutet, denn man muss mit dem beginnen, was man kennt. Wir wissen, was Denken ist – denken bedeutet urteilen; man sieht etwas, und man urteilt darüber. Man sieht eine Blume und findet sie schön oder nicht schön. Man hört ein Lied, und es gefällt einem, oder es gefällt einem nicht. Man mag etwas, oder man mag etwas nicht. Denken ist urteilen – in dem Augenblick, in dem man denkt, hat man schon begonnen zu urteilen.

Denken ist bewerten. Man kann nicht denken, ohne zu bewerten. Wie könnte man über eine Blume nachdenken, ohne sie zu bewerten? In dem Augenblick, in dem man zu denken beginnt, sagt der Verstand auch schon, dass sie schön ist oder nicht schön ist. Man muss irgendeine Kategorie verwenden, denn denken bedeutet kategorisieren. In dem Augenblick, in dem man etwas kategorisiert hat – ihm ein Etikett, einen Namen gegeben hat –, hat man darüber nachgedacht.

Denken ist unmöglich, wenn man nicht urteilen will. Wenn man nicht urteilen will, muss man einfach nur bewusst bleiben – doch man darf nicht denken.

Denken ist unmöglich, wenn man nicht urteilen will. Wenn man nicht urteilen will, muss man einfach nur bewusst bleiben – doch man darf nicht denken.

Da ist eine Blume, und ich sage zu euch: »Schaut sie euch an, doch denkt nicht. Schaut euch die Blume an, aber denkt nicht.« Was könnt ihr also machen? Wenn denken nicht erlaubt ist, was kann man dann tun? Man kann nur Zeuge sein; man kann nur bewusst sein. Man kann sich der Blume einfach nur bewusst sein. Man kann die Tatsache wahrnehmen, dass die Blume da ist. Jetzt kann man ihr begegnen. Wenn kein Denken erlaubt ist, kann man nicht sagen: »Sie ist schön. Sie ist nicht schön. Ich kenne sie.« Oder: »Sie ist mir fremd – ich habe sie noch nie gesehen.« Man kann gar nichts sagen. Man kann keine Worte verwenden, denn jedes Wort enthält eine Bewertung.

Jedes Wort ist ein Urteil. Die Sprache ist voller Urteile; Sprache ist niemals neutral. In dem Augenblick, in dem man ein Wort benutzt, hat man schon geurteilt.

Man kann also keine Sprache verwenden, man kann keine Worte verwenden. Wenn ich sage: »Da ist eine Blume – schaut sie euch an, aber denkt nicht«, dann sind keine Worte erlaubt. Was könnt ihr dann tun? Ihr könnt einfach nur Zeuge sein. Wenn ihr da seid, ohne zu denken, wenn ihr etwas einfach nur wahrnehmt, bedeutet das, Zeuge zu sein. Dann bedeutet Zeugesein passive Bewusstheit. Denkt daran – passiv. Denken ist aktiv, man tut etwas. Man tut etwas mit dem, was man sieht. Man ist nicht einfach nur passiv, man ist nicht wie ein Spiegel – man tut etwas. Und in dem Augenblick, in dem man etwas tut, hat man die Sache schon verändert.

Ich sehe eine Blume und sage: »Wie schön!« – und damit habe ich sie bereits verändert. Damit habe ich der Blume bereits etwas übergestülpt. Was immer die Blume auch sein mag, für mich ist sie jetzt eine Blume plus mein Gefühl von Schönheit. Die Blume ist jetzt bereits weit weg; zwischen der Blume und mir steht meine Bewertung, mein Urteil, dass sie schön ist. Jetzt ist die Blume für mich nicht mehr dieselbe, ihre Qualität hat sich verändert. Ich habe mich selbst mit ins Spiel gebracht – meine Bewertung ist zu der einfachen Tatsache hinzugekommen. Jetzt ist es mehr eine Fiktion und weniger eine Tatsache.

Das Gefühl, dass die Blume schön ist, gehört nicht zur Blume, es gehört zu mir. Ich habe mich über die Tatsache gestülpt. Jetzt ist die Tatsache nicht mehr jungfräulich, ich habe sie verdorben. Jetzt ist mein Verstand ein Teil davon geworden. Und die Aussage, dass mein Verstand ein Teil davon geworden ist, bedeutet, dass meine Vergangenheit ein Teil davon geworden ist, denn wenn ich sage: »Diese Blume ist schön«, bedeutet das, dass ich sie mit meinem vergangenen Wissen bewertet habe. Wie könnte ich sonst sagen, dass sie schön ist? Meine Erfahrungen aus der Vergangenheit, die Konzepte aus der Vergangenheit, dass so etwas schön ist – ich habe sie nach vergangenen Erfahrungen beurteilt.

Der Verstand steht für die Vergangenheit, die Erinnerungen. Die Vergangenheit ist in die Gegenwart eingedrungen. Ich habe damit eine jungfräuliche Tatsache zerstört; jetzt ist sie verzerrt. Jetzt ist da keine Blume mehr – die Blume als eine Realität an sich ist nicht mehr vorhanden. Sie wurde verdorben, zerstört; die Vergangenheit ist dazwischengetreten. Ich habe interpretiert – das ist es, was denken bedeutet. Denken bedeutet, die Vergangenheit in eine gegenwärtige Tatsache hineinzutragen.

Das ist der Grund, warum das Denken niemals zur Wahrheit führen kann – weil die Wahrheit jungfräulich ist und in ihrer vollkommenen Jungfräulichkeit konfrontiert werden muss. In dem Augenblick, in dem man seine Vergangenheit hineinträgt, zerstört man sie. Dann ist es eine Interpretation, kein Erkennen der Tatsache. Man hat sie aufgespalten; ihre Reinheit ist verloren.

Denken bedeutet, die Vergangenheit in die Gegenwart zu tragen. Zeuge sein bedeutet keine Vergangenheit, nur die Gegenwart – keine Vergangenheit wird ins Spiel gebracht.

❧

Denken bedeutet, die Vergangenheit in die Gegenwart zu tragen. Zeuge sein bedeutet keine Vergangenheit, nur die Gegenwart – keine Vergangenheit wird ins Spiel gebracht.

❧

Zeuge sein ist passiv. Man tut nichts – man ist einfach nur! Man ist einfach nur da. Man ist einfach nur präsent. Wenn die Blume da ist und du da bist, dann ist es eine Beziehung des Zeugeseins. Wenn die Blume da ist und deine ganze Vergangenheit mit dabei ist, aber du nicht, dann ist es eine Beziehung des Denkens.

Wir beginnen also mit dem Denken. Was ist Denken? Es bedeutet, den Verstand in die Gegenwart hineinzubringen. Dann hat man die Gegenwart verpasst – hat sie vollkommen verpasst! In dem Augenblick, in dem die Vergangenheit in die Gegenwart eindringt, hat man sie verpasst. Wenn man sagt: »Diese Blume ist wunderschön«, ist es im Grunde schon Vergangenheit. Wenn man sagt: »Diese Blume ist wunderschön«, ist es eine vergangene Erfahrung. Man hat bewertet, man hat beurteilt.

Wenn die Blume da ist und du da bist, ist es nicht möglich zu sagen, dass die Blume schön ist. Man kann in der Gegenwart kein Urteil abgeben. Jedes Urteil, jede Bewertung, gehört zur Vergangenheit. Wenn ich sage: »Ich liebe dich«, ist es etwas Vergangenes geworden. Wenn ich sage: »Diese Blume ist schön«, habe ich sie bewertet, habe ich sie beurteilt – es ist etwas Vergangenes geworden.

Zeuge sein ist immer Gegenwart, niemals Vergangenheit. Denken ist immer Vergangenheit. Denken ist tot, Zeuge sein ist lebendig.

Das ist also die zweite Unterscheidung ... Erstens gilt, dass das Denken aktiv ist, man tut etwas dabei. Zeugesein ist passiv, ohne Tun, reines Sein. Denken ist immer Vergangenheit, Totes, das, was vorbei ist, was nicht mehr ist. Zeuge sein ist immer Gegenwart – das, was ist.

Wenn man also immer nur denkt, kann man niemals erfahren, was Zeugesein ist. Das Denken zu beenden, damit aufzuhören, ist der Anfang des Zeugeseins. Aufhören zu denken ist Zeuge sein.

Was also tun? – Denn das Denken ist eine alte Gewohnheit von uns allen. Es ist zu einer roboterähnlichen, mechanischen Sache geworden. Es ist nicht so, dass du denkst; es ist nicht deine Entscheidung, es ist eine mechanische Gewohnheit – du kannst gar nicht mehr anders. In dem Augenblick, in dem eine Blume da ist, beginnt bereits das Denken. Wir haben keine nonverbalen Erfahrungen; nur kleine Kinder haben sie. Nonverbale Erfahrungen sind *wirkliche* Erfahrungen. Jede Verbalisierung bedeutet eine Flucht aus der Erfahrung.

Wenn ich sage: »Diese Blume ist wunderschön«, ist die Blume für mich verschwunden. Jetzt bin ich mit meinem Verstand befasst, nicht mehr mit der Blume. Jetzt geht es um das Bild der Blume in meinem Verstand, nicht um die Blume selbst. Jetzt ist die Blume ein Bild in meinem Verstand, ein Gedanke, und nun kann ich sie mit meinen vergangenen Erfahrungen vergleichen und beurteilen. Doch die Blume selbst ist nicht mehr da.

Wenn man Worte benutzt, verschließt man sich für die Erfahrung. Wenn man nonverbal bewusst ist, ist man offen, verletzlich. Zeuge sein bedeutet ein konstantes Sichöffnen für die Erfahrung, kein Verschließen.

Was also tun? Diese mechanische Gewohnheit des so genannten Denkens muss irgendwie durchbrochen werden. Was immer du also tust, versuche, es nonverbal zu tun. Es ist schwierig, es ist anstrengend, und am Anfang scheint es absolut unmöglich, aber das ist es nicht. Es ist nicht unmöglich – es ist schwierig. Wenn du auf der Straße entlanggehst – geh ohne Worte. Geh einfach nur, wenn auch nur für ein paar Sekunden, und du wirst einen Einblick bekommen in eine andere Welt – eine nichtverbale Welt, die wirkliche Welt, nicht die Welt des Verstandes, die der Mensch in sich selbst erschaffen hat.

Wenn du isst, iss ohne innere Worte. Jemand fragte einmal Bokuju, einen großen Zen-Meister: »Was ist dein spiritueller Weg?« Bokuju antwortete ihm: »Mein Weg ist sehr einfach: Wenn ich hungrig bin, esse ich; wenn ich müde bin, schlafe ich – und das ist alles.«

Der Mann, der gefragt hatte, war verwirrt. Er meinte: »Was willst du damit sagen? Ich esse auch, und ich schlafe auch, und jeder tut das. Was ist daran so Besonderes, dass du das einen Weg nennst?«

Bokuju erwiderte: »Wenn du isst, tust du gleichzeitig viele andere Dinge, du isst nicht nur. Und wenn du schläfst, tust du alles Mögliche, nur nicht schlafen. Doch wenn ich esse, esse ich einfach nur; wenn ich schlafe, schlafe ich einfach nur. Jede Handlung ist total.«

Jede Handlung wird total, wenn man nonverbal lebt. Versuch also zu essen, ohne innerlich irgendwelche Worte zu verwenden, ohne zu denken. Iss einfach nur, und dann wird Essen zur Meditation – denn wenn du nonverbal lebst, wirst du Zeuge sein.

Wenn du verbal lebst, wirst du zum Denker. Wenn du nonverbal lebst, braucht es nichts weiter, kannst du gar nichts dagegen tun – du wirst zum Zeugen, ganz automatisch. Versuche also, alles nonverbal zu tun: gehen, essen, baden oder einfach still dasitzen. Sitze einfach – *sei* das Sitzen. Denke nicht. Dann kann sogar einfaches Sitzen zur Meditation werden, einfaches Gehen kann zur Meditation werden.

Jemand anderer bat Bokuju: »Bitte gib mir eine Technik zum Meditieren.«

Bokuju erwiderte: »Ich kann dir eine Technik geben, doch du wirst trotzdem nicht fähig sein zu meditieren – denn jede Technik lässt sich auch mit einem Verstand voller Worte praktizieren.« Deine Finger können sich auf einem Rosenkranz bewegen, und doch kannst du dabei immer weiter denken. Wenn deine Finger sich einfach auf dem Rosenkranz bewegen, ohne Denken, wird es zur Meditation. Dann braucht es im Grunde aber keine Technik.

Das ganze Leben ist dann eine Technik. Bokuju sagte also: »Es wäre besser für dich, bei mir zu bleiben und mich zu beobachten. Bitte mich nicht um eine Technik, beobachte mich einfach, und irgendwann wirst du es erfahren.«

Der arme Mann beobachtete ihn also sieben Tage lag. Dabei wurde er immer verwirrter. Nach sieben Tagen sagte er: »Als ich ankam, war ich weniger verwirrt. Jetzt bin ich viel mehr verwirrt. Ich habe dich sieben Tage lang ständig beobachtet – was gibt es an dir zu beobachten?«

Bokuju antwortete: »Dann hast du nicht wirklich beobachtet. Wenn ich gehe – hast du es beobachtet? –, gehe ich einfach. Wenn du mir am Morgen Tee bringst – hast du es beobachtet? –, dann nehme ich einfach den Tee und trinke ihn – nur Trinken. Da ist kein Bokuju – nur Trinken. Kein Bokuju – nur das Trinken des Tees. Hast du es beobachtet? Wenn du beobachtet hast, musst du gespürt haben, dass Bokuju nicht mehr da ist.«

Das ist ein subtiler Punkt – denn wenn der Denker da ist, dann ist auch das Ego da; dann ist man Bokuju oder wer auch immer. Doch wenn nur Handlung da ist, ohne Worte, ohne Denken, dann ist kein Ego vorhanden. Bokuju sagt also: »Hast du wirklich beobachtet? Es war kein Bokuju da, nur das Trinken des Tees, das Spazierengehen im Garten, das Graben eines Loches im Boden.«

Aus diesem Grund hat Buddha gesagt, es gebe keine Seele. Weil ihr es nicht wirklich beobachtet habt, denkt ihr immer, dass ihr eine Seele habt. Doch das stimmt nicht! Wenn ihr einfach nur Zeuge seid, dann seid ihr nicht. Das »Ich« entsteht durch Gedanken.

Das ist also das Nächste: Angehäufte Gedanken, angehäufte Erinnerungen erschaffen das Gefühl eines Ichs, das Gefühl, dass du *bist*.

Mach einmal folgendes Experiment: Lass deine ganze

Vergangenheit von dir abfallen – keine Erinnerungen mehr. Du weißt nicht, wer deine Eltern sind, du weißt nicht, wo du hingehörst – zu welchem Land, zu welcher Religion, zu welcher Rasse. Du weißt nicht, wo du aufgezogen wurdest, ob du ausgebildet wurdest oder nicht. Lass deine gesamte Erinnerung weg – und dann versuche dich daran zu erinnern, wer du bist.

Dann kannst du dich nicht mehr erinnern, wer du bist! Du bist da, ganz offensichtlich. Du bist da, doch wer bist du? In diesem Augenblick kannst du kein »Ich« wahrnehmen.

Das Ego ist einfach nur angesammelte Vergangenheit. Das Ego besteht aus deinen verdichteten, kristallisierten Gedanken.

Bokuju sagt also: »Wenn du mich beobachtet hast, wirst du festgestellt haben, dass ich nicht da war. Da war das Trinken des Tees, doch kein Trinkender. Da war Spazierengehen im Garten, doch kein Spaziergänger. Da war Handlung, doch kein Handelnder.«

Beim Zeugesein ist kein Gefühl von »Ich« vorhanden – beim Denken dagegen schon. Es ist also kein Zufall, dass die so genannten Denker so tief in ihrem Ego verwurzelt sind. Künstler, Denker, Philosophen, Literaten – es ist kein Zufall, dass sie so egoistisch sind. Je mehr Gedanken jemand hat, desto größer ist sein Ego.

Beim Zeugesein gibt es kein Ego – doch das ist nur dann möglich, wenn man die Sprache transzendieren kann. Sprache ist das Hindernis. Sprache wird gebraucht, um mit anderen zu kommunizieren; sie wird nicht gebraucht, um mit sich selbst zu kommunizieren. Sie ist ein nützliches Werkzeug – das nützlichste Werkzeug überhaupt. Nur aufgrund der Sprache konnte der Mensch eine Gesellschaft, eine eigene Welt erschaffen. Doch aufgrund der Sprache hat er auch sich selbst vergessen.

Sprache wird gebraucht, um mit anderen zu kommunizieren; sie wird nicht gebraucht, um mit sich selbst zu kommunizieren. Sie ist ein nützliches Werkzeug – das nützlichste Werkzeug überhaupt. Nur aufgrund der Sprache konnte der Mensch eine Gesellschaft, eine eigene Welt erschaffen. Doch aufgrund der Sprache hat er auch sich selbst vergessen.

Sprache ist unsere Welt. Wenn der Mensch nur einen einzigen Augenblick lang seine Sprache vergisst, was bleibt dann übrig? Kultur, Gesellschaft, Hinduismus, Christentum, Kommunismus – was bleibt? Nichts davon bleibt übrig. Wenn die Sprache aus der Welt verschwinden würde, würde die ganze Menschheit mit ihrer Kultur, Zivilisation, Wissenschaft, Religion und Philosophie verschwinden.

Sprache ist ein Mittel der Kommunikation mit anderen; es ist das einzige Mittel der Kommunikation. Es ist nützlich, doch es ist auch gefährlich – wann immer ein Werkzeug nützlich ist, ist es auch im gleichen Maße gefährlich. Die Gefahr besteht darin, dass der Verstand sich umso mehr vom Zentrum wegbewegt, je mehr er sich in die Sprache hineinbegibt. Es braucht also ein subtiles Gleichgewicht und eine subtile Meisterschaft, damit man fähig wird, sich in die Sprache hineinzubegeben und sie auch wieder zu verlassen, sich von ihr wegzubewegen.

Zeugesein bedeutet, sich aus der Sprache hinauszubegeben, weg von den Worten, weg vom Verstand.

Zeugesein bedeutet einen Zustand ohne Verstand, ohne Denken.

Versucht es also! Es bedeutet eine lange Anstrengung, und nichts ist vorhersehbar – doch versucht es, und euer Bemühen wird euch Augenblicke schenken, in denen die

Sprache plötzlich verschwindet. Und dann öffnet sich eine neue Dimension. Ihr werdet euch einer anderen Welt bewusst – der Welt der Gleichzeitigkeit, der Welt des Hier und Jetzt, der Welt jenseits des Verstandes, der Welt der Realität.

Die Sprache muss verschwinden. Versucht also, gewöhnliche Handlungen, körperliche Aktivitäten ohne Sprache auszuführen. Buddha verwendete diese Technik, um den Atem zu beobachten. Er sagte seinen Schülern: »Beobachtet euren Atem. Tut nichts – beobachtet einfach den Atem, wie er einströmt, wie er ausströmt, wie er einströmt, wie er ausströmt.« Es geht aber nicht darum, es mit Worten zu sagen, man muss es fühlen – der Atem, wie er einströmt, ohne Worte. Fühle den Atem einströmen, bewege dich mit dem Atem, lass dein Bewusstsein mit dem Atem in die Tiefe gehen. Dann lass ihn wieder ausströmen. Folge der Bewegung deines Atems. Sei wach!

Buddha soll gesagt haben: »Verpasst auch nicht einen einzigen Atemzug. Wenn euer Körper auch nur einen einzigen Atemzug aussetzt, seid ihr tot, und wenn euer Bewusstsein auch nur einen einzigen Atemzug verpasst, seid ihr innerlich tot, denn ihr seid nicht im Zentrum.« Buddha sagte also: »Der Atem ist essenziell für das Leben des Körpers, und das Bewusstsein des Atems ist essenziell für das Leben des inneren Zentrums.«

Atme, sei bewusst. Und wenn du versuchst, dir deines Atems bewusst zu sein, kannst du nicht denken, denn der Verstand kann nicht zwei Dinge gleichzeitig tun – denken und Zeuge sein. Und das Phänomen des Zeugeseins ist dem Denken absolut diametral entgegengesetzt, also kann man nicht beides gleichzeitig tun. So wie man nicht gleichzeitig lebendig und tot sein kann, wie man nicht gleichzeitig wachen und schlafen kann, so kann man nicht gleichzeitig denken und Zeuge sein. Sei Zeuge, und das Denken hört auf. Sobald das Denken hinzukommt, hört das Zeugesein auf.

So wie man nicht gleichzeitig lebendig und tot sein kann, wie man nicht gleichzeitig wachen und schlafen kann, so kann man nicht gleichzeitig denken und Zeuge sein. Sei Zeuge, und das Denken hört auf. Sobald das Denken hinzukommt, hört das Zeugesein auf.

Zeugesein ist passive Bewusstheit, ohne innere Aktivität. Bewusstheit selbst ist keine Aktivität.

Mulla Nasruddin schien eines Tages tief beunruhigt vor sich hin zu brüten. Wenn man ihn nur anschaute, konnte man sehen, dass er in schwermütige Gedanken versunken war, angespannt und voller Unruhe. Seine Frau war alarmiert. Sie fragte: »Was machst du, Nasruddin? Worüber denkst du nach? Was ist das Problem, worüber machst du dir solche Sorgen?«
Der Mulla öffnete die Augen und sagte: »Es ist das ultimative Problem. Ich denke darüber nach, wie man erkennt, dass man tot ist. Wie weiß man, dass man tot ist? Wenn ich sterbe, wie erkenne ich, dass ich tot bin? – Denn ich habe den Tod noch nie erfahren. Etwas zu erkennen bedeutet doch, dass man es zuvor schon einmal kennen gelernt haben muss.
Ich sehe dich und weiß, dass du A, B oder C bist, weil ich dich schon einmal gesehen habe. Den Tod habe ich noch nie gesehen. Wie soll ich ihn also erkennen, wenn er kommt? Das ist das Problem, und ich bin deshalb sehr beunruhigt. Und wenn ich tot bin, kann ich niemanden mehr fragen, sodass diese Möglichkeit eben-

falls wegfällt. Ich kann mich an keine Schriften mehr wenden, kein Lehrer kann mir mehr helfen.«

Da lachte seine Frau und meinte: »Du machst dir ganz unnötig Sorgen. Wenn der Tod kommt, weiß man das sofort. Wenn der Tod zu dir kommt, wirst du es wissen, weil du kalt wirst, eiskalt.« Der Mulla war erleichtert – jetzt hatte er ein sicheres Anzeichen, einen sicheren Schlüssel in der Hand.

Zwei oder drei Monate später war er beim Holzfällen im Wald. Es war ein Wintermorgen, und alles war kalt. Plötzlich erinnerte er sich, und er fühlte seine Hände – sie waren kalt. Also sagte er sich: »Okay! Jetzt kommt der Tod zu mir, und ich bin so weit von zu Hause entfernt, dass ich überhaupt niemandem Bescheid sagen kann. Was soll ich jetzt tun? Ich habe vergessen, meine Frau danach zu fragen. Sie hat mir gesagt, wie man sich fühlt, aber nicht, was man tun soll, wenn der Tod kommt. Jetzt ist niemand da, und alles wird einfach kalt.«

Dann erinnerte er sich. Er hatte schon einige Tote gesehen, also dachte er: »Es wäre wohl gut, sich hinzulegen.« Das war alles, was er bei Toten gesehen hatte, also legte er sich hin. Natürlich wurde ihm nun noch kälter, fühlte er noch mehr Kälte über sich kommen – der Tod, der näher kommt. Sein Esel lag ruhig an seiner Seite unter dem Baum. Zwei Wölfe, die den Mulla für tot hielten, griffen den Esel an. Der Mulla öffnete die Augen und sah es, und er dachte: »Tote können nichts mehr tun. Wäre ich noch am Leben, ihr Wölfe, dann könntet ihr euch nicht an meinem armen Esel vergreifen. Doch jetzt kann ich nichts mehr dagegen tun. Noch nie hat man von Toten gehört, die etwas gemacht haben. Ich kann nur noch Zeuge sein.«

Wenn du für deine Vergangenheit tot bist, vollkommen tot, kannst du nur noch Zeuge sein. Was könntest du sonst wohl tun? Zeuge sein bedeutet, tot zu sein für die Vergangenheit – Erinnerungen, Gedanken, alles. Was kannst du dann im gegenwärtigen Augenblick noch tun? Du kannst nur noch Zeuge sein. Kein Urteil ist möglich – denn Urteile sind nur im Vergleich zu vergangenen Erfahrungen möglich. Keine Bewertung ist möglich – denn Bewertungen sind nur im Vergleich zu vergangenen Bewertungen möglich. Kein Denken ist möglich – denn Denken ist nur möglich, wenn die Vergangenheit da ist, wenn sie in die Gegenwart gebracht wird. Was kann man also tun? Man kann nur noch Zeuge sein.

In der alten Sanskrit-Literatur wird der Lehrer als Tod bezeichnet – *acharya mrityuh*. In der Katha-Upanischade wird Nachiketa zu Yama, dem Gott des Todes, geschickt, um von ihm unterwiesen zu werden. Und als Yama, der Gott des Todes, Nachiketa viele verlockende Dinge anbietet – »Nimm das, nimm das Königreich, nimm den ganzen Reichtum, nimm all diese Pferde, all diese Elefanten, nimm dies und jenes«, eine lange Liste von Dingen –, da sagt Nachiketa: »Ich bin gekommen, um zu lernen, was der Tod ist, denn solange ich nicht weiß, was der Tod ist, kann ich auch nicht wissen, was das Leben ist.«

In den alten Tagen war also ein Lehrer jemand, der für den Schüler zum Tod werden konnte – der ihm helfen konnte zu sterben, sodass er wieder geboren werden konnte. Nikodemus fragte Jesus: »Wie kann ich das Reich Gottes erlangen?« Und Jesus antwortete ihm: »Wenn du nicht zuerst stirbst, kannst du nichts erlangen. Solange du nicht wieder geboren wirst, kannst du nichts erlangen.«

Und dieses Wiedergeborenwerden ist kein einmaliges Ereignis, es ist ein kontinuierlicher Prozess. Man muss in jedem Augenblick wieder geboren werden. Es ist nicht so, dass man einmal wieder geboren wird, und damit ist es okay und erledigt. Das Leben ist eine kontinuierliche Geburt, und auch der Tod ist kontinuierlich. Zunächst einmal muss man sterben, weil man bisher noch überhaupt nicht gelebt hat. Wenn man dann lebt, muss man jeden Augenblick sterben. Jeden Augenblick muss man für die Vergangenheit sterben, was auch immer sie war, Himmel oder Hölle. Was immer sie war – man muss für sie sterben, um frisch und jung zu sein und in jedem Augenblick wieder geboren zu werden. Sei in diesem Augenblick Zeuge – und du kannst nur Zeuge sein, wenn du frisch und neu bist.

Spannung und Entspannung

Folgendes muss man verstehen. Die Hypnotiseure haben ein grundlegendes Gesetz entdeckt; sie nennen es das Gesetz der gegenteiligen Wirkung. Wenn man mit aller Kraft versucht, etwas zu erreichen, ohne die grundlegenden Gesetze zu kennen, wird man nur das Gegenteil damit erreichen.

Es ist so ähnlich, wie wenn man gerade dabei ist, Fahrradfahren zu lernen. Du befindest dich auf einer ruhigen Straße, ohne Verkehr, früh am Morgen, und du siehst einen roten Pfosten an der Straßenseite herausragen. Eine zehn Meter breite Straße und nur ein kleiner Pfosten, doch du bekommst Angst: Du könntest ja zu sehr in die Nähe des Pfostens geraten und dagegen fahren. Jetzt denkst du nicht mehr daran, dass die Straße zehn Meter breit ist. Selbst wenn du mit verbundenen Augen fahren würdest, wäre die Wahrscheinlichkeit, dass du diesen Pfosten triffst, dass du gegen ihn fährst, nicht sehr groß; doch obwohl deine Augen offen sind, hast du jetzt die ganze Straße um dich herum vergessen und bist nur noch auf diesen Pfosten fokussiert. Erstens ist die rote Farbe sehr auffallend. Und zweitens hast du Angst – du willst ihm um jeden Preis ausweichen. Du hast vergessen, dass du dich auf einem Fahrrad befindest, du hast alles um dich herum vergessen. Jetzt ist dein einziges Problem nur noch, wie du diesem Pfosten ausweichen kannst; sonst könntest du dich verletzen, sonst könntest du gegen ihn fahren.

Jetzt ist die Kollision vollkommen unvermeidlich; du wirst ganz sicher gegen diesen Pfosten fahren. Und danach wirst du dich darüber wundern: »Ich habe doch so sehr versucht, nicht dagegenzufahren.« Doch tatsächlich bist du nur deshalb gegen ihn gefahren, weil du das so sehr zu vermeiden versucht hast. Je näher du ihm kamst, desto mehr hast du versucht, ihm auszuweichen; doch je mehr du das versucht hast, desto mehr hast du dich auf ihn konzentriert. Er wurde zu einer hypnotischen Kraft, er hat dich hypnotisiert. Er wurde zu einem Magneten.

Das ist ein fundamentales Gesetz im Leben. Viele Menschen versuchen etwas zu vermeiden, und doch passiert ihnen dann genau das, was sie vermeiden wollten. Versucht man etwas allzu sehr zu vermeiden, wird man ganz sicher in die Grube fallen. Man kann ihr nicht ausweichen, nicht auf diese Art und Weise.

Entspanne dich. Strenge dich nicht an, denn nur durch Entspannung kannst du bewusst werden, nicht durch Anstrengung. Sei ruhig, sei still, sei entspannt.

Woher kommen eure Spannungen? Von eurer Identifikation mit allen möglichen Gedanken und Ängsten – vor dem Tod, vor dem Bankrott, vor einem fallenden Dollarkurs, alle möglichen Ängste. Daher kommen eure Spannungen, und sie betreffen auch den Körper. Auch euer Körper wird angespannt, denn Körper und Verstand sind keine getrennten Einheiten. Körper und Verstand sind ein einziges System, sodass auch der Körper angespannt ist, wenn der Verstand angespannt ist.

❧

Woher kommen eure Spannungen? Von eurer Identifikation mit allen möglichen Gedanken und Ängsten – vor dem Tod, vor dem Bankrott, vor einem fallenden Dollarkurs, alle möglichen Ängste. Daher kommen eure Spannungen, und sie betreffen auch den Körper.

❧

Ihr könnt mit Bewusstheit anfangen; dann führt euch die Bewusstheit weg vom Verstand und von den Identifikationen des Verstandes. Dann entspannt sich ganz natürlich auch der Körper. Ihr seid nicht mehr identifiziert, und Spannungen können im Licht der Bewusstheit nicht existieren.

Ihr könnt aber auch vom anderen Ende aus anfangen. Entspannt euch einfach, lasst alle Spannungen los ... und wenn ihr euch entspannt, werdet ihr überrascht feststellen, dass eine gewisse Bewusstheit in euch auftaucht. Beides lässt sich nicht voneinander trennen. Doch es ist einfacher, mit Bewusstheit anzufangen; mit Entspannung anzufangen ist schwieriger, denn selbst die Anstrengung, sich zu entspannen, erzeugt eine gewisse Spannung.

❧

Wenn ihr euch entspannt, werdet ihr überrascht feststellen, dass eine gewisse Bewusstheit in euch auftaucht. Beides lässt sich nicht voneinander trennen. Doch es ist einfacher, mit Bewusstheit anzufangen; mit Entspannung anzufangen ist schwieriger, denn selbst die Anstrengung, sich zu entspannen, erzeugt eine gewisse Spannung.

❧

Es gibt in Amerika ein Buch – wenn ihr alle möglichen idiotischen Bücher finden wollt, ist Amerika der richtige Ort dafür. Ich konnte es kaum glauben, als ich den Titel sah – er hieß: *Warum man sich entspannen sollte.* Doch wenn ein

Sollte da ist, wie kann man sich da entspannen? Ein *Sollte* macht einen sofort angespannt; schon allein das Wort erzeugt sofort Anspannung. Ein *Sollte* klingt wie ein Gebot Gottes. Vermutlich hat derjenige, der das Buch geschrieben hat, überhaupt nichts über Entspannung und ihre Komplexität gewusst.

Im Osten sind wir bei der Meditation niemals von Entspannung ausgegangen; wir sind immer von Bewusstheit ausgegangen. Dann kommt die Entspannung von selbst, man muss sie nicht herbeiführen. Wenn man sie herbeiführen muss, wird immer eine gewisse Spannung auftauchen. Entspannung sollte von allein entstehen; nur dann handelt es sich um wirkliche Entspannung. Und sie entsteht …

Wenn ihr wollt, könnt ihr es auch von der Entspannung her probieren, doch nicht nach den amerikanischen Anleitungen. Wenn es um die Erfahrung der inneren Welt geht, ist Amerika der kindischste Ort der Welt. Europa ist ein bisschen älter – doch im Osten hat man schon jahrtausendelang nach dem inneren Selbst gesucht.

Amerika ist nur 300 Jahre alt – im Leben einer Nation sind 300 Jahre überhaupt nichts –, daher ist Amerika die größte Bedrohung für die Welt. Nuklearwaffen in der Hand von Kindern … selbst Russland verhält sich rationaler; es ist ein altes Land und besitzt all die Erfahrungen einer langen Geschichte. In Amerika gibt es keine Geschichte. Jeder kennt den Namen seines Vaters und seines Großvaters, und das war's. Damit endet der Familienstammbaum.

Amerika ist nur ein Baby – oder noch nicht einmal ein Baby, es befindet sich noch im Mutterschoß. Im Vergleich zu Gesellschaften wie in Indien oder China wurde es gerade erst gezeugt. Es ist gefährlich, solchen Leuten Nuklearwaffen in die Hand zu geben.

Ihr habt politische, religiöse, soziale, ökonomische Probleme, die euch alle quälen. Daher ist es schwierig, mit Entspannung anzufangen; im Osten haben wir aus diesem Grund nie mit Entspannung angefangen. Doch wenn ihr es ausprobieren möchtet, habe ich eine gewisse Vorstellung davon, wie man es angehen sollte. Ich habe mit Leuten aus dem Westen gearbeitet, und mir ist bewusst geworden, dass sie nicht in den Osten gehören und dass sie den östlichen Bewusstseinsstrom nicht kennen, dass sie von einer anderen Tradition herkommen, die nie etwas von Bewusstheit gehört hat.

Insbesondere für Menschen aus dem Westen habe ich Meditationen wie die dynamische Meditation entwickelt.* Als ich Meditationscamps leitete, verwendete ich immer eine Gibberish-Meditation und die Kundalini-Meditation. Wenn man mit Entspannung beginnen möchte, sollte man zuerst diese Meditationen machen. Sie sorgen dafür, dass alle Spannungen aus dem Verstand und dem Körper abgeleitet werden, und dann ist es einfach, sich zu entspannen. Ihr wisst gar nicht, wie viel ihr zurückhaltet und dass das der Grund für eure Anspannung ist.

Als ich bei den Camps in den Bergen Gibberish-Meditationen machen ließ … es ist schwierig, sie in der Stadt zu machen, weil die Nachbarn verrückt werden. Sie fangen an, die Polizei anzurufen, und sagen: »Die machen unser Leben kaputt!« Sie wissen nicht, dass sie dem Wahnsinn entkommen könnten, in dem sie leben, wenn sie selbst mitmachen würden. Doch sie sind sich ihres Wahnsinns nicht einmal bewusst.

Bei der Gibberish-Meditation darf jeder einfach laut aussprechen, was immer ihm gerade in den Sinn kommt.

---

* Siehe *Meditation. Die erste und letzte Freiheit.* Innenwelt Verlag, Köln 1998.

Und es war so ein Vergnügen zu hören, was die Leute sagten, so viel irrelevantes, absurdes Zeug – denn ich war der einzige Zeuge. Die Leute machten alle möglichen Sachen, und die einzige Bedingung dabei war, dass man niemand anderen anfassen sollte. Ansonsten konnte man tun, was man wollte ... jemand machte Kopfstand, ein anderer hatte seine Kleidung ausgezogen und rannte nackt herum – die ganze Stunde lang.

Ein Mann pflegte jeden Tag unmittelbar vor mir zu sitzen – er muss ein Aktienhändler oder so was gewesen sein –, und wenn die Meditation begann, lächelte er immer bei dem Gedanken, was er jetzt gleich tun würde. Und dann nahm er sein Mobiltelefon und telefonierte: »Hallo, hallo ...« Er beobachtete mich dabei immer aus den Augenwinkeln. Doch ich vermied es, ihn anzuschauen, um seine Meditation nicht zu stören. Er kaufte und verkaufte Aktien ... die ganze Stunde lang war er am Telefon.

Jeder machte all die seltsamen Sachen, die er sonst immer zurückhielt. Wenn die Meditation zu Ende war, gab es zehn Minuten zur Entspannung, und man konnte sehen, dass die Leute in diesen zehn Minuten richtig zusammenbrachen – nicht vor Anstrengung, sondern weil sie einfach vollkommen müde waren. Sie waren all ihren Schrott losgeworden, sodass sie eine gewisse innere Reinheit aufwiesen, und sie entspannten sich. Tausende von Menschen ... nie hätte man gedacht, dass da Tausende von Menschen waren.

Die Leute pflegten zu mir zu kommen und zu sagen: »Verlängere diese zehn Minuten, denn in unserem ganzen Leben haben wir noch keine solche Entspannung erlebt, solche Freude. Wir hätten nie geglaubt, dass wir je verstehen würden, was Bewusstheit ist, doch in dieser Zeit haben wir gespürt, wie sie auftauchte.«

Wenn man also mit Entspannung beginnen möchte,

muss man zuerst durch einen kathartischen Prozess gehen – die dynamische Meditation, die Kundalini-Meditation oder die Gibberish-Meditation.

Ihr wisst vielleicht nicht, woher dieses Wort *Gibberish* kommt; es stammt von einem Sufi-Mystiker namens Jabbar – und das war seine einzige Form der Meditation. Wenn jemand zu ihm kam, sagte er nur: »Setz dich hin und fang an« – und die Leute wussten schon, was er meinte. Er sprach nie, er hielt keine Vorträge; er lehrte die Menschen einfach nur Gibberish.

Ab und zu gab er den Leuten auch eine Demonstration. Dann redete er eine halbe Stunde lang allen möglichen Unsinn in einer Sprache, die keiner verstand. Es war gar keine Sprache; er redete zu den Leuten einfach nur, was ihm gerade in den Sinn kam. Das war seine einzige Lehre – und zu denen, die es verstanden hatten, sagte er einfach nur: »Setzt euch hin und fangt an.«

Doch auf diese Weise half Jabbar vielen Leuten, vollkommen still zu werden. Wie lange kann man das schon machen? – Irgendwann ist der Verstand leer. Langsam, ganz langsam taucht ein tiefes Nichts auf … und in diesem Nichts eine Flamme der Bewusstheit. Sie ist immer da, umgeben von eurem Gibberish. Dieses Gibberish muss man loswerden; es ist das Gift.

Dasselbe gilt auch für den Körper – euer Körper trägt in sich Spannungen. Fangt einfach an, Bewegungen zu machen, die der Körper machen möchte, ohne es zu manipulieren. Wenn er tanzen möchte, wenn er laufen möchte, wenn er rennen möchte, wenn er sich auf dem Boden wälzen möchte – ihr solltet es nicht *machen*, sondern es einfach nur erlauben. Sagt zu eurem Körper: »Du bist frei, tu, was immer du tun möchtest.« Und ihr werdet staunen: »Mein Gott! All diese Dinge, die der Körper tun wollte, doch ich hielt ihn davon ab, und darin bestand die Spannung.«

Es gibt also zwei Arten von Spannungen, die des Körpers und die des Verstandes. Beide muss man loswerden, bevor man sich in die Entspannung begeben kann, die zu Bewusstheit führt.

Es gibt also zwei Arten von Spannungen, die des Körpers und die des Verstandes. Beide muss man loswerden, bevor man sich in die Entspannung begeben kann, die zu Bewusstheit führt. Doch mit Bewusstheit anzufangen ist einfacher, vor allem für jene, die den Prozess der Bewusstheit verstehen.

Doch mit Bewusstheit anzufangen ist viel einfacher, vor allem für jene, die den Prozess der Bewusstheit verstehen, und eigentlich ist er einfach. Den ganzen Tag lang benutzt ihr ihn für äußere Dinge – Autos, Verkehr – selbst im Großstadtverkehr könnt ihr überleben! Und dabei ist er doch vollkommen verrückt.

Erst vor ein paar Tagen las ich einen Bericht über Athen. Die Regierung hatte einen besonderen Wettbewerb für Taxifahrer ausgeschrieben, mit Goldtrophäen für die drei Fahrer, die die Verkehrsregeln am genauesten befolgten. Doch in ganz Athen konnten sie keinen entsprechenden Fahrer finden! Die Polizisten begannen sich Sorgen zu machen; die Frist für den Wettbewerb war schon fast abgelaufen, und am letzten Tag wollten sie einfach nur noch irgendwelche drei Fahrer finden – auch wenn sie nicht perfekt sein sollten, galt es doch, diese drei Preise zu verteilen.

Einen Mann fanden sie, der die Verkehrsregeln befolgte, also freuten sie sich. Sie wollten mit der Trophäe zu ihm gehen, doch als er die Polizei kommen sah, fuhr er über die rote Ampel! Wer möchte schon unnötig in Schwierigkeiten geraten? Die Polizisten riefen ihm nach: »Warte doch!« – aber er hörte nicht auf sie, er war schon weg, trotz der roten Ampel. Sie versuchten es noch mit zwei anderen Leuten, doch keiner hielt an, wenn er die Polizei kommen sah. Nach sieben Tagen der Anstrengung befinden sich die drei Preise also immer noch im Polizeihauptquartier, und der Verkehr in Athen läuft so chaotisch wie eh und je …

Ihr setzt also Bewusstheit ein, doch ohne euch dessen bewusst zu sein und nur für äußere Dinge.

Dieselbe Bewusstheit gilt es für den inneren Verkehr einzusetzen. Wenn ihr die Augen schließt, herrscht da ein enormer Verkehr von Gedanken, Gefühlen, Träumen, Vorstellungen. Alle möglichen Dinge beginnen aufzutauchen. Was ihr immer schon in der äußeren Welt gemacht habt, müsst ihr auch in der inneren Welt machen, und damit werdet ihr zu Zeugen. Und sobald ihr einmal einen Geschmack davon bekommen habt, ist die Freude am Zeugesein so groß, so überirdisch schön, dass ihr immer mehr davon haben möchtet. Wann immer ihr Zeit dafür findet, werdet ihr euch immer mehr in diesen Zustand hineinbegeben wollen.

Es ist keine Frage der Körperhaltung; es ist keine Frage des Ortes; es muss nicht in einem Tempel, einer Kirche oder Synagoge sein. Wenn du in einem Bus oder in einem Zug sitzt, wenn du gerade nichts zu tun hast, schließe einfach die Augen. Das verhindert, dass deine Augen müde werden vom Schauen, und es gibt dir Zeit, dich selbst zu beobachten. Diese Augenblicke werden dir die schönsten Erfahrungen schenken.

Wenn du in einem Bus oder in einem Zug sitzt, wenn du gerade nichts zu tun hast, schließe einfach die Augen. Das verhindert, dass deine Augen müde werden vom Schauen, und es gibt dir Zeit, dich selbst zu beobachten.

Und langsam, ganz langsam, wenn die Bewusstheit stärker wird, wird sich deine ganze Persönlichkeit verändern. Von der Unbewusstheit zur Bewusstheit ist der größte Quantensprung.

Verstand und Meditation

Wenn der Verstand ohne Gedanken ist, ist es Meditation.

Es gibt zwei Zustände, in denen der Verstand ohne Gedanken ist – im Tiefschlaf und in der Meditation. Wenn du bewusst bist und die Gedanken verschwinden, handelt es sich um Meditation. Wenn die Gedanken verschwinden und du unbewusst wirst, handelt es sich um Schlaf.

Tiefschlaf und Meditation sind sich in einem ähnlich und in einem unähnlich. Eines ist ähnlich – bei beidem verschwindet das Denken. Eines ist unterschiedlich – im Tiefschlaf verschwindet auch das Bewusstsein, doch in der Meditation bleibt es vorhanden. Meditation ist also Tiefschlaf plus Bewusstheit. Du bist entspannt, wie im tiefen Schlaf, und doch bewusst, vollkommen wach – und das führt dich an die Pforte der Mysterien.

❧

Tiefschlaf und Meditation sind sich in einem ähnlich und in einem unähnlich. Eines ist ähnlich – bei beidem verschwindet das Denken. Eines ist unterschiedlich – im Tiefschlaf verschwindet auch das Bewusstsein, doch in der Meditation bleibt es vorhanden.

❧

Im Tiefschlaf begibst du dich in das Reich des »no-mind«, jenseits des Verstandes, doch unbewusst. Du weißt nicht, wohin du dich dabei begibst, auch wenn du am Morgen die Auswirkungen spüren kannst. Wenn es ein wirklich guter, tiefer Schlaf war, ohne störende Träume, wirst du dich am Morgen frisch, verjüngt, lebendig, voller Elan und Schwung fühlen. Doch du weißt nicht, wie es passiert ist, wo du gewesen bist. Du warst wie in einem tiefen Koma, als wäre dir irgendein Betäubungsmittel verabreicht worden und du wärst auf irgendeine andere Ebene gebracht worden, von der du nun frisch, jung, erneuert zurückkehrst.

In der Meditation geschieht es ohne Betäubung.

Meditation bedeutet also, so entspannt zu sein wie in tiefem Schlaf und doch wach und bewusst. Bleibe bewusst – lass die Gedanken sich auflösen, doch behalte das Bewusstsein. Und das ist nicht schwierig; ihr habt es nur noch nicht ausprobiert, das ist alles. Es ist wie mit dem Schwimmen: Wenn man es noch nie ausprobiert hat, sieht es schwierig aus. Es sieht auch gefährlich aus, und du kannst gar nicht glauben, wie andere Leute schwimmen können, denn du würdest einfach nur untergehen! Doch sobald du es ein wenig geübt hast, wird es einfach; es ist etwas ganz Natürliches.

❧

Meditation bedeutet also, so entspannt zu sein wie in tiefem Schlaf und doch wach und bewusst. Bleibe bewusst – lass die Gedanken sich auflösen, doch behalte das Bewusstsein. Und das ist nicht schwierig; ihr habt es nur noch nicht ausprobiert, das ist alles.

❧

Ein japanischer Wissenschaftler hat inzwischen nachgewiesen, dass Kinder schon mit sechs Monaten schwimmen können; man muss ihnen nur die Gelegenheit dazu geben. Er hat viele sechsmonatige Kinder schwimmen gelehrt; er hat ein Wunder vollbracht! Er sagt, er will es auch mit noch jüngeren Babys versuchen. Es ist, als wäre die Fähigkeit zu schwimmen angeboren; wir müssen dem

Kind nur die Gelegenheit dazu geben, und die Fähigkeit entwickelt sich. Aus diesem Grund verlernt man es auch nicht mehr, wenn man einmal schwimmen gelernt hat. Selbst wenn man 40 oder 50 Jahre lang nicht geschwommen ist, verlernt man es doch niemals. Es ist nichts Zufälliges, es ist etwas Natürliches, aus diesem Grund kann man es nicht verlernen.

Mit der Meditation ist es ähnlich; sie ist dem Menschen angeboren. Man muss nur einen Raum schaffen, in dem sie auftauchen kann; man muss ihr nur eine Gelegenheit geben.

Mit der Meditation ist es ähnlich; sie ist dem Menschen angeboren. Man muss nur einen Raum schaffen, in dem sie auftauchen kann; man muss ihr nur eine Gelegenheit geben.

Was ist der Verstand? Er ist kein Ding, sondern ein Ereignis. Ein Ding besitzt Substanz, ein Ereignis ist einfach nur ein Prozess. Ein Ding ist wie ein Fels, ein Ereignis ist wie eine Welle – sie existiert, doch sie hat keine Substanz. Sie ist einfach nur ein Geschehen zwischen dem Wind und dem Ozean, ein Prozess, ein Phänomen.

Das ist das Erste, was man verstehen muss – dass der Verstand ein Prozess ist wie eine Welle oder wie ein Fluss, doch dass er keine eigene Substanz hat. Wenn er Substanz hätte, ließe er sich nicht auflösen. Weil er keine Substanz hat, kann er verschwinden, ohne die geringste Spur zu hinterlassen.

Wenn eine Welle im Ozean verschwindet, was bleibt zurück? Nichts, nicht die geringste Spur. Jene, die es erfahren haben, sagen, dass der Verstand wie ein Vogel ist, der in den Himmel fliegt – er hinterlässt keine Fußspuren, nicht die geringste Spur. Der Vogel fliegt, doch er hinterlässt keinen Pfad, keine Fußspuren.

Der Verstand ist nur ein Prozess. Tatsächlich existiert der Verstand überhaupt nicht – da sind nur Gedanken; Gedanken, die sich so schnell bewegen, dass man das Gefühl hat, dass da etwas Kontinuierliches vorhanden ist. Ein Gedanke taucht auf, der nächste taucht auf, wieder einer und wieder einer, und es geht immer weiter ... die Lücke ist so klein, dass man das Intervall zwischen dem einen Gedanken und dem nächsten überhaupt nicht bemerkt. So werden die beiden Gedanken miteinander verbunden, sie werden zu einer Kontinuität, und wegen dieser Kontinuität denkt man, dass es einen Verstand gibt.

❧

Der Verstand ist nur ein Prozess. Tatsächlich existiert der Verstand überhaupt nicht – da sind nur Gedanken; Gedanken, die sich so schnell bewegen, dass man das Gefühl hat, dass da etwas Kontinuierliches vorhanden ist.

❧

Es gibt Gedanken – aber keinen »Verstand«. So wie es Elektronen gibt – aber keine »Materie«. Gedanken sind die Elektronen des Verstandes. So wie eine Menschenmenge ... in gewissem Sinne gibt es eine Menschenmenge, und in einem anderen Sinne gibt es sie wiederum nicht. Es existieren nur Individuen, doch viele Individuen zusammen geben einem das Gefühl, als wären sie eins. Eine Nation existiert und existiert doch auch wieder nicht – es sind nur Individuen. Individuen sind die Elektronen einer Nation, einer Gemeinschaft, einer Menge.

❧

Es gibt Gedanken – aber keinen »Verstand«. So wie es Elektronen gibt – aber keine »Materie«. Gedanken sind die Elektronen des Verstandes.

❧

Gedanken existieren – der Verstand existiert nicht; der Verstand ist nur die äußere Erscheinung. Und wenn man den Verstand genauer betrachtet, verschwindet er. Dann sind zwar noch Gedanken da, doch wenn der »Verstand« verschwunden ist und nur noch einzelne Gedanken existieren, werden viele Dinge unmittelbar klar. Zunächst einmal erkennt man sofort, dass Gedanken wie Wolken sind – sie kommen und gehen, und du bist der Himmel. Wenn kein Verstand mehr da ist, taucht sofort die Wahrnehmung auf, dass man nicht mehr mit den Gedanken identifiziert ist – Gedanken sind da und ziehen durch dich hindurch wie Wolken, die über den Himmel ziehen, oder wie der Wind, der durch die Bäume streift. Gedanken ziehen durch dich hindurch, und sie können durch dich hindurchziehen, weil du eine weite Leere bist. Es gibt kein Hindernis, keinen Widerstand. Es gibt keine Mauern, die sie daran hindern könnten; du bist kein ummauertes, abgeschlossenes Phänomen. Dein Himmel ist unendlich weit und offen; Gedanken kommen und gehen. Und sobald du das Gefühl hast, dass Gedanken kommen und gehen und dass du nur der Beobachter, der Zeuge bist, ist die Herrschaft über den Verstand erreicht.

Wenn man sich den Verstand genauer betrachtet, verschwindet er. Dann sind zwar noch Gedanken da, doch wenn der »Verstand« verschwunden ist und nur noch einzelne Gedanken existieren, erkennt man, dass Gedanken wie Wolken sind – sie kommen und gehen, und du bist der Himmel.

Der Verstand lässt sich nicht im üblichen Sinne kontrollieren. Erstens, wie könnte man ihn kontrollieren, wenn es ihn doch gar nicht gibt? Und zweitens, wer könnte den

Verstand kontrollieren? Denn nichts und niemand existiert jenseits des Verstandes – und wenn ich sage, *nichts* existiert da, meine ich damit, dass nur *das Nichts* jenseits des Verstandes existiert. Wer könnte also den Verstand kontrollieren? Wenn jemand den Verstand kontrolliert, kann das nur ein Teil, ein Fragment des Verstandes sein, das ein anderes Fragment kontrolliert. Das ist es, was das Ego ist.

Auf diese Weise lässt sich der Verstand nicht kontrollieren. Er existiert nicht wirklich, und es gibt niemanden, der ihn kontrollieren könnte. Die innere Leere kann wahrnehmen, doch sie kann nicht kontrollieren. Sie kann schauen, doch sie kann nicht kontrollieren – doch das Schauen selbst *ist die Kontrolle*, das Phänomen des Beobachtens, des Zeugeseins, wird zur Herrschaft über den Verstand, weil dann der Verstand verschwindet.

Es ist so, als würde man in einer dunklen Nacht davonrennen, weil man Angst hat, jemand würde einem folgen. Doch dieser Jemand ist niemand anderer als der eigene Schatten, und je mehr man rennt, desto näher ist einem der Schatten. Wie schnell man rennt, spielt keine Rolle; der Schatten ist immer da. Wann immer man zurückblickt, ist der Schatten da. Auf diese Weise kann man ihm nicht entkommen, und auf diese Art kann man ihn nicht kontrollieren. Man muss sich den Schatten genauer ansehen. Man muss stehen bleiben und sich den Schatten genau ansehen. Dann wird der Schatten verschwinden, weil er keine Substanz hat; er ist nur die Abwesenheit von Licht.

Der Verstand ist nichts anderes als die Abwesenheit von Präsenz. Wenn du still sitzt und tief in den Verstand hineinblickst, verschwindet er einfach. Gedanken bleiben, sie sind existenziell, doch der Verstand ist nicht mehr zu finden.

Der Verstand ist nichts anderes als die Abwesenheit von Präsenz. Wenn du still sitzt und tief in den Verstand hineinblickst, verschwindet er einfach. Gedanken bleiben, sie sind existenziell, doch der Verstand ist nicht mehr zu finden.

Und wenn der Verstand verschwunden ist, wird eine zweite Wahrnehmung möglich: Nun kannst du erkennen, dass die Gedanken nicht von dir sind. Natürlich kommen sie, manchmal bleiben sie auch eine kleine Weile bei dir, und dann gehen sie wieder. Du bist zwar ein Ruheplatz für sie, doch sie entstehen nicht in dir. Ist dir schon einmal aufgefallen, dass noch kein einziger Gedanke aus dir entstanden ist? Nicht ein einziger Gedanke ist aus deinem Innern gekommen; sie kommen immer von außen. Sie gehören dir nicht – sie sind wurzellos, heimatlos, sie ziehen dahin. Manchmal ruhen sie eine Weile in dir, doch das ist alles, so wie eine Wolke auf dem Gipfel eines Berges ruht. Dann bewegen sie sich von alleine weiter; man muss nichts dazu tun. Wenn man sie einfach nur beobachtet, erlangt man Kontrolle über sie.

Ist dir schon einmal aufgefallen, dass noch kein einziger Gedanke aus dir entstanden ist? Nicht ein einziger Gedanke ist aus deinem Innern gekommen; sie kommen immer von außen. Sie gehören dir nicht – sie sind wurzellos, heimatlos, sie ziehen dahin. Manchmal ruhen sie eine Weile in dir, doch das ist alles.

Doch das Wort *Kontrolle* ist nicht besonders gut, denn Worte können niemals gut sein. Worte gehören zum Verstand, zur Welt der Gedanken. Worte können nicht sehr tief reichen; sie sind flach. Das Wort *Kontrolle* ist nicht gut, weil es niemanden gibt, der kontrolliert, und niemanden, der kontrolliert wird. Doch ansatzweise hilft es, das zu verstehen, was geschieht: Wenn man tief schaut, ist der Verstand unter Kontrolle – plötzlich ist man zu seinem Herrn und Meister geworden. Gedanken sind zwar noch vorhanden, doch sie beherrschen dich nicht mehr. Sie können dir nichts mehr tun, sie kommen und gehen einfach, und du bleibst unberührt wie eine Lotusblume im Regen. Wassertropfen fallen auf die Blütenblätter, doch sie perlen ab, sie berühren den Lotus nicht wirklich. Der Lotus bleibt unberührt.

Das ist der Grund, warum der Lotus im Osten eine so große Bedeutung erlangte, einen so hohen Symbolwert. Der Lotus ist das großartigste Symbol, das der Osten hervorgebracht hat. Er enthält die gesamte Essenz des östlichen Bewusstseins, das da sagt: »Sei wie ein Lotus, das ist alles. Bleibe unberührt, und du hast die Kontrolle. Bleibe unberührt, und du bist der Meister.«

Von einem gewissen Standpunkt aus kann man den Verstand also mit Wellen vergleichen – eine Störung. Wenn der Ozean ruhig und still ist, ungestört, sind keine Wellen vorhanden. Wenn der Ozean durch eine Flut oder einen starken Wind gestört wird, wenn riesige Wellen entstehen und die ganze Oberfläche ein einziges Chaos ist, dann könnte man sagen, dass der Verstand existiert. Das alles sind nur Metaphern, um euch zu helfen, eine bestimmte innere Qualität zu verstehen, die sich nicht mit Worten ausdrücken lässt. Diese Metaphern sind poetisch. Wenn man versucht, sie intuitiv zu verstehen, kann man zu einem gewissen Verständnis dafür gelangen, doch wenn man versucht, sie logisch zu verstehen, geht man an der Sache vorbei. Es sind Metaphern.

Der Verstand ist eine Störung des Bewusstseins, so wie Wellen eine Störung des Ozeans sind. Etwas Fremdes ist hinzugekommen – der Wind. Etwas von außen ist zum Ozean oder zum Bewusstsein hinzugestoßen – der Wind, die Gedanken –, und Chaos entsteht. Doch das Chaos ist immer nur an der Oberfläche vorhanden. In der Tiefe gibt es keine Wellen – kann es keine geben, weil der Wind nicht in die Tiefe vordringen kann. Alles ist also nur an der Oberfläche. Wenn man von der Oberfläche aus zum Zentrum vordringt, ist die Störung plötzlich vorbei, selbst wenn die Oberfläche immer noch in Aufruhr ist.

Bei der ganzen Wissenschaft der Meditation geht es um nichts anderes als darum, sich zu zentrieren, sich zum Zentrum zu bewegen, sich dort zu verwurzeln, dort zu verweilen. Und von dort aus verändert sich die gesamte Perspektive. Vielleicht sind immer noch Wellen vorhanden, doch sie erreichen einen nicht mehr. Und jetzt kann man erkennen, dass sie nicht zu einem selbst gehören, dass es sich nur um einen Konflikt mit etwas Fremdem an der Oberfläche handelt.

Bei der ganzen Wissenschaft der Meditation geht es um nichts anderes als darum, sich zu zentrieren, sich zum Zentrum zu bewegen, sich dort zu verwurzeln, dort zu verweilen. Und von dort aus verändert sich die gesamte Perspektive.

Und wenn man vom Zentrum aus schaut, hört der Konflikt nach und nach auf. Nach und nach entspannt man sich. Nach und nach akzeptiert man, dass da draußen einfach ein starker Wind herrscht und Wellen entstehen, doch man macht sich keine Sorgen mehr, und wenn man sich keine Sorgen macht, kann man selbst die Wellen genießen. Nichts ist falsch an ihnen.

Das Problem entsteht nur, wenn man sich selbst ebenfalls an der Oberfläche befindet. Man befindet sich in einem kleinen Boot an der Oberfläche, und ein starker Wind kommt auf oder eine heftige Flut, und der ganze Ozean gerät in Aufruhr – natürlich macht man sich dann Sorgen, natürlich ist man zu Tode geängstigt! Man ist in Gefahr; jeden Augenblick können die Wellen das kleine Boot zum Kentern bringen; jeden Augenblick kann der Tod kommen. Was kann man mit einem kleinen Boot schon ausrichten? Wie könnte man damit irgendetwas kontrollieren? Wenn man gegen die Wellen ankämpft, wird man ganz sicher von ihnen besiegt. Kämpfen hilft nichts; man muss die Wellen akzeptieren. Tatsächlich besteht keine Gefahr, wenn man die Wellen akzeptiert und das Boot, so klein es auch ist, mit den Wellen und nicht gegen sie bewegt. Die Wellen sind da; man lässt sie einfach zu. Man bewegt sich mit ihnen, nicht gegen sie. Man wird ein Teil von ihnen. Dann kann eine große innere Freude erwachen.

Das ist die ganze Kunst des Surfens – sich mit den Wellen zu bewegen, nicht gegen sie. Mit den Wellen – und zwar so sehr, dass man sich nicht mehr von ihnen unterscheidet. Surfen kann zu einer großartigen Meditation werden. Es kann einem eine Ahnung vom Inneren vermitteln, denn es handelt sich nicht um einen Kampf, sondern um ein Zulassen. Sobald man das weiß, kann man sogar die Wellen genießen … und das kann man erkennen, wenn man das ganze Phänomen vom Zentrum aus betrachtet.

Es ist so, wie wenn man im Wald unterwegs ist, und plötzlich tauchen Wolken auf, und ein Unwetter kommt näher, und man hat sich verlaufen und versucht jetzt, eilends nach Hause zu kommen. Das ist es, was an der Oberfläche geschieht – ein Wanderer, der sich verlaufen hat, Wolken, Blitz und Donner; bald wird es heftig regnen.

Man sucht den Weg nach Hause, die Sicherheit des Heims – und plötzlich ist man da. Jetzt sitzt man im Innern des Hauses, jetzt wartet man auf den Regen – jetzt kann man ihn genießen. Jetzt haben die Blitze ihre eigene Schönheit. Es war anders, als man sich noch draußen befand, als man noch im Wald herumgeirrt ist, doch jetzt, im Innern des Hauses, ist es ein wunderbares Naturschauspiel. Jetzt kann der Regen kommen, und man kann ihn genießen. Jetzt tauchen Blitze auf, und man kann sie genießen, und Donner in den Wolken, und man kann ihn genießen, weil man sich sicher im Innern des Hauses befindet.

Sobald man das Zentrum erreicht hat, beginnt man alles zu genießen, was an der Oberfläche geschieht. Die Kunst besteht also darin, nicht an der Oberfläche zu bleiben und zu kämpfen, sondern sich ins Zentrum zu begeben. Dann ist man der Herr und Meister, und das ist keine erzwungene Kontrolle, sondern eine Herrschaft, die sich ganz spontan einstellt, wenn man zentriert ist.

Zentrierung im Bewusstsein bedeutet Herrschaft über den Verstand.

Versucht also nicht, »den Verstand zu kontrollieren« – die Sprache kann einen hier in die Irre führen. Niemand kann ihn kontrollieren, und wer es versucht, wird verrückt; man wird dabei einfach nur neurotisch, denn bei dem Versuch, den Verstand zu kontrollieren, handelt es sich um nichts anderes, als dass ein Teil des Verstandes versucht, einen anderen Teil des Verstandes zu kontrollieren.

Wer bist du, und wer versucht zu kontrollieren? Auch du bist eine Welle – natürlich eine heilige Welle, die den Verstand zu kontrollieren versucht. Und dann gibt es die unheiligen Wellen – Sex und Wut und Eifersucht und Habgier und Hass, Millionen von unheiligen Wellen. Und dann die heiligen Wellen – Meditation, Liebe, Mitgefühl. Doch sie alle sind nur an der Oberfläche, sie gehören zur

Oberfläche und befinden sich an der Oberfläche. Heilig oder unheilig macht da keinen Unterschied.

Wahre Heiligkeit ist nur im Zentrum zu finden und in der Perspektive, die vom Zentrum aus entsteht. Man befindet sich im Innern und blickt an die Oberfläche – und alles ist verändert, denn diese Perspektive ist neu. Plötzlich ist man der Herr und Meister. Tatsächlich hat man so sehr das Gefühl, alles unter Kontrolle zu haben, dass man die Oberfläche unkontrolliert lassen kann. Das ist etwas Subtiles – man hat alles so unter Kontrolle, man ist so in sich verwurzelt, so wenig beunruhigt, dass man die Wellen und die Flut und den Sturm tatsächlich genießen kann. Es ist schön, es gibt Energie, es gibt Kraft – und da ist nichts, worüber man sich Sorgen machen müsste. Nur Schwächlinge machen sich Sorgen über irgendwelche Gedanken. Nur Schwächlinge machen sich Sorgen über den Verstand. Starke Menschen nehmen das Ganze einfach in sich auf, und es bereichert sie. Starke Menschen weisen einfach niemals etwas zurück.

Zurückweisung geschieht aus Schwäche – weil man Angst hat. Starke Menschen nehmen alles an, was das Leben ihnen schenkt. Heilig, unheilig, moralisch, unmoralisch, göttlich, teuflisch – es macht keinen Unterschied; ein starker Mensch nimmt alles an. Und er wird dadurch bereichert. Er besitzt eine ganz andere Tiefe, eine Tiefe, die normale religiöse Menschen gar nicht haben können; sie sind arm und seicht dagegen.

Beobachtet einmal normale religiöse Menschen, die in den Tempel oder die Moschee oder die Kirche gehen. Ihr werdet immer sehr, sehr seichte Menschen ohne jede Tiefe antreffen. Weil sie Teile von sich selbst abgelehnt haben, sind sie verkrüppelt. Sie sind in gewisser Weise gelähmt.

Nichts ist falsch am Verstand, nichts ist falsch an den Gedanken. Wenn irgendetwas falsch ist, dann ist es die

Entscheidung, an der Oberfläche zu bleiben – denn dann kennt man nicht das Ganze und leidet unnötigerweise unter dieser teilweisen Wahrnehmung. Es braucht eine umfassende Wahrnehmung, und diese ist nur vom Zentrum aus möglich – denn vom Zentrum aus kann man in alle Richtungen blicken, in alle Dimensionen, auf die gesamte Peripherie. Und diese ist enorm groß. Tatsächlich ist sie so groß wie die Peripherie der ganzen Existenz. Sobald man zentriert ist, wird man nach und nach immer weiter und weiter und größer und größer, und am Ende ist man das Ganze und nicht weniger.

Von einem anderen Standpunkt aus ist der Verstand wie der Staub, den ein Reisender auf seiner Kleidung ansammelt. Und ihr seid schon Millionen von Leben gewandert und gereist und habt niemals ein Bad genommen. Natürlich hat sich da viel Staub angesammelt – daran ist nichts Falsches; es ist einfach so –, viele Schichten von Staub, und ihr denkt, diese Schichten sind eure Persönlichkeit. Ihr seid so mit ihnen identifiziert, ihr habt mit diesen Schichten schon so lange gelebt, dass sie wie eure eigene Haut aussehen. Ihr habt euch damit identifiziert.

❧

Der Verstand ist wie der Staub, den ein Reisender auf seiner Kleidung ansammelt. Und ihr seid schon Millionen von Leben gewandert und gereist und habt niemals ein Bad genommen.

❧

Der Verstand ist die Vergangenheit, die Erinnerung, der Staub. Jeder muss ihn ansammeln – wenn man reist, sammelt man Staub an. Doch es besteht keine Notwendigkeit, sich mit ihm zu identifizieren, keine Notwendigkeit, eins mit ihm zu werden, denn wenn man eins mit ihm wird, steckt man in Schwierigkeiten, denn schließlich seid ihr nicht der Staub, ihr seid Bewusstsein. Der Dichter Omar

Khayyam sagt: »Staub zu Staub.« Wenn ein Mensch stirbt, was geschieht dann? Der Staub kehrt zum Staub zurück. Wenn ihr einfach nur Staub seid, wird alles zum Staub zurückkehren; nichts bleibt übrig. Aber seid ihr tatsächlich einfach nur Staub, viele Schichten von Staub, oder befindet sich im Innern etwas, das kein Staub ist, das überhaupt nichts Irdisches ist?

Es ist euer Bewusstsein, eure Bewusstheit. Euer Wesen ist Bewusstheit, euer Wesen ist Bewusstsein, und der Staub, den euer Bewusstsein um sich herum ansammelt, ist der Verstand.

Es gibt zwei Möglichkeiten, mit diesem Staub umzugehen. Die übliche »religiöse« Methode besteht darin, die Kleider zu reinigen und den Körper gut abzuschrubben. Doch diese Methode hilft nicht viel. Denn sosehr man die Kleider auch reinigt, sie sind so schmutzig, dass man sie überhaupt nicht mehr sauber bekommt. Man kann sie nicht reinigen; im Gegenteil, was immer man mit ihnen macht, macht es nur noch schlimmer.

> Eines Tages kam Mulla Nasruddin zu mir, und er ist ein Säufer. Seine Hände zittern, und wenn er isst oder Tee trinkt, kleckert er ständig, sodass seine ganze Kleidung voller Flecken ist. Also sagte ich zu Nasruddin: »Warum gehst du nicht in die Drogerie und kaufst dir etwas? Es gibt Mittel, mit denen sich diese Flecken entfernen lassen.«
> Sieben Tage später kam er wieder vorbei. Seine Kleidung sah schlimmer aus als je zuvor. Ich fragte: »Was ist passiert? Warst du nicht in der Drogerie?« Er erwiderte: »Doch, doch, ich bin hingegangen. Und dieses Fleckenmittel ist wunderbar – es funktioniert. All die Tee- und Essensflecken sind weg. Aber jetzt brauche ich noch ein anderes Mittel, denn das Fleckenmittel hat seine eigenen Flecken hinterlassen.«

Die Religionen geben euch Seife und Fleckenmittel und Anweisungen, wie man sie verwenden muss, um den Schmutz zu entfernen, doch dann hinterlassen diese Mittel ihre eigenen Flecken. Aus diesem Grund kann ein unmoralischer Mensch moralisch werden und trotzdem schmutzig bleiben – er ist jetzt zwar auf moralische Art und Weise schmutzig, aber immer noch schmutzig. Manchmal ist es hinterher sogar noch schlimmer als zuvor.

Ein unmoralischer Mensch ist in vieler Hinsicht unschuldig, weniger egoistisch. Ein moralischer Mensch trägt die ganze Unmoral in seinem Verstand, und zusätzlich noch ein paar andere Dinge – seine moralistischen, puritanischen, egoistischen Einstellungen. Er fühlt sich überlegen; er hat das Gefühl, auserwählt zu sein. Und jeder andere ist zur Hölle verdammt; nur er wird in den Himmel kommen. Doch die ganze Unmoral bleibt im Innern vorhanden, weil man den Verstand von der Oberfläche aus nicht kontrollieren kann; das ist nicht möglich. Es funktioniert einfach nicht auf diese Art und Weise. Es gibt nur eine Möglichkeit der Kontrolle, und das ist die Wahrnehmung vom Zentrum aus.

Der Verstand ist wie Staub, der sich im Verlauf von Millionen von Reisen angesammelt hat. Der wirklich religiöse Standpunkt, der radikal religiöse Standpunkt – im Gegensatz zur gewöhnlichen religiösen Methode – besteht darin, die Kleider einfach wegzuwerfen. Halte dich nicht damit auf, sie zu reinigen, denn sie lassen sich nicht reinigen. Schlüpfe einfach wie eine Schlange aus dieser alten Haut und schau nicht zurück.

Und von wieder einem anderen Standpunkt aus ist der Verstand gewissermaßen die Vergangenheit, die Erinnerungen, die angesammelten Erfahrungen. Alles, was man je getan hat, alles, was man je gedacht hat, alles, was man sich je gewünscht hat, alles, wovon man je geträumt hat –

das alles, die ganze Vergangenheit, die gesamten Erinnerungen –, diese Erinnerungen sind der Verstand. Und solange man sich nicht von seinen Erinnerungen befreit, ist man nicht fähig, den Verstand zu beherrschen.

Wie wird man seine Erinnerungen los? Sie sind immer da und folgen einem. Tatsächlich *bist* du deine Erinnerungen, wie kannst du sie also loswerden? Wer bist du, abgesehen von deinen Erinnerungen? Wenn ich frage: »Wer bist du?«, nennst du mir deinen Namen – das ist eine Erinnerung. Deine Eltern haben dir diesen Namen irgendwann einmal gegeben. Ich frage: »Wer bist du?«, und du erzählst mir von deiner Familie, von deinem Vater, deiner Mutter – das sind Erinnerungen. Ich frage: »Wer bist du?«, und du erzählst mir von deiner Ausbildung, deinen Abschlüssen, dass du ein Diplom hast oder einen Doktortitel, dass du ein Ingenieur bist oder ein Architekt. Das sind Erinnerungen.

Wenn ich dich frage: »Wer bist du?«, und du wirklich nach innen schaust, kann deine einzige Antwort nur sein: »Ich weiß es nicht.« Was immer du sagen könntest, ist nur eine Erinnerung, nicht du selbst. Die einzig echte, authentische Antwort ist: »Ich weiß es nicht«, denn sich selbst zu kennen ist die letzte Erfahrung. Ich könnte auf diese Frage antworten, doch ich werde es nicht tun. Ihr könnt die Frage nicht beantworten, wer ihr seid, doch ihr habt eine Antwort parat. Jene, die wissen, schweigen darüber. Denn wenn man alle Erinnerungen losgelassen hat und alle Sprache hinter sich gelassen hat, kann man nicht mehr sagen, wer man ist. Ich kann in dich hineinsehen, ich kann dir eine Geste geben; ich kann bei dir sein, mit meinem ganzen Sein – das ist meine Antwort. Doch die Antwort lässt sich nicht mit Worten geben, weil alles, was man mit Worten ausdrückt, Teil der Erinnerung ist, Teil des Verstandes, und nicht des Bewusstseins.

Wie kann man also die Erinnerungen loswerden? Beobachte sie, sei Zeuge. Und denke immer daran: »Das ist mir zugestoßen, doch das bin nicht ich.« Natürlich wurdest du in einer bestimmten Familie geboren, doch das bist nicht du; das ist dir zugestoßen, das war etwas außerhalb von dir. Natürlich hat dir jemand einen Namen gegeben; er ist nützlich, doch der Name bist nicht du. Natürlich hast du eine Form, doch du bist nicht die Form; die Form ist einfach nur das Haus, in dem du dich gerade befindest. Die Form ist einfach nur der Körper, in dem du dich gerade befindest. Und der Körper wurde dir von deinen Eltern gegeben – er ist ein Geschenk, doch er ist nicht du.

Du wurdest in einer bestimmten Familie geboren, doch das bist nicht du; das ist dir zugestoßen, das war etwas außerhalb von dir. Jemand hat dir einen Namen gegeben; er ist nützlich, doch der Name bist nicht du. Du hast eine Form, doch du bist nicht die Form; die Form ist einfach nur das Haus, in dem du dich gerade befindest.

Beobachte und unterscheide. Im Osten spricht man dabei von *vivek*, Unterscheidung – man muss ständig unterscheiden. Unterscheide immer weiter – und ein Augenblick wird kommen, in dem du alles abgeschält hast, was du nicht bist. In diesem Zustand begegnest du dir plötzlich zum ersten Mal selbst, begegnest du deinem eigenen Sein. Schäle weiter alle Identitäten ab, die du nicht bist – Familie, Körper, Verstand. Wenn alles abgeworfen wurde, was du nicht bist, taucht in dieser Leere plötzlich dein Sein auf. Zum ersten Mal begegnest du dir selbst, und diese Begegnung wird zu deiner Meisterschaft.

Schäle weiter alle Identitäten ab, die du nicht bist – Familie, Körper, Verstand. Wenn alles abgeworfen wurde, was du nicht bist, taucht in dieser Leere plötzlich dein Sein auf. Zum ersten Mal begegnest du dir selbst, und diese Begegnung wird zu deiner Meisterschaft.

Das Denken lässt sich nicht anhalten – nicht, dass es niemals anhält, doch man kann es nicht anhalten. Es hört von allein auf. Diese Unterscheidung muss man verstehen; sonst wird man verrückt, weil man ständig dem Verstand hinterherrennt.

Das Denken lässt sich nicht anhalten – nicht, dass es niemals anhält, doch man kann es nicht anhalten. Es hört von allein auf. Diese Unterscheidung muss man verstehen; sonst wird man verrückt, weil man ständig dem Verstand hinterherrennt.

Der Verstand verschwindet nicht, indem man aufhört zu denken. Wenn kein Denken mehr vorhanden ist, dann ist auch der Verstand verschwunden. Allein schon der Versuch, nicht mehr zu denken, sorgt für Unruhe, erzeugt einen Konflikt, erzeugt eine Spaltung. Man befindet sich dann in einem ständigen inneren Aufruhr. Das ist nicht sehr hilfreich.

Und selbst wenn es einem gelingt, den Verstand gewaltsam ein paar Augenblicke lang anzuhalten, ist das keine große Leistung – denn diese wenigen Augenblicke werden ziemlich tot sein, sie werden nicht lebendig sein. Man spürt vielleicht eine Art Ruhe, aber keine wirkliche Stille. Denn eine erzwungene Ruhe ist keine wahre Stille. Darunter, tief im Unbewussten, arbeitet der unterdrückte Verstand weiter.

Es gibt also keine Möglichkeit, den Verstand anzuhalten. Doch der Verstand kann anhalten – das ist sicher. Er hält von allein an.

Was kann man also tun? Diese Frage ist wichtig. Beobachte. Versuche nicht, irgendetwas anzuhalten. Es besteht keine Notwendigkeit, irgendetwas gegen den Verstand zu unternehmen. Erstens, wer sollte das tun? Es wäre nur der Verstand, der gegen sich selbst kämpft; man spaltet dabei den Verstand in zwei Teile: einen, der versucht, den Boss zu spielen, den Obermacker, und der versucht, einen anderen Teil von sich selbst abzumurksen – was absurd ist. Es ist ein idiotisches Spiel, und es kann dich wahnsinnig machen. Versuche nicht, das Denken oder den Verstand anzuhalten – beobachte ihn einfach nur, lass ihn zu. Gib ihm absolute Freiheit. Lass ihn so schnell rattern, wie er möchte, und versuche nicht, ihn auf irgendeine Weise zu kontrollieren. Sei einfach nur Zeuge.

Er ist wunderbar! Der Verstand ist ein ganz wunderbarer Mechanismus. Die Wissenschaft hat es bisher nicht geschafft, etwas Vergleichbares hervorzubringen. Der Verstand ist immer noch das größte Meisterwerk, so kompliziert, so mächtig, mit so viel Potenzial. Beobachte ihn! Erfreue dich an ihm!

Der Verstand ist ein ganz wunderbarer Mechanismus. Die Wissenschaft hat es bisher nicht geschafft, etwas Vergleichbares hervorzubringen. Der Verstand ist immer noch das größte Meisterwerk, so kompliziert, so mächtig, mit so viel Potenzial. Beobachte ihn! Erfreue dich an ihm!

Und beobachte ihn nicht wie einen Feind, denn wenn du den Verstand als Feind betrachtest, kannst du ihn nicht mehr beobachten. Dann bist du bereits voreingenommen, dann bist du bereits gegen ihn. Dann hast du bereits entschieden, dass etwas am Verstand falsch ist – dann hast du bereits deine Schlüsse gezogen. Und wenn du jemanden als Feind betrachtest, schaust du nicht tief, schaust du ihm nicht in die Augen, weichst du ihm lieber aus.

Den Verstand zu beobachten heißt, ihn mit tiefer Liebe zu betrachten, mit tiefem Respekt, mit Ehrfurcht – er ist schließlich Gottes Geschenk an dich. Nichts ist falsch am Verstand an sich. Nichts ist falsch am Denken an sich. Es ist ein wunderbarer Vorgang, so wie andere Vorgänge auch. Wolken, die am Himmel dahinziehen, sind wunderbar – wieso nicht auch die Gedanken, die am inneren Himmel vorüberziehen? Blüten, die sich an einem Baum öffnen, sind wundervoll – wieso nicht auch die Gedanken, die in deinem Innern erblühen? Der Fluss, der zum Ozean fließt, ist wunderbar – wieso nicht auch dieser Strom von Gedanken, die sich zu einem unbekannten Ziel hin bewegen? Ist es nicht wunderbar? Schau es dir mit tiefer Ehrfurcht an. Sei kein Kämpfer, sei ein Liebender.

Beobachte die subtilen Nuancen des Verstandes, die plötzlichen Manöver, die wunderbaren Kehrtwendungen. Die Sprünge und Assoziationen, die Spiele, die der Verstand spielt, die Träume, die er webt – die Vorstellungskraft, das Gedächtnis, die tausend Projektionen, die er erschafft – beoachte all das! Wenn du über ihm stehst, mit Distanz, nicht involviert, wirst du nach und nach das Gefühl bekommen … Je tiefer deine Aufmerksamkeit wird, desto tiefer wird deine Bewusstheit, und Lücken werden auftauchen, Intervalle. Ein Gedanke geht, der nächste ist noch nicht aufgetaucht, und eine Lücke entsteht. Eine Wolke ist vorübergezogen, die nächste kommt, und da ist eine Lücke.

In diesen Lücken wirst du zum ersten Mal einen Geschmack vom Verschwinden des Verstandes bekommen.

Du bekommst einen Geschmack von der Freiheit vom Verstand – nenne es einen Geschmack von Zen, von Tao, von Yoga. In diesen kleinen Zwischenräumen ist der Himmel plötzlich klar, und die Sonne scheint. Plötzlich ist die Welt voller Geheimnisse, weil alle Hindernisse verschwunden sind, weil der Schleier vor deinen Augen nicht mehr vorhanden ist. Du siehst ganz klar, du siehst durchdringend. Die ganze Existenz wird durchsichtig.

Am Anfang werden es nur seltene Augenblicke sein, mit großen Abständen dazwischen. Doch sie werden dir eine Ahnung geben von dem, was *Samadhi* ist. Kleine Teiche der Stille – sie kommen, und sie verschwinden wieder, doch jetzt weißt du, dass du auf dem richtigen Weg bist. Du beginnst wieder zu beobachten. Wenn ein Gedanke vorüberzieht, beobachtest du ihn; wenn ein Zwischenraum auftaucht, beobachtest du ihn. Wolken sind wunderschön; Sonnenschein ist wunderschön. Jetzt hast du keine Vorlieben mehr. Jetzt bist du nicht mehr fixiert. Du sagst nicht: »Ich möchte nur noch die Zwischenräume.« Das wäre dumm, denn wenn du dich darauf versteifen würdest, nur noch die Zwischenräume zu wollen, hättest du dich wieder gegen das Denken entschieden. Und dann würden diese Zwischenräume verschwinden. Sie treten nur auf, wenn du Abstand hast, wenn du darüber stehst. Sie geschehen, sie können nicht herbeigeführt werden. Sie geschehen, doch man kann sie nicht herbeizwingen. Sie sind spontane Geschehnisse.

Wenn ein Gedanke vorüberzieht, beobachtest du ihn; wenn ein Zwischenraum auftaucht, beobachtest du ihn. Wolken sind wunderschön; Sonnenschein ist wunderschön. Jetzt hast du keine Vorlieben mehr. Jetzt bist du nicht mehr fixiert.

Beobachte weiter. Lass die Gedanken kommen und gehen – wohin sie auch gehen wollen. Nichts ist falsch daran! Versuche sie nicht zu manipulieren, und versuche nicht, sie irgendwohin zu lenken. Lass sie sich in vollständiger Freiheit bewegen. Und dann werden immer größere Zwischenräume auftauchen. Du wirst gesegnet sein mit kleinen *Satoris*. Manchmal werden Minuten vergehen, ohne dass ein Gedanke auftaucht, ohne dass irgendein Verkehr in deinem Kopf herrscht – nur vollkommene Stille, ungestört.

Wenn immer größere Lücken entstehen, wird in dir eine neue Klarheit auftauchen. Du wirst nicht nur die äußere Welt klarer sehen, du wirst auch in die innere Welt blicken können. Bei den ersten Lücken wirst du die Welt draußen neu sehen – die Bäume werden grüner sein, als sie dir jetzt erscheinen, und du wirst von einer unendlichen Musik umgeben sein, der Musik der Sphären. Du wirst dich plötzlich in der Gegenwart Gottes befinden – unerklärlich, geheimnisvoll. Das Göttliche wird dich berühren, auch wenn du es nicht fassen kannst. In deiner Reichweite und doch jenseits davon. Und wenn die Lücken größer werden, wird dasselbe auch innen passieren. Gott wird nicht nur im Äußeren sein, du wirst überrascht feststellen, dass er auch im Inneren ist. Er ist nicht nur im Gesehenen, er ist auch im Sehenden – innen und außen. Nach und nach …

Doch fixiere dich nicht darauf. Jede Fixierung ist Nahrung für den Verstand, sodass er weitermachen kann. Zeugesein ohne jede Fixierung ist der Weg, ihn anzuhalten, ohne dabei irgendeine Anstrengung zu unternehmen. Und wenn du anfängst, diese seligen Augenblicke zu genießen, wird in dir die Fähigkeit entstehen, sie länger und länger aufrechtzuerhalten. Schließlich, endlich, eines Tages wirst du zum Meister. Dann denkst du, wenn du denken möchtest; wenn du den Verstand brauchst, benutzt du ihn. Wenn du ihn nicht brauchst, lässt du ihn ruhen. Es ist nicht so, dass der Verstand nicht mehr da wäre – er ist da, doch du kannst ihn benutzen oder auch nicht. Jetzt ist es deine Entscheidung, wie mit den Beinen: Wenn du rennen möchtest, benutzt du sie, und wenn du nicht rennst, lässt du sie einfach ruhen. Die Beine sind immer da. Auf dieselbe Art und Weise ist auch der Verstand immer da.

Wenn ich zu euch spreche, benutze ich den Verstand – es gibt keine andere Möglichkeit, um zu sprechen. Wenn ich eure Fragen beantworte, benutze ich den Verstand – es gibt keine andere Möglichkeit. Ich muss reagieren und Bezug nehmen, und der Verstand ist ein wunderbarer Mechanismus. Wenn ich nicht zu euch spreche und allein bin, brauche ich den Verstand nicht – denn er ist ein Medium, über das man mit anderen in Beziehung tritt. Wenn ich allein bin, brauche ich ihn nicht.

Ihr habt eurem Verstand noch nie eine Pause gegönnt; dadurch wird der Verstand mittelmäßig. Er macht immer weiter, ständig in Gebrauch, müde und erschöpft. Er arbeitet bei Tag, er arbeitet bei Nacht – am Tag denkt ihr, und bei Nacht träumt ihr. Tagein, tagaus ist er am Schuften. Wenn ihr 70 oder 80 Jahre alt werdet, ist er diese ganze Zeit über ständig am Arbeiten.

Schaut euch nur einmal die Zartheit des Gehirns an – so etwas Empfindliches! Und doch haben in einem einzigen kleinen Kopf alle Bibliotheken der ganzen Welt Platz; alles, was jemals geschrieben wurde, hat in einem einzigen Gehirn Platz. Die Kapazität des Gehirns ist enorm – und das auf so kleinem Raum und ohne viel Lärm zu machen! Wenn die Wissenschaft eines Tages fähig sein sollte, einen Computer zu bauen, der dem Gehirn entspricht … es gibt zwar Computer, doch sie entsprechen noch nicht dem Gehirn. Sie sind noch mechanisch, sie besitzen noch keine organische Einheit; sie besitzen noch kein Zentrum. Wenn es eines Tages möglich sein sollte – und möglicherweise können Wissenschaftler eines Tages tatsächlich das Gehirn nachbauen –, dann werden wir sehen, wie viel Platz dieser Computer braucht und wie viel Lärm er macht!

Der Verstand macht fast überhaupt keinen Lärm; er arbeitet in aller Stille. Und er ist so ein nützlicher Diener – 70, 80 Jahre lang. Und auch dann noch, wenn man stirbt – der Körper ist vielleicht alt, doch der Verstand bleibt jung. Seine Kapazität bleibt immer die gleiche. Manchmal nimmt sie sogar noch zu, wenn man den Verstand richtig einsetzt, denn je mehr man weiß, desto mehr versteht man auch. Je mehr man erfahren und gelebt hat, desto fähiger wird der Verstand. Wenn man stirbt, ist der ganze Körper bereit zu sterben – bis auf den Verstand.

Deshalb sagen wir im Osten, dass der Verstand den Körper verlässt und sich einen neuen Körper sucht, denn er ist noch nicht bereit zu sterben. Die Wiedergeburt geht vom Verstand aus. Und sobald man einen Zustand der Freiheit vom Verstand erreicht hat, gibt es keine Wiedergeburt mehr. Dann stirbt man einfach. Und mit diesem Tod löst sich alles auf – der Körper, der Verstand –, und nur die beobachtende Seele bleibt zurück. Diese befindet sich jenseits von Zeit und Raum. Dann wird man eins mit der Existenz; dann ist man nicht mehr von ihr getrennt. Die Trennung entsteht durch den Verstand.

Doch es gibt keine Möglichkeit, ihn gewaltsam anzuhalten – also versucht es nicht mit Gewalt. Geht liebevoll vor, mit tiefer Ehrfurcht, und es wird einfach von alleine geschehen. Beobachtet einfach und seid nicht in Eile.

Der moderne Verstand ist immer in Eile. Er möchte Instantmethoden, um den Verstand anzuhalten. Daher haben Drogen einen gewissen Reiz. Man kann den Verstand dazu zwingen anzuhalten, indem man chemische Substanzen verwendet, Drogen, doch auch das ist gewaltsam. Es ist nicht gut, es ist zerstörerisch. Auf diese Weise wird man nicht zum Meister. Du kannst deinen Verstand vielleicht durch Drogen zum Anhalten bringen, doch dann werden die Drogen zu deinem Meister – und nicht du wirst zum Meister. Du hast einfach nur deinen Meister gewechselt, und der Tausch war nicht zum Positiven. Jetzt haben die Drogen Macht über dich, sie bestimmen über dich; ohne sie geht nichts mehr.

Der moderne Verstand ist immer in Eile. Er möchte Instantmethoden, um den Verstand anzuhalten. Daher haben Drogen einen gewissen Reiz. Man kann den Verstand dazu zwingen anzuhalten, indem man chemische Substanzen verwendet, Drogen, doch auch das ist gewaltsam. Es ist nicht gut, es ist zerstörerisch. Auf diese Weise wird man nicht zum Meister.

Meditation ist keine Anstrengung, die gegen den Verstand gerichtet ist, sie ist eine Technik, um den Verstand zu verstehen. Sie ist eine liebevolle Art, den Verstand zu beobachten – doch natürlich muss man dabei geduldig sein. Dieser Verstand, den ihr in eurem Kopf tragt, ist über Jahrhunderte, über Jahrtausende entstanden. Dein kleiner Verstand enthält die ganze Erfahrung der Menschheit. Und nicht nur der Menschheit – auch der Tiere, der Vögel, der Pflanzen, der Steine; du bist durch all diese Erfahrungen gegangen. Alles, was bisher in dieser Welt geschehen ist, ist auch in dir geschehen. In einer kleinen Nussschale trägst du die gesamte Erfahrung der Existenz mit dir herum. Das ist es, was dein Verstand repräsentiert.

Tatsächlich ist es nicht richtig zu sagen, er sei deiner. Er ist kollektiv; er gehört uns allen. Die moderne Psychologie hat sich dem angenähert, vor allem die Jung'sche Psychoanalyse – man hat angefangen, so etwas wie ein kollektives Unbewusstes anzunehmen. Dein Verstand gehört nicht nur dir – er gehört uns allen. Unsere Körper sind vollkommen getrennt; unser Verstand ist weniger getrennt. Unsere Körper sind deutlich getrennt, unser Verstand ist ineinander greifend – und unsere Seelen sind eins.

Der Körper ist getrennt, der Verstand ist ineinander greifend, und die Seele ist eins. Es ist nicht so, dass ich eine Seele habe und du eine andere Seele hast. Im Zentrum der Existenz treffen wir uns und sind eins. Das ist es, was »Gott« ist – der Punkt, an dem alles sich trifft. Zwischen Gott und der Welt – und »Welt« bedeutet Körper – befindet sich der Verstand.

❧

Der Körper ist getrennt, der Verstand ist ineinander greifend, und die Seele ist eins. Es ist nicht so, dass ich eine Seele habe und du eine andere Seele hast. Im Zentrum der Existenz treffen wir uns und sind eins. Das ist es, was »Gott« ist – der Punkt, an dem alles sich trifft.

❧

Der Verstand ist eine Brücke, eine Brücke zwischen dem Körper und der Seele, zwischen der Welt und Gott. Versucht also nicht, ihn zu zerstören!

Viele haben schon versucht, ihn durch Yoga zu zerstören. Das ist ein Missbrauch von Yoga. Viele haben versucht, ihn durch Körperhaltungen und Atemübungen zu zerstören – auch das führt zu subtilen inneren chemischen Veränderungen. Wenn man zum Beispiel in der Haltung des *Shirshasan*, des Kopfstandes, auf dem Kopf steht, kann man den Verstand sehr leicht zerstören. Denn wenn das

Blut zu stark in den Kopf strömt, wie eine Flut ... wenn man auf dem Kopf steht, ist es das, was man zu tun versucht. Der Gehirnmechanismus ist empfindlich. Man überflutet ihn mit Blut, und die empfindlichen Gewebe sterben ab. Das ist der Grund, warum man keine intelligenten Yogis findet. Nein, Yogis sind dumm, manche mehr, manche weniger. Ihr Körper ist gesund, das ist wahr, stark und gesund – doch ihr Verstand ist einfach tot. Man kann keinen Schimmer von Intelligenz entdecken. Man sieht einen sehr robusten Körper, wie bei einem Tier, doch der Mensch ist irgendwie verschwunden.

Wenn man auf dem Kopf steht, zwingt man das Blut durch die Schwerkraft in den Kopf. Der Kopf braucht Blutzufuhr, doch in einer geringen Menge, und langsam, nicht als Überschwemmung. Gegen die Schwerkraft erreicht nur wenig Blut den Kopf, und auch das geschieht still. Wenn zu viel Blut in den Kopf steigt, wirkt das zerstörerisch.

Yoga wurde also eingesetzt, um den Verstand auszulöschen. Auch Atemübungen kann man einsetzen, um den Verstand auszulöschen – es gibt bestimmte Atemrhythmen, subtile Atemschwingungen, die sehr drastisch auf den empfindlichen Verstand wirken. Der Verstand lässt sich dadurch zerstören. Das sind alte Tricks. Die neuesten Tricks werden heute von der Wissenschaft geliefert: LSD, Marihuana und so weiter; früher oder später werden immer kompliziertere Drogen verfügbar sein.

Ich bin nicht dafür, den Verstand anzuhalten. Ich bin dafür, ihn zu beobachten. Dann hält er irgendwann von alleine an – und dann ist es wunderbar. Wenn etwas ohne Gewalt geschieht, besitzt es eine ganz eigene Schönheit; es folgt einem natürlichen Wachstum. Man kann einer Blume Gewalt antun und sie gewaltsam öffnen, man kann die Blätter einer Knospe auseinander ziehen, doch dann hat man die Schönheit der Blüte zerstört. Jetzt ist sie praktisch tot. Sie kann der Gewalt nichts entgegensetzen. Die Blütenblätter werden lose und schlaff herabhängen und absterben. Nur wenn die Knospe sich aus eigener Kraft öffnet, wenn sie von alleine aufgeht, bleiben diese Blätter lebendig.

Der Verstand ist euer Erblühen – tut ihm in keiner Weise Gewalt an. Ich bin gegen jede Gewalt und gegen jedes gewaltsame Vorgehen, und besonders gegen jede Gewalt, die gegen euch selbst gerichtet ist.

Beobachtet einfach nur – in tiefem Gebet, in Liebe, in Ehrfurcht –, und schaut, was geschieht. Wunder geschehen von alleine. Es braucht kein Zerren und Ziehen.

Wie hört man auf zu denken? Ich sage euch, beobachtet einfach, seid aufmerksam. Und lasst diese Vorstellung fallen, etwas anhalten zu wollen, sonst stört ihr die natürliche Transformation des Verstandes. Gebt die Vorstellung auf, etwas anhalten zu wollen! Wer seid ihr denn, etwas anhalten zu wollen?

Genießt es einfach. Und nichts daran ist falsch – selbst wenn unmoralische Gedanken, so genannte unmoralische Gedanken durch deinen Kopf ziehen, lass sie ziehen. Nichts ist falsch daran. Du bleibst unberührt davon, nichts Schlimmes ist geschehen. Es ist nur Fiktion, du siehst nur einen inneren Film. Lass ihn einfach laufen, und er wird dich nach und nach zur Freiheit vom Verstand führen. Beobachten führt schließlich zur Freiheit vom Verstand.

❧

Selbst wenn unmoralische Gedanken, so genannte unmoralische Gedanken durch deinen Kopf ziehen, lass sie ziehen. Nichts ist falsch daran. Du bleibst unberührt davon, nichts Schlimmes ist geschehen. Es ist nur Fiktion, du siehst nur einen inneren Film.

❧

Freiheit vom Verstand ist nicht *gegen* den Verstand; Freiheit vom Verstand ist *jenseits* des Verstandes. Freiheit vom Verstand entsteht nicht, indem man den Verstand auslöscht und vernichtet; sie entsteht, wenn man den Verstand so vollkommen verstanden hat, dass das Denken nicht mehr gebraucht wird – das Verstehen hat es ersetzt.

Die Furche und das Rad

Der Mensch scheint sich in der Gegenwart zu befinden, doch das ist nur dem Anschein nach so. Der Mensch lebt in der Vergangenheit. Er bewegt sich zwar durch die Gegenwart, doch er bleibt dabei in der Vergangenheit verwurzelt. Die Gegenwart ist keine reale Zeit für das gewöhnliche Bewusstsein. Für das gewöhnliche Bewusstsein ist die Vergangenheit die wirkliche Zeit, und die Gegenwart ist nur ein Übergang von der Vergangenheit in die Zukunft, nur ein momentaner Übergang. Die Vergangenheit ist real, und die Zukunft ist real, doch die Gegenwart ist für das gewöhnliche Bewusstsein nicht real.

Zukunft ist nichts als fortgeführte Vergangenheit. Zukunft ist nichts anderes als immer wieder nach vorne projizierte Vergangenheit. Die Gegenwart scheint dabei überhaupt nicht zu existieren. Wenn man an die Gegenwart denkt, kann man sie niemals finden, denn in dem Moment, in dem man sie findet, ist sie bereits Vergangenheit. Einen Augenblick zuvor, als man sie noch nicht gefunden hatte, war sie Zukunft.

Für ein Buddha-Bewusstsein, für ein erwachtes Wesen, existiert nur die Gegenwart. Für das gewöhnliche, unbewusste Bewusstsein, das sich wie ein Schlafwandler verhält, sind die Vergangenheit und die Zukunft real, und die

Gegenwart ist irreal. Nur wenn man erwacht, ist die Gegenwart real, und Vergangenheit und Zukunft werden beide irreal.

Warum ist das so? Warum lebt ihr in der Vergangenheit? Weil der Verstand nichts ist als eine Ansammlung von Vergangenheit. Der Verstand ist Gedächtnis – alles, was ihr getan habt, alles, wovon ihr geträumt habt, alles, was ihr tun wolltet und nicht tun konntet, alles, was ihr euch in der Vergangenheit vorgestellt habt, das ist euer Verstand. Der Verstand ist ein totes Ding. Wenn man das Leben durch den Verstand betrachtet, wird man die Gegenwart niemals finden, denn die Gegenwart ist lebendig, und dem Leben kann man sich nicht über ein totes Medium nähern. Der Verstand ist tot.

Der Verstand ist wie Staub, der sich auf einem Spiegel angesammelt hat. Je mehr Staub sich ansammelt, desto weniger ist der Spiegel ein Spiegel. Und wenn die Staubschicht sehr dick ist, so wie bei euch, dann reflektiert der Spiegel überhaupt nicht mehr.

Jeder sammelt Staub an – und ihr sammelt ihn nicht nur an, ihr haltet ihn auch noch fest; ihr denkt, er sei ein Schatz. Die Vergangenheit ist vorbei – warum haltet ihr sie fest? Ihr könnt nichts mehr daran verändern, ihr könnt nicht zurückgehen, ihr könnt sie nicht ungeschehen machen – warum haltet ihr sie fest? Sie ist kein wertvoller Schatz. Und wenn ihr die Vergangenheit festhaltet und sie für einen Schatz haltet, wird euer Verstand sie natürlich auch in der Zukunft immer und immer wieder leben wollen. Eure Zukunft kann dann nichts anderes sein als eine modifizierte Form eurer Vergangenheit – etwas verfeinert vielleicht, etwas stärker verziert, doch im Grunde identisch, denn der Verstand kann sich nichts Unbekanntes vorstellen. Der Verstand kann nur das Bekannte projizieren, das, was ihr bereits kennt.

Wenn ihr die Vergangenheit festhaltet und sie für einen Schatz haltet, wird euer Verstand sie natürlich auch in der Zukunft immer und immer wieder leben wollen. Eure Zukunft kann dann nichts anderes sein als eine modifizierte Form eurer Vergangenheit – etwas verfeinert vielleicht, etwas stärker verziert.

Ihr liebt eine Frau, und die Frau stirbt. Wie findet ihr nun eine neue Frau? Die nächste Frau wird eine modifizierte Version der toten Ehefrau sein; denn das ist das Einzige, was ihr kennt. Was immer ihr in der Zukunft macht, wird nichts anderes sein als eine Fortsetzung der Vergangenheit. Ihr werdet euch vielleicht ein klein wenig verändern – ein Fleck hier, ein Fleck da, doch im Großen und Ganzen bleibt ihr immer gleich.

Jemand fragte Mulla Nasruddin, als er auf seinem Totenbett lag: »Wenn du noch ein Leben hättest, wie würdest du es leben, Nasruddin? Würdest du irgendetwas anders machen?« Nasruddin dachte mit geschlossenen Augen darüber nach, überlegte und meditierte darüber, öffnete dann die Augen und sagte: »Ja, wenn ich noch ein Leben hätte, würde ich meine Haare in der Mitte scheiteln. Das wollte ich eigentlich immer machen, aber mein Vater hat darauf bestanden, dass ich es nicht mache. Und als mein Vater starb, waren meine Haare so konditioniert, dass sie sich nicht mehr in der Mitte scheiteln ließen.«

Lacht nicht! Wenn man euch fragen würde, was ihr mit einem weiteren Leben machen würdet, würdet ihr ebensolche Kleinigkeiten anführen. Ein Ehemann mit einer etwas anderen Nase, eine Ehefrau mit einem etwas anderen Gesicht, ein größeres oder ein kleineres Haus – doch das ist auch nichts anderes als der Mittelscheitel, etwas

Triviales, nichts Essenzielles. In der Essenz würde euer Leben identisch bleiben. Ihr habt das viele, viele Male gemacht; euer essenzielles Leben ist immer gleich geblieben. Viele Male wurde euch ein Leben gegeben. Ihr habt viele Male gelebt; ihr seid sehr, sehr alt. Ihr seid nicht neu auf dieser Erde, ihr seid älter als die Erde, denn ihr habt auch schon auf anderen Erden gelebt, auf anderen Planeten. Ihr seid so alt wie die Existenz selbst – das muss ja schließlich so sein, denn ihr seid ein Teil von ihr. Ihr seid uralt, doch immer wieder und immer von neuem wiederholt ihr dasselbe Muster. Aus diesem Grund sprechen die Hindus vom Rad des Lebens und des Todes – *Rad* deshalb, weil es sich ständig wiederholt. Es ist eine Wiederholung: Dieselben Speichen kommen hoch und drehen sich hinab, drehen sich hinab und kommen hoch.

❧

Ihr habt viele Male gelebt; ihr seid sehr, sehr alt. Ihr seid uralt, doch immer wieder und immer von neuem wiederholt ihr dasselbe Muster. Aus diesem Grund sprechen die Hindus vom Rad des Lebens und des Todes – Rad *deshalb, weil es sich ständig wiederholt.*

❧

Der Verstand projiziert sich selbst, und der Verstand ist Vergangenheit, also wird eure Zukunft nicht anders sein als die Vergangenheit. Und was ist die Vergangenheit? Was habt ihr in der Vergangenheit gemacht? Alles, was ihr gemacht habt, gut oder schlecht, dieses oder jenes, erzeugt seine eigene Wiederholung. Das ist die Theorie vom Karma. Wenn ihr vorgestern wütend wart, habt ihr damit für gestern einen gewissen Grundstein gelegt, wieder wütend zu werden. Dann habt ihr es wiederholt und damit der Wut noch mehr Energie gegeben. Die Stimmung von Wut – ihr habt sie damit stärker verwurzelt, habt sie bewässert; heute werdet ihr sie mit noch mehr Kraft wiederholen, mit noch mehr Energie. Und morgen seid ihr dann wiederum ein Opfer von heute.

Jede Handlung, die ihr vollbringt oder über die ihr auch nur nachdenkt, setzt sich auf diese Weise immer wieder fort, denn sie erzeugt eine Art Kanal in euch. Sie beginnt Energie von euch zu absorbieren. Du bist wütend, dann geht die Stimmung vorüber, und du denkst, dass du nicht mehr wütend bist – doch dabei übersiehst du den wichtigsten Punkt. Wenn die Stimmung vorüber ist, hat sich nichts wirklich verändert; das Rad hat sich nur gedreht, und die Speiche, die oben war, hat sich nach unten weiterbewegt. Ein paar Minuten zuvor war die Wut noch an der Oberfläche; jetzt ist sie hinabgetaucht ins Unbewusste, in die Tiefe deines Wesens. Sie wartet darauf, dass die Zeit für sie wiederkommt. Wenn du sie ausgelebt hast, hast du sie verstärkt. Dann hast du ihr erneut Leben gegeben. Du hast ihr erneut Kraft gegeben, Energie gegeben. Sie pulsiert nun wie ein Samen unter der Erde und wartet nur auf die richtige Zeit und Gelegenheit, um zu sprießen.

Jede Handlung verstärkt sich selbst, jeder Gedanke verstärkt sich selbst. Sobald du mit ihnen kooperierst, gibst du ihnen Energie. Früher oder später werden sie zur Gewohnheit. Dann tust du etwas und bist doch eigentlich nicht der Handelnde; du tust es nur aus der Macht der Gewohnheit heraus. Die Menschen sagen, dass Gewohnheiten wie eine zweite Natur seien – das ist keine Übertreibung. Im Gegenteil, es ist eine Untertreibung! Tatsächlich werden die Gewohnheiten schließlich zur ersten Natur, und die Natur selbst wird zweitrangig. Die eigentliche Natur wird wie der Anhang oder die Fußnoten in einem Buch, und die Gewohnheiten werden zum Hauptteil des Buches.

Jede Handlung verstärkt sich selbst, jeder Gedanke verstärkt sich selbst. Sobald du mit ihnen kooperierst, gibst du ihnen Energie. Früher oder später werden sie zur Gewohnheit. Dann tust du etwas und bist doch eigentlich nicht der Handelnde; du tust es nur aus der Macht der Gewohnheit heraus.

Ihr lebt nach euren Gewohnheiten – das bedeutet, dass eure Gewohnheiten eigentlich durch euch leben. Die Gewohnheiten verstärken sich selbst, sie haben eine ganz eigene Energie. Natürlich nehmen sie diese Energie von euch, doch ihr habt in der Vergangenheit mit ihnen kooperiert, und ihr tut es auch in der Gegenwart. Nach und nach werden die Gewohnheiten zu eurem Meister, und ihr seid nur noch ein Diener, ein Schatten. Die Gewohnheiten haben dann das Kommando, die Führung, und ihr seid nur ihr gehorsamer Diener. Ihr müsst ihnen folgen.

Es geschah einmal, dass ein Hindu-Mystiker, Eknath, auf Pilgerschaft ging. Die Pilgerreise sollte mindestens ein Jahr lang dauern, denn er musste alle heiligen Stätten des Landes besuchen. Natürlich war es ein Privileg, mit Eknath auf Pilgerschaft zu gehen, also gingen 1000 Leute mit. Auch der Dieb des Dorfes kam und sagte: »Ich weiß, dass ich ein Dieb bin und nicht würdig, ein Mitglied deiner religiösen Gruppe zu sein, aber gib mir eine Chance. Ich möchte gern mit auf die Pilgerschaft gehen.«

Eknath antwortete: »Das wird schwierig, denn ein Jahr ist eine lange Zeit, und du könntest anfangen, anderer Leute Sachen zu stehlen. Du könntest Probleme machen. Bitte lass diese Idee fallen.« Doch der Dieb war hartnäckig. Er sagte: »Ein Jahr lang werde ich das Stehlen lassen, doch ich muss einfach mitkommen. Und ich verspreche, dass ich ein Jahr lang nicht das Geringste von irgendjemandem stehlen werde.« Also stimmte Eknath zu.

Doch innerhalb einer Woche tauchten die ersten Probleme auf, und zwar begannen Dinge aus dem Gepäck einzelner Leute zu verschwinden. Noch verwirrender war, dass niemand sie wirklich gestohlen hatte – sie verschwanden aus der einen Tasche und tauchten ein paar Tage später in einer anderen Tasche wieder auf. Derjenige, in dessen Tasche sie auftauchten, sagte dann immer: »Ich habe nichts gemacht. Ich weiß wirklich nicht, wie diese Dinge in meine Tasche gekommen sind.«

Eknath hatte einen Verdacht, also stellte er sich eines Nachts schlafend, doch tatsächlich blieb er wach und beobachtete. Der Dieb erschien etwa um Mitternacht, mitten in der Nacht, und begann Dinge aus einem Gepäckstück in ein anderes umzupacken. Eknath erwischte ihn in flagranti und sagte zu ihm: »Was machst du da? Du hattest es doch versprochen!«

Der Dieb erwiderte: »Ich halte mein Versprechen. Ich habe noch keine einzige Sache gestohlen. Doch es ist eine alte Gewohnheit … wenn ich nicht mitten in der Nacht irgendwelchen Unfug treibe, kann ich unmöglich einschlafen. Und ein ganzes Jahr lang ohne Schlaf? Du bist ein Mann voller Mitgefühl. Du solltest etwas Mitgefühl mit mir haben. Und ich stehle nichts! Die Sachen tauchen immer wieder auf; sie gehen nirgendwohin, sie wandern nur von einem Menschen zum anderen. Und außerdem muss ich in einem Jahr wieder anfangen zu stehlen, also ist es auch eine gute Übung für mich.«

Gewohnheiten zwingen euch, bestimmte Dinge zu tun; ihr seid ein Opfer eurer Gewohnheiten. Hindus bezeichnen das als Karma. Jede Handlung, die du wiederholst, und jeder Gedanke – denn ein Gedanke ist nichts anderes als eine subtile Handlung im Verstand – wird stärker und stärker. Dann hat sie dich irgendwann im Griff. Dann bist du in der Gewohnheit gefangen. Dann lebst du das Leben eines Gefangenen, eines Sklaven. Die Gefangenschaft ist subtil; das Gefängnis besteht aus deinen Gewohnheiten und Konditionierungen und vergangenen Handlungen. Es befindet sich rund um dich herum, und du bist darin verstrickt, doch du denkst immer noch, du seist der Handelnde, und täuschst dich damit selbst.

Wenn du wütend wirst, denkst du, du seist der Handelnde. Du suchst rationale Begründungen und behauptest, dass die Situation es verlangt hat: »Ich musste einfach wütend werden, denn sonst hätte das Kind etwas Falsches gemacht. Wenn ich nicht wütend werde, laufen die Dinge schlecht, und die Firma könnte ins Chaos geraten. Die Angestellten spuren nicht; ich muss erst wütend werden, um die Dinge zum Laufen zu bringen. Ich musste wütend werden, um meine Frau an ihren Platz zu verweisen.« Das sind rationale Vorwände – so versucht dein Ego dir vorzumachen, dass du immer noch der Herr im Haus bist. Doch du bist es nicht.

Wut stammt aus alten Mustern, aus der Vergangenheit. Und wenn Wut auftaucht, versuchst du eine Entschuldigung dafür zu finden. Die Psychologen haben Experimente gemacht und sind zu denselben Schlussfolgerungen gekommen wie die esoterische Psychologie im Osten: Der Mensch ist ein Opfer und kein Meister. Die Psychologen haben zum Beispiel Versuchspersonen in vollkommener Isolierung gehalten, mit jedem erdenklichen Komfort. Sie bekamen alles, was sie brauchten, doch sie hatten keinen Kontakt zu anderen Menschen. Sie lebten in vollkommener Isolation in einer klimatisierten Zelle – keine Arbeit, keine Probleme, keine Schwierigkeiten –, doch die alten Gewohnheiten setzten sich fort. Eines Morgens, ohne jeden Grund – denn alle Bedürfnisse waren erfüllt, es gab keine Sorgen, keine Entschuldigung für Wut – stellten sie plötzlich fest, dass Wut in ihnen auftauchte.

Das alles befindet sich in euch. Manchmal taucht plötzlich Traurigkeit auf, scheinbar vollkommen ohne Grund. Und manchmal fühlt ihr euch glücklich, euphorisch, ekstatisch. Ein Mensch, dem alle sozialen Beziehungen genommen werden, der in vollkommenem Komfort isoliert ist, dem jedes Bedürfnis erfüllt wird, geht trotzdem durch all die Stimmungen, durch die ihr auch in euren Beziehungen geht. Das bedeutet, dass etwas von innen auftaucht und ihr es auf jemand anderen schiebt. Doch das sind nur Versuche, es rational zu begründen.

Ihr fühlt euch gut, ihr fühlt euch schlecht, und diese Gefühle tauchen aus eurem eigenen Unbewussten auf, aus eurer eigenen Vergangenheit. Niemand ist dafür verantwortlich außer euch selbst. Niemand kann euch wütend machen, und niemand kann euch glücklich machen. Ihr seid von allein glücklich, ihr seid von allein wütend, und ihr seid von allein traurig. Solange ihr das nicht erkannt habt, werdet ihr immer Sklaven bleiben.

❧

Ihr fühlt euch gut, ihr fühlt euch schlecht, und diese Gefühle tauchen aus eurem eigenen Unbewussten auf, aus eurer eigenen Vergangenheit. Niemand ist dafür verantwortlich außer euch selbst. Niemand kann euch wütend machen, und niemand kann euch glücklich machen.

❧

Die Meisterschaft über sich selbst entsteht, wenn man erkennt: »Ich bin vollkommen verantwortlich für alles, was in mir geschieht. Was immer auftaucht, ohne jede Ausnahme – ich bin vollkommen verantwortlich dafür.«

Anfangs wird es dich traurig und deprimiert machen, denn wenn du jemand anderen dafür verantwortlich machen kannst, fühlst du dich besser, weil du nicht derjenige bist, der etwas falsch gemacht hat. Was kannst du schon dafür, wenn deine Frau sich so garstig benimmt? Du musst einfach wütend werden. Doch denke daran, deine Frau benimmt sich so garstig wegen ihrer eigenen inneren Muster. Sie ist nicht deinetwegen garstig zu dir. Wenn du nicht da wärst, wäre sie garstig zu ihrem Kind. Wenn das Kind nicht da wäre, wäre sie garstig zu ihrem Porzellan; sie hätte die Teller auf den Boden geworfen. Sie hätte das Radio kaputtgemacht. Sie hätte irgendetwas tun müssen, denn dieses garstige Gefühl tauchte einfach in ihr auf. Es war nur Zufall, dass sie dich beim Zeitunglesen antraf und garstig zu dir war. Es war einfach nur Zufall, dass du im falschen Augenblick da warst und zur Verfügung standest.

Und du bist nicht wütend, weil deine Frau garstig zu dir war – sie hat dir nur den Vorwand dafür geliefert, das war alles. Sie hat dir eine Möglichkeit gegeben, wütend zu werden, eine Entschuldigung, doch die Wut tauchte sowieso in dir auf. Wenn deine Frau nicht da gewesen wäre, wärst du trotzdem wütend gewesen – auf irgendjemanden oder irgendetwas anderes, auf irgendeine Idee, doch die Wut musste einfach da sein. Sie war etwas, das aus deinem eigenen Unbewussten auftauchte.

Jeder Mensch ist verantwortlich, vollkommen verantwortlich für sich selbst und sein eigenes Verhalten. Anfangs wird es dich deprimieren, dass du verantwortlich bist, denn du hast doch immer gedacht, dass du glücklich sein möchtest – wie kannst du also für dein eigenes Unglück verantwortlich sein? Du sehnst dich doch immer nach Seligkeit, wie kannst du also von dir aus wütend werden? Und aus genau diesem Grund machst du jemand anderen dafür verantwortlich.

Doch denke daran: Wenn du immer andere für alles verantwortlich machst, wirst du immer ein Sklave bleiben, denn niemand kann einen anderen verändern. Wie könnte man einen anderen verändern? Hat jemals irgendjemand einen anderen verändert? Es ist einer der absolut unerfüllbaren Wünsche auf dieser Welt, jemand anderen zu verändern. Niemand hat das jemals geschafft, es ist einfach unmöglich, weil der andere ein Recht auf sein eigenes Leben hat – man kann ihn nicht verändern. Man macht also immer den anderen verantwortlich, doch man kann ihn nicht verändern. Und weil man immer den anderen verantwortlich macht, erkennt man nicht, dass die grundlegende Verantwortung bei einem selbst liegt. Die grundlegende Veränderung braucht es in dir selbst.

Doch denke daran: Wenn du immer andere für alles verantwortlich machst, wirst du immer ein Sklave bleiben, denn niemand kann einen anderen verändern. Wie könnte man einen anderen verändern? Hat jemals irgendjemand einen anderen verändert?

Und so bist du in der Falle: Wenn du erkennst, dass du selbst verantwortlich bist für alle deine Handlungen, für alle deine Stimmungen, wirst du zunächst einmal in Depression verfallen. Doch wenn du durch diese Depression hindurchgehen kannst, wirst du dich bald leichter fühlen, denn jetzt bist du von den anderen befreit. Jetzt kannst du von dir aus handeln. Du kannst frei sein, du kannst glücklich sein. Selbst wenn die ganze Welt um dich herum unfrei und unglücklich ist, macht das keinen Unterschied. Und die erste Freiheit besteht darin, nicht mehr die anderen verantwortlich zu machen, die erste Freiheit besteht darin zu erkennen, dass du selbst verantwortlich bist. Dann werden sofort viele Dinge möglich.

Wenn du weiter die anderen für alles verantwortlich machst, wirst du dagegen immer ein Sklave bleiben, denn niemand kann die anderen verändern. Wie könnte man die anderen verändern? Hat jemals irgendjemand irgendeinen anderen verändert? Was immer dir passiert – wenn du dich zum Beispiel traurig fühlst, dann schließe einfach die Augen und beobachte deine Traurigkeit; folge ihr, wohin sie dich auch führt, begib dich tiefer in sie hinein. Bald wirst du zu ihrer Ursache vordringen. Vielleicht musst du weit dafür reisen, denn dieses ganze Leben hat daran Anteil; und nicht nur dieses Leben, sondern auch viele andere Leben. Du wirst viele Wunden in dir finden, die wehtun, und wegen dieser Wunden fühlst du dich traurig – sie sind es, die traurig sind; diese Wunden sind noch nicht verheilt, sie sind noch lebendig. Diese Technik, zur Quelle zurückzugehen, von der Wirkung zur Ursache, wird sie heilen. Wie heilt es sie? Warum heilt es sie? Was ist das Phänomen, das dafür verantwortlich ist?

Wenn du zurückgehst, hast du aufgehört, anderen die Verantwortung zuzuschieben, denn wenn du andere verantwortlich machst, gehst du nach außen. Dann ist der ganze Prozess falsch, denn du versuchst die Ursache beim anderen zu finden: »Warum ist meine Frau so garstig?« Dann versucht dieses »Warum« das Verhalten der Frau zu ergründen. Damit hast du schon den ersten falschen Schritt gemacht, und der ganze Prozess geht in die falsche Richtung.

»Warum bin ich unglücklich? Warum bin ich wütend?« Schließe die Augen und lasse es zu einer tiefen Meditation werden. Lege dich auf den Boden, schließe die Augen, entspanne deinen Körper und spüre nach, warum du so wütend bist. Vergiss deine Frau; das ist nur eine Entschuldigung – A, B, C, D, was auch immer, vergiss die Entschuldigungen. Geh einfach tiefer in dich selbst, dringe in die Wut vor. Verwende die Wut selbst als Fluss, fließe in die Wut, und die Wut wird dich nach innen mitnehmen. Du wirst subtile Wunden in dir finden. Deine Frau wirkt garstig auf dich, weil sie eine subtile Wunde in dir berührt hat, eine Stelle, die wehtut. Du hast vielleicht immer schon gedacht, dass du nicht attraktiv bist, dass dein Gesicht hässlich ist, und das ist wie eine Wunde im Innern. Wenn deine Frau garstig sein will, macht sie dich auf dein Gesicht aufmerksam. Sie sagt: »Geh doch nur und schau in den Spiegel!« – und etwas in dir tut weh. Oder du warst deiner Frau untreu, und wenn sie garstig sein möchte, zerrt sie das wieder hervor: »Warum hast du mit dieser Frau so gelacht? Wieso bist du mit ihr so fröhlich gewesen?« – und damit berührt sie eine Wunde in dir. Du warst untreu, du fühlst dich schuldig; die Wunde ist noch immer lebendig.

Schließe also die Augen, fühle die Wut, lass sie in ihrem ganzen Umfang auftauchen, sodass du sie vollkommen erkennen kannst, sehen kannst, was es ist. Dann lass zu, dass diese Energie dich in die Vergangenheit führt, denn die Wut kommt aus der Vergangenheit. Sie kann nicht aus der Zukunft kommen, das ist klar. Die Zukunft ist noch nicht geschehen. Sie kommt auch nicht aus der Gegenwart. Das ist die ganze Bedeutung von Karma: Es kann nicht aus der Zukunft kommen, weil die Zukunft noch nicht stattgefunden hat; es kann nicht aus der Gegenwart kommen, weil du überhaupt nicht weißt, was die Gegenwart ist. Die Gegenwart ist nur den Erwachten bekannt. Ihr lebt nur in der Vergangenheit, also muss es aus eurer Vergangenheit kommen. Die Wunde muss irgendwo in der Erinnerung liegen. Geh zurück. Möglicherweise gibt es da nicht nur eine Wunde, sondern viele – große und kleine. Geh tiefer und finde die erste Wunde, die ursprüngliche Quelle all deiner Wut. Du kannst sie finden, wenn du es wirklich versuchst, denn sie ist vorhanden. Sie ist da; deine ganze Vergangenheit ist immer noch vorhanden. Sie ist wie ein Film, der in deinem Innern aufgerollt ist und wartet. Du entrollst ihn und beginnst ihn zu betrachten. Das ist der Prozess, um zur ursprünglichen Wunde zurückzugehen. Und das ist das Besondere an diesem Prozess: Wenn du bewusst zurückgehen kannst, wenn du die Wunde bewusst fühlen kannst, ist sie sofort und unmittelbar geheilt.

Warum wird sie dadurch geheilt? – Weil eine Wunde durch Unbewusstheit entsteht. Eine Wunde ist Teil eures Schlafes, Teil der Unwissenheit. Wenn man bewusst zurückgeht und die Wunde betrachtet, wirkt dieses Bewusstsein als eine heilende Kraft. Als die Wunde in der Vergangenheit entstand, geschah das in Unbewusstheit. Du warst wütend, du warst von deiner Wut besessen, und du hast etwas getan. Du hast einen Menschen umgebracht und hast diese Tatsache vor der ganzen Welt verborgen. Du kannst das vor der Polizei verbergen, du kannst es vor dem Gesetz und vor dem Gericht verbergen, doch wie könntest du es vor dir selbst verbergen? – Du weißt es, und es schmerzt. Und wann immer dir jemand Gelegenheit gibt, wütend zu werden, bekommst du Angst, denn es könnte ja wieder passieren, du könntest deine Frau umbringen. Geh zurück, denn in jenem Augenblick, als du jenen Menschen umgebracht oder etwas anderes Verrücktes und Wütendes gemacht hast, warst du unbewusst. Im Unbewussten sind diese Wunden erhalten geblieben. Jetzt geh bewusst zurück.

Zurückzugehen bedeutet, bewusst zu Dingen zu gehen, die du unbewusst getan hast. Geh zurück – denn schon allein das Licht des Bewusstseins heilt; es ist eine heilende Kraft. Was immer du dir bewusst machen kannst, wird geheilt, und dann wird es nicht mehr wehtun.

Ein Mensch, der zurückgeht, befreit seine Vergangenheit. Dann ist die Vergangenheit nicht mehr wirksam, dann hat sie keinen Zugriff mehr auf ihn und ist erledigt. Dann hat die Vergangenheit in seinem Wesen keinen Platz mehr. Und erst wenn die Vergangenheit in deinem Wesen keinen Platz mehr hat, bist du verfügbar für die Gegenwart, niemals zuvor.

Du brauchst Raum – die Vergangenheit nimmt so viel Platz in dir ein, wie ein Schrottplatz voll toter Dinge, dass kein Raum für die Gegenwart übrig bleibt. Und dieser Schrottplatz träumt von der Zukunft, sodass die eine Hälfte mit dem angefüllt ist, was nicht mehr ist, und die andere Hälfte mit dem, was noch nicht ist. Und die Gegenwart? – Sie wartet draußen vor der Tür. Das ist der Grund, warum die Gegenwart nichts anderes als ein Durchgang ist, ein Durchgang von der Vergangenheit zur Zukunft, nur ein momentaner Durchgang.

Du brauchst Raum – die Vergangenheit nimmt so viel Platz in dir ein, wie ein Schrottplatz voll toter Dinge, dass kein Raum für die Gegenwart übrig bleibt. Und dieser Schrottplatz träumt von der Zukunft, sodass die eine Hälfte mit dem angefüllt ist, was nicht mehr ist, und die andere Hälfte mit dem, was noch nicht ist. Und die Gegenwart? – Sie wartet draußen vor der Tür.

Schließe deshalb die Vergangenheit ab – denn solange du sie nicht abgeschlossen hast, lebst du nur ein Geisterleben. Dein Leben ist dann nicht echt, nicht existenziell. Die Vergangenheit lebt durch dich, und die Toten verfolgen dich. Geh zurück – wann immer du eine Gelegenheit dazu hast, wann immer etwas in dir geschieht. Glück, Unglück, Traurigkeit, Wut, Eifersucht – schließe die Augen und geh zurück. Bald wirst du sehr geübt darin sein, in die Vergangenheit zu reisen. Bald wird es dir gelingen, mühelos in der Zeit zurückzureisen, und dann werden sich dir viele Wunden offenbaren. Und wenn sich diese Wunden in dir öffnen, versuch nicht, irgendetwas zu tun. Da gibt es überhaupt nichts zu *tun*. Beobachte einfach nur, schau sie dir an, betrachte sie. Die Wunde ist da – du beobachtest nur, du gibst der Wunde deine aufmerksame Energie, du betrachtest sie. Betrachte sie frei von allen Urteilen – denn wenn du urteilst, wenn du sagst: »Das ist schlecht, das sollte nicht so sein«, dann wird sich die Wunde wieder verschließen. Dann wird sie sich wieder verstecken müssen. Denn wenn du etwas verurteilst, versucht der Verstand, diese Dinge zu verstecken. So entsteht Bewusstes und Unbewusstes. Sonst wäre der Verstand eins; es gäbe keine Notwendigkeit für eine Trennung. Doch ihr verurteilt – und dann muss der Verstand trennen und irgendwelche Dinge ins Dunkle abschieben, in den Keller, damit ihr sie nicht sehen könnt und sie nicht zu verurteilen braucht.

Wenn du etwas verurteilst, versucht der Verstand, diese Dinge zu verstecken. So entsteht Bewusstes und Unbewusstes. Sonst wäre der Verstand eins; es gäbe keine Notwendigkeit für eine Trennung. Doch ihr verurteilt – und dann muss der Verstand trennen und irgendwelche Dinge ins Dunkle abschieben, in den Keller, damit ihr sie nicht sehen könnt und sie nicht zu verurteilen braucht.

Urteile also nicht, weder negativ noch positiv. Sei einfach nur ein Zeuge, ein unbeteiligter Beobachter. Lehne nichts ab. Sage nicht: »Das ist nicht gut«, denn das ist eine Ablehnung, und dann beginnst du schon wieder zu unterdrücken.

Sei unbeteiligt. Beobachte und schaue einfach nur. Schau voller Mitgefühl, und die Heilung wird geschehen.

Fragt mich nicht, warum das so ist, denn es handelt sich einfach um ein natürliches Phänomen – es ist so wie die Tatsache, dass Wasser bei 100 Grad Celsius kocht. Ihr fragt ja auch nicht: »Warum nicht bei 99 Grad Celsius?« Niemand könnte diese Frage beantworten. Es ist einfach so, dass das Wasser bei 100 Grad Celsius kocht. Da gibt es nichts zu fragen, jede Frage danach ist irrelevant. Wenn es bei 99 Grad Celsius kochen würde, könntet ihr auch fragen, warum. Wenn es bei 98 Grad Celsius kochen würde, könntet ihr auch fragen, warum. Es ist einfach von Natur aus so, dass Wasser bei 100 Grad Celsius kocht.

Dasselbe gilt auch für die innere Natur. Wenn ein unbeteiligtes Bewusstsein sich voller Mitgefühl einer Wunde nähert, verschwindet diese – sie löst sich auf. Da gibt es kein Warum. Es ist einfach von Natur aus so; so ist es, und so geschieht es. Und wenn ich das sage, dann spreche ich aus Erfahrung. Probiert es aus, und ihr könnt dieselbe Erfahrung machen. Das ist der Weg.

Bewusstheit in Aktion

Ein Mensch, der schläft, kann bei dem, was er tut, niemals vollkommen dabei sein. Ihr esst, aber ihr seid nicht wirklich da; ihr denkt dabei an tausend Dinge, ihr träumt tausend Träume, und ihr stopft euch einfach nur ganz mechanisch voll. Und wenn ihr mit eurem Partner oder eurer Partnerin Sex habt, dann seid ihr auch nicht wirklich da. Vielleicht denkt ihr an eine andere Frau; ihr seid mit eurer Frau zusammen und denkt dabei an eine andere. Oder ihr denkt an die Firma, oder daran, wie viel etwas kostet, was ihr kaufen wollt, oder an ein Auto, an ein Haus, an tausend Dinge – und dann habt ihr vollkommen mechanischen Sex.

Seid bei allem, was ihr tut, vollkommen da, und wenn ihr vollkommen da sein wollt, müsst ihr bewusst sein; niemand kann vollkommen da sein, ohne bewusst zu sein. Vollkommen da zu sein bedeutet, an nichts anderes zu denken. Wenn du isst, dann isst du einfach nur; du bist vollkommen im Hier und Jetzt. Das Essen ist alles: Du stopfst dich nicht einfach nur voll, du genießt es. Körper, Geist, Seele, alles ist im Einklang, während du isst, und es entsteht eine Harmonie, ein tiefer Rhythmus, in allen drei Schichten deines Seins. Dann wird das Essen zur Meditation, dann wird das Gehen zur Meditation, dann wird das Holzhacken zur Meditation, dann wird das Wasserholen zur Meditation, dann wird das Kochen zur Meditation. Selbst unbedeutende Dinge werden verwandelt: Sie bekommen eine leuchtende Qualität.

Stille

Etwas, was man verstehen muss, ist die Tatsache, dass Stille kein Teil des Verstandes ist. Wenn man sagt: »Er hat einen ruhigen Verstand«, ist das also Unsinn. Ein Verstand kann niemals ruhig sein. Das Wesen des Verstandes ist Unruhe. Verstand ist Lärm, nicht Stille. Wenn ein Mensch wirklich still ist, muss man vielmehr sagen, dass er keinen Verstand hat.

❧

Wenn man sagt: »Er hat einen ruhigen Verstand«, ist das Unsinn. Ein Verstand kann niemals ruhig sein. Das Wesen des Verstandes ist Unruhe. Verstand ist Lärm, nicht Stille. Wenn ein Mensch wirklich still ist, muss man vielmehr sagen, dass er keinen Verstand hat.

❧

Ein »ruhiger Verstand« ist ein Widerspruch in sich. Wenn ein Verstand vorhanden ist, kann er nicht ruhig sein, kann er nicht still sein; wenn er still ist, ist er nicht mehr da. Aus diesem Grund verwenden Zen-Mönche immer den Begriff »no-mind« (kein Verstand), und nicht »silent mind« (stiller Verstand). Wenn kein Verstand da ist, herrscht Stille – und in dem Augenblick, in dem kein Verstand mehr da ist, kann man den Körper nicht mehr wahrnehmen, denn der Verstand ist das Medium, über das man den Körper fühlt. Wenn kein Verstand da ist, kann man nicht wahrnehmen, dass man ein Körper ist; der Körper verschwindet aus dem Bewusstsein. Weder der Verstand noch der Körper sind dann noch vorhanden – nur das reine Sein. Dieses reine Sein zeigt sich in Form von Stille.

Wie kann man diese Stille erreichen? Wie kann man in dieser Stille sein? Was immer man tut, ist nutzlos; das ist das größte Problem. Für jemanden, der die Stille sucht, ist dies das größte Problem, denn alles, was man tun kann, führt einen nirgendwohin – weil das Tun dabei ohne Bedeutung ist. Man kann in einer bestimmten Haltung dasitzen – das ist Tun. Vielleicht habt ihr schon einmal Buddhas Haltung gesehen; ihr könnt euch in Buddhas Haltung hinsetzen – das wäre Tun. Bei Buddha ist diese Haltung von selbst entstanden. Sie war nicht die Ursache für seine Stille; sie ist einfach nur als Nebenprodukt aufgetaucht.

Wenn der Verstand nicht mehr da ist, wenn das Sein vollkommen still ist, folgt der Körper wie ein Schatten. Der Körper nimmt dann eine bestimmte Haltung ein – die entspannteste, passivste Haltung, die ihm möglich ist. Doch man kann es nicht andersherum machen. Man kann nicht zuerst eine bestimmte Haltung einnehmen und dann die Stille folgen lassen. Wenn ihr Buddha seht, der in einer bestimmten Haltung dasitzt, denkt ihr vielleicht, dass die innere Stille folgt, wenn ihr diese Haltung einnehmt. Doch das ist die falsche Reihenfolge. Für Buddha geschah zuerst das innere Phänomen, und dann folgte die Haltung.

Wenn der Verstand nicht mehr da ist, wenn das Sein vollkommen still ist, folgt der Körper wie ein Schatten. Der Körper nimmt dann eine bestimmte Haltung ein – die entspannteste, passivste Haltung, die ihm möglich ist. Doch man kann es nicht andersherum machen. Man kann nicht zuerst eine bestimmte Haltung einnehmen und dann die Stille folgen lassen.

Schaut euch nur mal eure eigenen Erfahrungen an: Wenn ihr wütend werdet, nimmt euer Körper eine bestimmte Haltung ein. Die Augen sind gerötet, das Gesicht nimmt einen bestimmten Ausdruck an. Wut ist im Innern vorhanden, und der Körper folgt – nicht nur äußerlich, auch innerlich, die ganze Körperchemie verändert sich. Das Blut fließt rascher, ihr atmet anders, ihr seid bereit für Kampf oder Flucht. Doch zuerst kommt die Wut, dann folgt der Körper.

Beginnt einmal vom entgegengesetzten Pol: Lasst die Augen rot werden, atmet schneller, tut, was der Körper immer macht, wenn Wut vorhanden ist. Ihr könnt schauspielern, doch ihr könnt keine Wut im Innern hervorrufen. Ein Schauspieler ist jemand, der genau das jeden Augenblick macht. Wenn er eine Liebesrolle spielt, macht er, was der Körper macht, wenn Liebe vorhanden ist, ohne dass bei ihm Liebe vorhanden ist. Der Schauspieler kann das vielleicht besser als du, doch trotzdem wird keine Liebe daraus entstehen. Er wird vielleicht sogar wütender erscheinen als du, wenn du wirklich wütend bist, doch es ist nur vorgetäuscht. Im Innern geschieht nichts.

Wenn man von außen beginnt, erzeugt man nur einen vorgetäuschten Zustand. Das Wirkliche geschieht immer zuerst im Zentrum, und dann erreichen die Wellen auch die Peripherie.

Das innerste Zentrum ist Stille. Beginnt also von dort.

Nur aus der Stille heraus kann wirkliches Handeln entstehen. Wenn du nicht still sein kannst – wenn du nicht weißt, wie man in tiefer Meditation still sitzt oder steht –, ist alles, was du tust, nur eine *Reaktion*, aber keine *Aktion*. Du reagierst. Jemand beleidigt dich, drückt einen Knopf bei dir, und du reagierst. Du bist wütend, du fällst über den anderen her – und du nennst das Handeln? Das ist kein Handeln, sei versichert, das ist nur eine Reaktion. Er ist der Manipulierende, und du bist der Manipulierte. Er hat einen Knopf bei dir gedrückt, und du hast wie eine Maschine funktioniert. So wie man einen Knopf drückt und das Licht angeht, und wenn man den Knopf erneut drückt, das Licht wieder ausgeht – so machen es die anderen mit dir. Sie schalten dich ein, und sie schalten dich aus.

Wenn du nicht still sein kannst – wenn du nicht weißt, wie man in tiefer Meditation still sitzt oder steht –, ist alles, was du tust, nur eine Reaktion, *aber keine* Aktion. *Du reagierst. Jemand beleidigt dich, drückt einen Knopf bei dir, und du reagierst.*

Jemand kommt und lobt dich, und dein Ego bläht sich auf, und du fühlst dich großartig. Und dann kommt ein anderer und lässt die Luft raus, und plötzlich liegst du flach auf dem Boden. Du bist nicht dein eigener Herr. Jeder kann dich beleidigen, kann dich traurig, wütend, gereizt, verärgert, gewalttätig, wahnsinnig machen. Und jeder kann dich loben und dir ein Hochgefühl geben, dir das Gefühl geben, dass du der Größte bist, dass Alexander der Große nichts war im Vergleich zu dir. Und du lässt dich von den anderen manipulieren. Das ist kein wirkliches Handeln.

Buddha ging einmal durch ein Dorf, und die Leute kamen und beleidigten ihn. Sie warfen ihm alle möglichen Beleidigungen an den Kopf, alle Gemeinheiten, die ihnen nur einfielen. Buddha stand da, lauschte schweigend, aufmerksam, und sagte dann: »Danke, dass ihr zu mir gekommen seid, doch ich bin in Eile. Ich muss weiter zum nächsten Dorf, wo die Leute schon auf mich warten. Heute kann ich euch nicht mehr Zeit widmen, doch morgen auf dem Rückweg habe ich mehr Zeit. Dann könnt ihr wieder zu mir kommen, und wenn noch etwas übrig ist, was ihr mir sagen wolltet und heute nicht geschafft habt, könnt ihr es mir sagen. Doch für heute entschuldigt mich.«

Die Leute konnten ihren Augen und Ohren kaum trauen: Dieser Mann war absolut ungerührt geblieben, vollkommen unbeteiligt. Einer von ihnen fragte: »Hast du uns nicht gehört? Wir haben dich wie sonst was beleidigt, und du hast uns nicht mal geantwortet!«

Darauf erwiderte Buddha: »Wenn ihr eine Antwort haben wolltet, seid ihr zu spät gekommen. Ihr hättet vor zehn Jahren kommen sollen, dann hätte ich euch geantwortet. Doch seither habe ich aufgehört, mich von anderen Menschen manipulieren zu lassen. Ich bin kein Sklave mehr, ich bin mein eigener Meister. Ich handle nur nach meinen eigenen Vorstellungen, nicht nach denen anderer. Ich handle meinen eigenen Bedürfnissen entsprechend. Ihr könnt mich nicht dazu zwingen, irgendetwas zu tun. Es ist vollkommen in Ordnung – ihr wolltet mich beleidigen, ihr habt mich beleidigt. Seid zufrieden; ihr habt eure Absicht vollkommen erfüllt. Doch soweit es mich betrifft, nehme ich eure Beleidigungen nicht an, und wenn ich sie nicht annehme, sind sie bedeutungslos.«

Wenn jemand dich beleidigt, musst du zum Empfänger werden; du musst annehmen, was er sagt, nur dann kannst du reagieren. Doch wenn du es nicht annimmst, wenn du einfach unberührt bleibst, wenn du Abstand hältst, wenn du unbeteiligt bleibst, was kann er dann tun?

Wenn jemand dich beleidigt, musst du zum Empfänger werden; du musst annehmen, was er sagt, nur dann kannst du reagieren. Doch wenn du es nicht annimmst, wenn du einfach unberührt bleibst, wenn du Abstand hältst, wenn du unbeteiligt bleibst, was kann er dann tun?

Buddha sagte: »Wenn jemand eine brennende Fackel in einen Fluss wirft, wird sie so lange brennen, bis sie den Fluss erreicht hat. In dem Augenblick, in dem sie in den Fluss fällt, erlischt das Feuer – der Fluss kühlt es ab. Ich bin zu einem Fluss geworden. Ihr könnt mir Beleidigungen zuwerfen – sie sind wie Feuer, wenn ihr sie werft, doch in dem Augenblick, in dem sie mich erreichen, wird ihr Feuer in meiner Kühle gelöscht. Sie tun nicht mehr weh. Ihr werft Dornen – sie fallen in meine Stille und werden zu Blüten. Ich handle aus meiner eigenen inneren Natur heraus.«

Das ist Spontaneität.

Ein Mensch, der bewusst ist und versteht, agiert. Ein Mensch, der unbewusst, mechanisch, roboterähnlich ist, reagiert nur.

Und es ist nicht so, dass ein Mensch mit Bewusstheit einfach nur beobachtet – Beobachten ist nur ein Aspekt seines Wesens. Er handelt nicht, ohne zu beobachten. Doch versteht es nicht falsch – Indien zum Beispiel hat Menschen wie Buddha immer falsch verstanden; deshalb ist das ganze Land inaktiv geworden. Sie haben gedacht, dass die großen Meister alle sagten: »Sitzt in Stille«, und das ganze Land ist inaktiv und faul geworden. Das Land hat seine Energie verloren, seine Vitalität, sein Leben. Es wurde vollkommen stumpfsinnig und intelligenzlos, denn die Intelligenz wird nur geschärft, wenn man selbst handelt.

Und wenn man von Augenblick zu Augenblick aus der eigenen Bewusstheit und Aufmerksamkeit heraus handelt, entsteht eine enorme Intelligenz. Man beginnt zu strahlen und zu glühen, man wird leuchtend. Doch es geschieht durch zwei Dinge: beobachten und aus diesem Beobachten heraus handeln. Wenn das Beobachten zu Tatenlosigkeit wird, begeht man Selbstmord.

Beobachten sollte zum Handeln führen, zu einer neuen Art von Handeln. Das Handeln erhält dadurch eine neue Qualität. Man beobachtet, man ist vollkommen ruhig und still. Man sieht, wie die Situation ist, und aus diesem

Sehen heraus antwortet man. Ein bewusster Mensch antwortet, er ist *verantwortlich* – im wahrsten Sinne des Wortes! Er antwortet, statt zu reagieren. Sein Handeln wird aus seiner Bewusstheit geboren, nicht aus irgendeiner Manipulation; das ist der Unterschied. Daher gibt es keinen Widerspruch zwischen Beobachten und Spontaneität. Beobachten ist der Beginn jeder Spontaneität; Spontaneität ist die Vollendung des Beobachtens.

❧

Beobachten sollte zum Handeln führen, zu einer neuen Art von Handeln. Das Handeln erhält dadurch eine neue Qualität. Man beobachtet, man ist vollkommen ruhig und still. Man sieht, wie die Situation ist, und aus diesem Sehen heraus antwortet man. Ein bewusster Mensch antwortet, er ist verantwortlich *– im wahrsten Sinne des Wortes!*

❧

Ein wahrhaft Erwachter handelt – handelt gewaltig, handelt total, doch er handelt aus dem Moment heraus, aus seinem Bewusstsein heraus. Er ist wie ein Spiegel. Der gewöhnliche Mensch, der unbewusste Mensch, ist nicht wie ein Spiegel, sondern wie eine Fotoplatte. Was ist der Unterschied zwischen einem Spiegel und einer Fotoplatte? Eine Fotoplatte wird nutzlos, wenn sie einmal belichtet wurde. Sie empfängt den Lichteindruck, sie nimmt ihn auf – sie trägt nun das Bild. Doch denkt daran, das Bild ist nicht die Wirklichkeit – die Wirklichkeit verändert sich. Ihr könnt in den Garten gehen und ein Bild von einem Rosenstrauch machen. Morgen wird das Bild noch dasselbe sein, und auch übermorgen wird es noch identisch sein. Dann geht hin und schaut euch den Strauch an – er ist nicht mehr derselbe. Die Rosen sind verblüht, oder neue Rosen sind aufgeblüht. Tausend Dinge sind geschehen.

Das Leben ist niemals statisch, es verändert sich immer weiter. Euer Verstand funktioniert wie eine Kamera, er sammelt immer nur mehr Bilder an – er ist ein Fotoalbum. Und dann reagiert ihr aus diesen Bildern heraus. Daher werdet ihr dem Leben niemals gerecht, denn was immer ihr tut, ist falsch. *Was immer ihr tut*, ist falsch. Es passt niemals.

Eine Frau zeigte ihrem Sohn das Familienalbum, und dabei stießen sie auf das Foto eines attraktiven Mannes – dichtes Haar, Bart, sehr jung, sehr lebendig. Der Junge fragte: »Mami, wer ist dieser Mann?«
Die Frau antwortete: »Erkennst du ihn nicht? Das ist dein Vater!«
Der Junge schaute verwirrt drein und meinte dann: »Wenn das mein Vater ist, wer ist dann der kahlköpfige Typ, der bei uns wohnt?«

Ein Bild ist statisch. Es bleibt, wie es ist, es verändert sich niemals.

Der unbewusste Verstand funktioniert wie eine Kamera, wie eine Fotoplatte. Der wache Verstand, der meditative Verstand, funktioniert wie ein Spiegel. Er nimmt keine Eindrücke auf; er bleibt vollkommen leer, immer leer. Und alles, was vor den Spiegel kommt, wird von ihm reflektiert. Wenn du vor dem Spiegel stehst, reflektiert er dich. Wenn du weg bist, sage nicht, dass der Spiegel dich verraten hat. Der Spiegel ist einfach nur ein Spiegel. Wenn du weg bist, reflektiert er dich nicht mehr; er hat keine Verpflichtung dazu, dich weiter zu reflektieren. Jetzt steht vielleicht jemand anderer davor – er reflektiert jemand anderen. Wenn niemand davor steht, reflektiert er niemanden. Er spiegelt immer nur das, was ist.

Der unbewusste Verstand funktioniert wie eine Kamera, wie eine Fotoplatte. Der wache Verstand, der meditative Verstand, funktioniert wie ein Spiegel. Er nimmt keine Eindrücke auf; er bleibt vollkommen leer, immer leer. Und alles, was vor den Spiegel kommt, wird von ihm reflektiert.

Eine Fotoplatte spiegelt niemals das, was ist. Selbst wenn in diesem Augenblick ein Foto von dir gemacht wird, bist du schon nicht mehr derselbe Mensch, wenn das Foto entwickelt ist! Viel Wasser ist in der Zwischenzeit den Ganges hinabgeflossen. Du bist gewachsen, hast dich verändert, bist älter geworden. Vielleicht ist nur eine Minute seither vergangen, doch eine Minute kann eine lange Zeit sein – du könntest schon tot sein! Eine Minute zuvor warst du noch am Leben; eine Minute später kannst du bereits tot sein. Das Bild dagegen wird niemals sterben.

Doch im Spiegel bist du lebendig, wenn du lebst, und tot, wenn du tot bist.

Lerne, still zu sein - werde ein Spiegel. Stille macht einen Spiegel aus deinem Bewusstsein, und dann funktionierst du von Augenblick zu Augenblick. Dann spiegelst du das Leben. Dann trägst du kein Fotoalbum in deinem Kopf herum. Dann sind deine Augen klar und unschuldig, dann hast du Klarheit und Vision, und du wirst dem Leben immer gerecht.

Das ist authentisches Leben.

Spontaneität

Wenn ihr handelt, handelt ihr immer aus der Vergangenheit heraus. Ihr handelt aus den Erfahrungen heraus, die ihr angesammelt habt, aus den Schlussfolgerungen, die ihr in der Vergangenheit gezogen habt – wie könnt ihr da spontan sein?

Die Vergangenheit beherrscht euch, und vor lauter Vergangenheit könnt ihr die Gegenwart gar nicht mehr sehen. Eure Augen sind so voll mit der Vergangenheit, und der Rauch der Vergangenheit ist so dicht, dass jedes Sehen unmöglich ist. Ihr könnt nichts sehen! Ihr seid fast vollständig blind – blind aufgrund des Rauchs, blind aufgrund eurer alten Schlussfolgerungen, blind aufgrund eures Wissens.

Ein Mensch voller Wissen ist der blindeste Mensch der Welt. Weil er aus seinem Wissen heraus funktioniert, sieht er nicht, was wirklich geschieht. Er funktioniert einfach nur mechanisch. Er hat etwas gelernt; es ist zu einem vorgefertigten Mechanismus in ihm geworden, und aus diesem heraus handelt er.

❧

Ein Mensch voller Wissen ist der blindeste Mensch der Welt. Weil er aus seinem Wissen heraus funktioniert, sieht er nicht, was wirklich geschieht. Er funktioniert einfach nur mechanisch. Er hat etwas gelernt; es ist zu einem vorgefertigten Mechanismus in ihm geworden, und aus diesem heraus handelt er.

❧

Es gibt dazu eine berühmte Geschichte:

Es waren einmal zwei Tempel in Japan, die miteinander verfeindet waren, wie es bei Tempeln von alters her schon immer der Fall war. Die Priester waren einander so feindlich gesinnt, dass sie sogar aufgehört hatten, sich anzusehen. Wenn sie sich auf der Straße begegneten, schauten sie sich nicht an. Wenn sie sich auf der Straße begegneten, hörten sie auf zu sprechen; seit Jahrhunderten hatten diese beiden Tempel und ihre Priester nicht mehr miteinander gesprochen.

Doch jeder der beiden Priester hatte einen kleinen Jungen, der ihm kleinere Botengänge besorgte. Beide Priester befürchteten, dass diese Jungen – wie Jungen nun einmal sind – zu Freunden werden könnten.

Einer der Priester sagte daher zu seinem Jungen: »Denke daran, dieser andere Tempel ist uns feindlich gesinnt. Sprich niemals mit dem Jungen aus dem anderen Tempel. Das sind gefährliche Leute – meide sie, wie man eine Krankheit meiden würde. Meide sie, wie du die Pest meiden würdest!«

Das machte den Jungen neugierig ... denn er war es langsam leid, sich die langen Predigten anzuhören. Er konnte sie sowieso nicht verstehen. Seltsame Schriften wurden gelesen, doch er konnte die Sprache nicht verstehen; große, tiefgründige Probleme wurden diskutiert. Und niemand war da zum Spielen, nicht einmal jemand, um sich zu unterhalten. Als ihm gesagt wurde: »Sprich nicht mit dem Jungen aus dem anderen Tempel«, da tauchte eine große Versuchung in ihm auf. Das ist die Art, wie Versuchungen auftauchen. An diesem Tag konnte er es sich nicht verkneifen, mit dem anderen Jungen zu sprechen. Als er ihn auf der Straße traf, fragte er ihn: »Wohin gehst du?«

Dieser andere Junge war ein kleiner Philosoph; da er so viel großartige Philosophie gehört hatte, war er selbst philosophisch geworden. Er sagte: »Gehen? Da ist niemand, der kommt und geht! Es geschieht einfach – wohin der Wind mich weht.« Er hatte viele Male gehört, wie der Meister sagte, dass das die Art und Weise sei, wie ein Buddha lebt, wie ein totes Blatt, das sich dorthin bewegt, wohin der Wind es trägt. Also sagte der Junge: »Es gibt kein Ich! Es gibt keinen Handelnden, wie könnte ich also gehen? Was für Unsinn sprichst du da? Ich bin ein totes Blatt – wo immer der Wind mich hinträgt ...«

Der erste Junge war sprachlos. Darauf hatte er keine Antwort. Darauf wusste er nichts zu sagen. Er war verlegen und beschämt und dachte bei sich: »Mein Meister hat Recht, wenn er nicht mit diesen Leuten redet – es sind tatsächlich gefährliche Leute. Was für ein Gerede ist denn das? Ich hatte ihm nur eine einfache Frage gestellt: ›Wohin gehst du?‹ Eigentlich wusste ich ja schon, wohin er geht, denn wir wollten beide Gemüse auf dem Markt kaufen. Eine einfache Antwort hätte genügt.«

Der Junge ging also zurück zum Tempel und sagte zu seinem Meister: »Es tut mir Leid, vergib mir. Du hast es mir verboten, doch ich habe nicht auf dich gehört. Tatsächlich war ich in Versuchung, weil du es mir verboten hattest. Das war das erste Mal, dass ich mit diesen gefährlichen Leuten gesprochen habe. Ich habe nur eine einfache Frage gestellt: ›Wohin gehst du?‹, und er hat daraufhin seltsame Dinge gesagt: ›Es gibt kein Kommen und kein Gehen. Wer kommt? Wer geht? Es gibt kein Ich, nur ein totes Blatt im Wind. Und wohin der Wind mich trägt …‹«

Darauf meinte der Meister: »Ich habe es dir ja gesagt! Stell dich morgen an dieselbe Stelle, und wenn er kommt, dann frage ihn wieder: ›Wohin gehst du?‹ Und wenn er dann diese Dinge sagt, dann antworte einfach: ›Das ist wahr. Ja, du bist ein totes Blatt, und ich auch. Aber wenn der Wind nicht bläst, wohin gehst du dann? Wohin kannst du dann gehen?‹ Stell ihm einfach diese Frage, und das wird ihn in Verlegenheit bringen – und er muss in Verlegenheit gebracht werden, er muss besiegt werden. Wir streiten schon lange, und diese Leute haben uns bisher noch in keiner Debatte besiegen können. Also musst du ihn morgen besiegen!«

Der Junge stand also früh auf, bereitete seine Antwort vor und wiederholte sie immer wieder vor sich hin, bevor er losging. Dann stellte er sich dorthin, wo der andere

Junge die Straße überqueren würde, und wiederholte seine Worte wieder und wieder, um sich vorzubereiten, und dann sah er den anderen Jungen kommen und sagte sich: »Okay, jetzt gilt es!«

Als der andere Junge kam, stellte der erste Junge ihm also wieder seine Frage: »Wohin gehst du?« Und er hoffte, dass sich nun seine Gelegenheit ergeben würde.

Doch der andere Junge sagte: »Wohin meine Beine mich tragen.« Keine Rede vom Wind, vom Nichts, vom Nichtstun … Was sollte er jetzt tun? Seine vorbereitete Antwort wirkte absurd. Jetzt vom Wind zu sprechen, wäre vollkommen irrelevant. Geknickt und mit dem beschämten Gefühl, dass er einfach dumm war, dachte der Junge: »Dieser Kerl weiß wirklich seltsame Dinge. Jetzt sagt er: ›Wohin meine Beine mich tragen.‹«

Der Junge ging zurück zu seinem Meister. Der Meister sagte: »Ich hatte dich ja davor gewarnt, mit diesen Leuten zu sprechen! Sie sind gefährlich, das ist seit Jahrhunderten unsere Erfahrung. Aber jetzt muss wirklich etwas passieren. Morgen fragst du also wieder: ›Wohin gehst du?‹ Und wenn er sagt: ›Wohin meine Beine mich tragen‹, dann frage ihn: ›Und wenn du keine Beine hättest, was dann …?‹ Er muss auf jeden Fall mundtot gemacht werden.«

Am nächsten Tag fragte der Junge also wieder: »Wohin gehst du?«, und wartete auf die Antwort.

Und der andere Junge antwortete: »Ich gehe zum Markt, Gemüse einkaufen.«

Der Mensch funktioniert gewöhnlich aus der Vergangenheit heraus – doch das Leben verändert sich ständig. Das Leben ist nicht dazu verpflichtet, mit euren Schlussfolgerungen übereinzustimmen. Das ist der Grund, warum das Leben so verwirrend ist – verwirrend für einen Menschen mit Wissen. Er hat all seine vorgefertigten Antworten, die

Bhagavad Gita, den Koran, die Bibel, die Veden. Er hat alles auswendig gelernt, er kennt alle Antworten. Doch das Leben stellt niemals dieselben Fragen; daher hat der Mensch mit Wissen niemals die richtige Antwort.

Entschiedenheit

Der Verstand ist niemals entschieden. Unabhängig davon, wessen Verstand es ist – immer gilt, dass Unentschlossenheit ein Merkmal des Verstandes ist. Der Verstand funktioniert einfach so, dass er zwischen zwei polaren Gegensätzen schwankt und herauszufinden versucht, welches der richtige Weg ist. Das ist so, als würde man versuchen, die richtige Tür zu finden, indem man die Augen schließt. Natürlich hängt man dann zwischen beiden – man weiß nicht, ob man den einen Weg gehen soll oder den anderen; man bleibt immer in einem Zustand des Entweder-oder. Das ist einfach die Natur des Verstandes.

Søren Kierkegaard war ein großer dänischer Philosoph. Er schrieb ein Buch mit dem Titel »Entweder – Oder«. Das entsprach der Erfahrung seines eigenen Lebens – er konnte sich niemals entscheiden! Immer wenn er sich für den einen Weg entschied, erschien ihm plötzlich der andere Weg richtig. Und wenn er sich für den anderen Weg entschied, dann erschien ihm der eine Weg richtig. Er blieb unverheiratet, obwohl eine Frau sehr in ihn verliebt war und ihn gefragt hatte, ob er sie heiraten wolle. Doch er sagte: »Darüber muss ich erst nachdenken – die Ehe ist eine wichtige Angelegenheit, und ich kann nicht sofort Ja oder Nein sagen.« Und er starb, ohne dass er die Frage beantwortet hatte, ohne dass er geheiratet hatte.

Er wurde nur 42 Jahre alt, und er war ständig am Argumentieren und am Diskutieren, doch er fand keine Antwort, die man als endgültige Antwort betrachten konnte, deren Gegenteil nicht genauso gültig war. Er schaffte es niemals, Professor zu werden. Er hatte eine Bewerbung geschrieben, er hatte die besten Qualifikationen – er hatte zahlreiche Bücher verfasst, die von so großer Bedeutung waren, dass sie selbst nach einem Jahrhundert noch zeitgemäß wirken und keineswegs veraltet oder überholt. Er hatte eine Bewerbung geschrieben, doch er konnte sie nicht unterschreiben – denn »entweder – oder« … Sollte er an die Universität gehen oder nicht? Die Bewerbung wurde gefunden, als er gestorben war, in dem kleinen Zimmer, in dem er gelebt hatte.

An Kreuzungen hielt er immer an, um zu entscheiden, ob er diesen Weg oder jenen Weg nehmen sollte, stundenlang! Ganz Kopenhagen wurde auf diesen merkwürdigen Mann aufmerksam, und die Kinder gaben ihm den Spitznamen Entweder-oder, sodass ihm irgendwann ganze Kinderhorden hinterherliefen und »Entweder – oder!« schrien, wohin er auch ging. Da sein Vater erkannte, wie die Lage stand, verkaufte er vor seinem Tod alle seine Unternehmungen, legte das gesamte Geld fest an und sorgte dafür, dass Kierkegaard jeden Monat eine bestimmte Summe erhielt. So hatte er wenigstens sein ganzes Leben hindurch das Nötigste … und ihr werdet staunen: An dem Tag, als er nach Hause kam, nachdem er die letzte Monatsrate des Geldes abgeholt hatte – das Geld war zu Ende –, fiel er auf der Straße hin und starb. Mit der letzten Rate! Das war das einzig Richtige, was er tun konnte. Was hätte er sonst machen sollen? Was hätte er nach diesem Monat noch machen können?

Er schrieb Bücher, doch er konnte sich nie entscheiden, ob er sie publizieren lassen sollte oder nicht; also ließ er viele seiner Bücher unveröffentlicht. Sie sind von großem Wert. Jedes seiner Bücher weist einen enormen Tiefgang auf, ein tiefes Eindringen in die Materie. Bei jedem Thema, über das er schrieb, ist er bis zu den Wurzeln vorgedrungen, bis zum kleinsten Detail – ein Genie, doch ein Genie des Verstandes.

Beim Verstand ist das das Problem – und je schärfer der Verstand, desto größer ist auch das Problem. Bei einem weniger scharfen Verstand ist das Problem nicht so groß. Doch der Verstand eines Genies bleibt zwischen den Polaritäten gefangen und kann sich nicht entscheiden. Und dann befindet er sich in einem Schwebezustand.

Was ich damit sagen will, ist, dass es die Natur des Verstandes ist, sich in einem Schwebezustand zu befinden. Es ist die Natur des Verstandes, in der Mitte zwischen polaren Gegensätzen zu stehen. Solange man sich nicht vom Verstand befreit und zum Zeugen all der Spiele wird, die der Verstand spielt, kann man niemals entschieden sein. Selbst wenn man gelegentlich etwas entscheidet – trotz des Verstandes –, wird man es hinterher bereuen, weil die andere Hälfte, für die man sich nicht entschieden hat, einen verfolgt: Vielleicht war das andere ja richtig, und das, wofür man sich entschieden hat, war falsch. Und jetzt gibt es keine Möglichkeit mehr, das festzustellen. Vielleicht war die Wahlmöglichkeit, gegen die man sich entschieden hat, doch die bessere. Doch selbst wenn man sich dafür entschieden hätte, wäre die Situation nicht anders. Denn nun würde einen die andere Möglichkeit, gegen die man sich entschieden hat, verfolgen.

Es ist die Natur des Verstandes, in der Mitte zwischen polaren Gegensätzen zu stehen. Solange man sich nicht vom Verstand befreit und zum Zeugen all der Spiele wird, die der Verstand spielt, kann man niemals entschieden sein.

Der Verstand ist im Grunde der Anfang von Wahnsinn. Und wenn man sich zu sehr mit ihm identifiziert, macht er einen tatsächlich verrückt.

In meinem Dorf wohnte ich einem Goldschmied gegenüber. Ich saß immer direkt vor seinem Laden, und irgendwann fiel mir auf, dass er eine merkwürdige Angewohnheit hatte: Er schloss seinen Laden ab und zog dann zwei-, dreimal an der Klinke, um zu prüfen, ob die Tür auch wirklich verschlossen war. Eines Tages kam ich vom Fluss, und er hatte eben seinen Laden abgeschlossen und ging nach Hause. Da sagte ich: »Aber du hast es nicht geprüft!«

Er fragte: »Was geprüft?«

Darauf antwortete ich: »Du hast nicht geprüft, ob die Tür abgeschlossen ist!« Er hatte es geprüft – ich hatte gesehen, dass er dreimal an der Tür gerüttelt hatte, doch jetzt hatte ich in ihm einen Zweifel geweckt, und der Verstand ist immer bereit zu zweifeln …

Also sagte er zu mir: »Vielleicht habe ich es vergessen – ich muss noch einmal zurückgehen.« Er ging zurück und prüfte die Tür noch einmal. Das wurde für mich zu einem Spaß – wo immer er hinging … wenn er auf dem Markt Gemüse einkaufte, ging ich zu ihm hin und sagte: »Was machst du hier? Du hast nicht geprüft, ob die Tür abgeschlossen ist!« Dann ließ er das Gemüse fallen und sagte: »Ich komme zurück; aber zuerst muss ich gehen und die Tür überprüfen.« Selbst auf dem Bahnhof – er wollte gerade eine Fahrkarte kaufen, um wegzufahren, da ging ich zu ihm hin und sagte: »Was machst du hier? Denk an die Tür!«

Und er sagte: »Mein Gott, habe ich sie nicht überprüft?«

Ich antwortete: »Nein!«

Da meinte er: »Jetzt kann ich unmöglich losfahren.«

Er gab seine Fahrkarte zurück, ging nach Hause und

überprüfte die Tür. Doch nun war es zu spät, zum Bahnhof zurückzugehen – der Zug war bereits abgefahren.

Und er vertraute mir, weil ich immer vor seinem Haus saß.

Langsam sprach es sich überall herum, sodass die Leute, wo immer er hinging, zu ihm sagten: »Wo gehst du hin? Hast du deine Tür überprüft?«

Schließlich wurde er wütend auf mich. Er sagte: »Du musst das wohl verbreiten, denn wo immer ich hinkomme, spricht jeder über meine Tür.«

Ich erwiderte: »Dann hör einfach nicht auf sie. Lass sie sagen, was immer sie sagen wollen.«

Er sagte: »Was meinst du damit, dass ich nicht auf sie hören soll? Wenn sie Recht haben, bin ich verloren. Das kann ich nicht riskieren. Auch wenn ich genau weiß, dass der Mann vielleicht lügt, muss ich doch unbedingt zurückgehen und die Tür überprüfen. Irgendwie weiß ich zwar, dass ich sie geprüft habe, doch wer kann da schon sicher sein?«

Der Verstand ist sich niemals völlig sicher.

Wenn du dich zwischen den beiden Polaritäten des Verstandes befindest, in einem Schwebezustand – immer zwischen Tun und Nichttun –, dann wirst du verrückt. Dann *bist* du bereits verrückt! Bevor das geschieht, zieh dich raus und wirf von außen einen Blick auf den Verstand.

Sei dir des Verstandes bewusst – seiner hellen Seite, seiner dunklen Seite, wo er Recht hat, wo er Unrecht hat. Um welche Polarität es sich auch handelt, sei dir einfach darüber bewusst. Zwei Dinge werden aus dieser Bewusstheit entstehen: erstens, dass du nicht der Verstand bist, und zweitens, dass Bewusstheit eine Entschiedenheit hat, die der Verstand niemals haben kann.

Sei dir des Verstandes bewusst – seiner hellen Seite, seiner dunklen Seite, wo er Recht hat, wo er Unrecht hat. Um welche Polarität es sich auch handelt, sei dir einfach darüber bewusst. Zwei Dinge werden aus dieser Bewusstheit entstehen: erstens, dass du nicht der Verstand bist, und zweitens, dass Bewusstheit eine Entschiedenheit hat, die der Verstand niemals haben kann.

Der Verstand ist prinzipiell unentschieden, und Bewusstheit ist prinzipiell entschieden. Jede Handlung, die aus Bewusstheit heraus geschieht, ist also total, vollkommen, ohne Reue.

Ich habe niemals in meinem Leben darüber nachgedacht, ob etwas anderes vielleicht besser gewesen wäre. Ich habe niemals gedacht, dass ich vielleicht einen Fehler gemacht habe, denn da ist kein anderer Teil mehr in mir, der solche Dinge sagen könnte. Ich habe aus meiner Bewusstheit heraus gehandelt – das ist mein ganzes Sein. Das, was geschieht, ist dann alles, was geschehen kann; nichts anderes ist möglich. Die Welt mag es richtig oder falsch nennen, das ist ihre Angelegenheit, aber nicht mein Problem.

Bewusstheit holt euch also aus diesem Schwebezustand heraus. Statt zwischen den Polaritäten des Verstandes hängen zu bleiben, befindet man sich dann jenseits von beiden, und man wird fähig zu erkennen, dass diese Polaritäten nur Polaritäten sind, wenn man sich im Verstand befindet. Wenn man sich außerhalb davon befindet, wird man überrascht feststellen, dass beides nur die zwei Seiten derselben Münze sind – dass es gar nicht um eine Entscheidung geht.

Mit Bewusstheit besitzt man Klarheit, Absolutheit, Losgelöstheit – die Existenz entscheidet sich in euch. Ihr müsst nicht darüber nachdenken, was richtig oder falsch ist. Die Existenz nimmt euch an der Hand, und ihr bewegt euch ganz entspannt mit ihr. Das ist der einzig richtige Weg. Und das ist der einzige Weg, um geistig gesund zu bleiben; andernfalls ist man ständig verwirrt.

Søren Kierkegaard besaß einen großartigen Verstand, doch als Christ hatte er kein Konzept von Bewusstheit. Er konnte denken, und er konnte sehr tiefgründig denken, doch er konnte nicht einfach nur still beobachten. Dieser arme Kerl hatte niemals etwas vom Beobachten und Zeugesein, von Bewusstheit gehört. Denken war alles, was ihm bekannt war, und er legte sein ganzes Genie ins Denken. Er verfasste großartige Bücher, doch er konnte kein großartiges Leben führen. Er lebte in vollkommenem Elend.

Der einzige Augenblick

Warum träumen wir? Wozu sind Träume gut? Eigentlich hättest du gern jemanden umgebracht und hast es nicht getan – dann wirst du ihn im Traum umbringen. Das entspannt deinen Verstand. Am Morgen bist du erfrischt – du hast jemanden umgebracht.

Ich will damit nicht sagen, dass ihr hingehen und andere umbringen sollt, damit ihr nicht mehr zu träumen braucht! Doch denkt daran: Wenn ihr jemanden am liebsten umbringen würdet, dann geht in euer Zimmer, meditiert darüber und bringt ihn bewusst um. Wenn ich sage: »Bringt ihn um«, dann meine ich damit, bringt ein Kissen um; nehmt ein Ersatzobjekt und bringt es um. Diese bewusste Handlung, diese bewusste Meditation, wird euch viel Einsicht in euch selbst ermöglichen.

Denkt immer daran, jeden Augenblick vollkommen abzuschließen. Lebt jeden Augenblick so, als würde kein nächster mehr folgen. Nur dann wird er abgeschlossen sein. Seid euch bewusst, dass in jedem Augenblick der Tod kommen kann. Dieser Augenblick kann der letzte sein. Seid euch immer bewusst, wenn ihr etwas tun wollt, dann müsst ihr es hier und jetzt tun, und zwar vollständig!

❧

Denkt immer daran, jeden Augenblick vollkommen abzuschließen. Lebt jeden Augenblick so, als würde kein nächster mehr folgen. Nur dann wird er abgeschlossen sein. Seid euch bewusst, dass in jedem Augenblick der Tod kommen kann. Dieser Augenblick kann der letzte sein.

❧

Ich habe einmal eine Geschichte über einen griechischen General gehört. Der König hatte aus irgendeinem Grund etwas gegen ihn. Es gab eine Verschwörung am Hof, und es war gerade am Geburtstag des Generals. Er feierte ihn mit seinen Freunden. Plötzlich, am Nachmittag, kam der Kanzler des Königs und sagte zu ihm: »Es tut mir Leid, es ist nicht einfach, dir das mitzuteilen, doch der König hat beschlossen, dass du diesen Abend um sechs Uhr gehängt werden sollst. Sei also um sechs Uhr bereit.«

Seine Freunde waren da, die Musiker spielten. Sie waren am Trinken, am Essen, am Tanzen. Es war sein Geburtstag. Diese Botschaft veränderte die ganze Atmosphäre. Alle wurden traurig. Doch der General sagte: »Seid jetzt nicht traurig, denn dies wird der letzte Tag meines Lebens sein. Lasst uns also den Tanz abschließen, den wir getanzt haben, und das Fest zu Ende bringen, das wir feiern. Ich habe keine weiteren Gelegenheiten, um es irgendwann in der Zukunft abzuschließen. Und verabschiedet mich nicht mit dieser traurigen Atmosphäre; sonst werde ich mich immer nach dem Leben sehnen, und die unterbrochene Musik und das unvollendete Fest werden zu einer Last auf meinem Geist werden. Lasst es uns also zu Ende bringen. Jetzt ist nicht die Zeit, es zu unterbrechen.«

Ihm zuliebe tanzten sie, doch es fiel ihnen schwer. Er allein tanzte mit mehr Energie, er allein war jetzt noch fröhlicher – doch die ganze Gruppe war einfach nicht mehr mit ihm. Seine Frau weinte, doch er tanzte weiter, er unterhielt sich weiter mit seinen Freunden. Und er schien so glücklich dabei, dass der Botschafter zurück zum König ging und ihm sagte: »Dieser Mann ist etwas Besonderes. Er hat die Botschaft vernommen, doch er ist nicht traurig. Und er hat sie auf ganz besondere Art aufgenommen – vollkommen unvorstellbar. Er lacht und tanzt und feiert, und er sagt, weil diese Augenblicke seine letzten sind und er nun keine Zukunft mehr hat, darf er sie nicht verschwenden – er muss sie leben.«

Da ging der König selbst zu ihm, um zu sehen, was dort geschah. Alle waren traurig und weinten. Nur der General tanzte, trank und sang. Der König fragte: »Was machst du denn hier?«

Der General erwiderte: »Das war schon immer mein Grundsatz im Leben – mir ständig bewusst zu sein, dass der Tod jeden Augenblick kommen kann. Wegen dieses Grundsatzes habe ich jeden Augenblick so intensiv wie möglich gelebt. Aber natürlich hast du es mir heute erst richtig deutlich werden lassen. Ich bin dankbar, denn bisher habe ich immer nur gedacht, dass der Tod jeden Augenblick möglich ist. Es war nur ein Gedanke. Irgendwo im Hintergrund lauerte immer auch der Gedanke, dass es nicht gleich im nächsten Augenblick geschehen würde. Die Zukunft war immer noch da. Doch du hast mir die Zukunft vollständig genommen. Dieser Tag ist der letzte. Das Leben ist jetzt so kurz, dass ich es nicht mehr aufschieben kann.«

Der König war so begeistert, dass er ein Schüler dieses Mannes wurde. Er sagte: »Lehre mich! Das ist die Alchemie. Das ist es, wie man das Leben leben sollte; das ist die Kunst. Ich werde dich nicht hängen, werde mein Lehrer. Lehre mich, im Augenblick zu leben.«

Wir schieben die Dinge immer auf. Dieses Aufschieben wird zu einem inneren Dialog, einem inneren Monolog. Schiebt nichts auf. Lebt hier und jetzt. Und je mehr ihr in der Gegenwart lebt, desto weniger werdet ihr dieses ständige Denken brauchen, dieses dauernde Grübeln. Desto weniger werdet ihr es brauchen! Es existiert nur wegen des Aufschiebens, weil ihr ständig alles vor euch her schiebt. Ihr lebt immer im Morgen, das niemals kommt und niemals kommen kann; es ist unmöglich. Das, was kommt, ist immer heute, und ihr opfert das Heute ständig für das Morgen, das nirgendwo ist. Dann denkt der Verstand immer an die Vergangenheit, die ihr zerstört habt, die ihr für etwas geopfert habt, das nicht eingetroffen ist. Und dann schiebt er alles weiter auf für weitere Morgen.

Wir schieben die Dinge immer auf. Dieses Aufschieben wird zu einem inneren Dialog, einem inneren Monolog. Schiebt nichts auf. Lebt hier und jetzt. Und je mehr ihr in der Gegenwart lebt, desto weniger werdet ihr dieses ständige Denken brauchen, dieses dauernde Grübeln.

Ihr denkt, dass ihr das, was ihr versäumt habt, irgendwann in der Zukunft nachholen werdet. Ihr werdet es nicht nachholen! Diese ständige Spannung zwischen Vergangenheit und Zukunft, dieses ständige Versäumen der Gegenwart, ist der innere Lärm. Solange er nicht aufhört, könnt ihr nicht ins Schweigen fallen. Das Erste ist also: Versucht, in jedem Augenblick vollkommen da zu sein.

❧

Ihr denkt, dass ihr das, was ihr versäumt habt, irgendwann in der Zukunft nachholen werdet. Ihr werdet es nicht nachholen! Diese ständige Spannung zwischen Vergangenheit und Zukunft, dieses ständige Versäumen der Gegenwart, ist der innere Lärm.

❧

Das Zweite ist: Euer Verstand ist so laut, weil ihr immer denkt, dass andere dafür verantwortlich sind, nicht ihr selbst. Deshalb denkt ihr immer, dass in einer besseren Welt – mit einer besseren Ehefrau, mit einem besseren Ehemann, mit besseren Kindern, mit einem besseren Haus, an einem besseren Ort – alles gut wäre und ihr still sein könntet. Ihr denkt, dass ihr nicht still seid, weil alles um euch herum nicht in Ordnung ist, wie könntet ihr da also still sein?

Wenn ihr so denkt, wenn das eure Logik ist, dann wird diese bessere Welt niemals kommen. Die Welt ist überall dieselbe, die Nachbarn sind überall die gleichen, und auch die Ehefrauen und Ehemänner und Kinder sind überall die gleichen. Ihr könnt euch die Illusion erschaffen, dass es irgendwo einen Himmel gibt, doch überall ist die Hölle. Mit dieser Art von Verstand muss überall die Hölle sein. Dieser *Verstand* ist die Hölle.

Eines Tages kamen Mulla Nasruddin und seine Frau spät in der Nacht nach Hause zurück. In das Haus war eingebrochen worden, und seine Frau begann zu schreien und zu jammern. Dann sagte sie zu Mulla: »Das ist dein Fehler! Warum hast du die Türen nicht überprüft, bevor wir gegangen sind?«

Inzwischen war die ganze Nachbarschaft zusammengelaufen. Es war eine solche Sensation – in Mullas

Haus war eingebrochen worden! Jeder stimmte in die Klagen mit ein. Ein Nachbar meinte: »Ich habe das schon lange erwartet. Warum hast du es nicht vorausgesehen? Du bist zu sorglos!« Ein zweiter Nachbar sagte: »Die Fenster waren offen. Warum habt ihr sie nicht geschlossen, bevor ihr das Haus verlassen habt?« Und ein dritter meinte: »Eure Schlösser scheinen nicht gut gewesen zu sein. Warum habt ihr sie nicht ausgetauscht?« Und jeder wies Mulla Nasruddin auf seine Fehler hin.

Da sagte er: »Einen Augenblick mal, bitte! Es war nicht mein Fehler.«

Die ganze Nachbarschaft tönte im Chor: »Wen hältst du denn für den Schuldigen, wenn du es nicht bist?«

Mulla meinte: »Was ist mit dem Einbrecher?«

Der Verstand schiebt den Fehler immer auf einen anderen. Die Frau schiebt ihn auf Mulla Nasruddin, die ganze Nachbarschaft ebenfalls, und der arme Mann kann ihn auf keinen Anwesenden weiterschieben, also sagt er: »Was ist mit dem Einbrecher?«

Wir schieben den Fehler immer auf andere. Das gibt uns das illusorische Gefühl, dass nicht wir im Unrecht sind. Jemand anderer ist im Unrecht – X, Y, Z. Und diese Haltung ist eine der Grundhaltungen unseres Verstandes. Bei allem muss irgendein anderer im Unrecht sein, und wann immer wir einen Sündenbock finden, sind wir beruhigt; denn dann liegt die Last auf einem anderen.

Für einen wahrhaft Suchenden ist dieser Verstand keine Hilfe; er ist ein Hindernis. Dieser Verstand ist das Hindernis. Wir müssen erkennen, dass wir verantwortlich sind, was immer die Situation ist, was immer der Fall ist, dass *wir* verantwortlich sind und niemand sonst. Wenn du verantwortlich bist, dann lässt sich etwas tun.

Wenn jemand anderer verantwortlich ist, dann lässt sich nichts tun.

Das ist ein grundlegender Konflikt zwischen dem religiösen Verstand und dem unreligiösen Verstand. Der unreligiöse Verstand denkt immer, dass etwas anderes verantwortlich ist – dass man die Gesellschaft verändern muss, die Umstände, die ökonomischen Bedingungen, die politische Situation, *irgendetwas* – und dann kommt alles in Ordnung. Doch wir haben das alles schon viele Male verändert, und nichts ist in Ordnung. Der religiöse Verstand sagt, unabhängig davon, wie die Situation ist, wenn das dein Verstand ist, dann befindest du dich in der Hölle, dann befindest du dich im Elend. Dann bist du nicht fähig, Stille zu finden.

Übernimm selbst die Verantwortung. Sei verantwortlich, denn dann lässt sich etwas tun. Nur wenn es um dich selbst geht, kannst du etwas tun. Du kannst niemand anderen in dieser Welt verändern, du kannst nur dich selbst verändern. Das ist die einzig mögliche Revolution. Die einzig mögliche Transformation ist die eigene. Doch das kann man nur in Betracht ziehen, wenn man das Gefühl hat, dass man selbst verantwortlich ist.

Die einzige Tugend

Unbewusstheit ist die einzige Sünde, und Bewusstheit ist die einzige Tugend. Alles, was nur in Unbewusstheit getan werden kann, ist Sünde. Alles, was nur mit Bewusstheit getan werden kann, ist Tugend. Es ist unmöglich, jemanden zu ermorden, wenn man bewusst ist; es ist unmöglich, auch nur in irgendeiner Weise gewalttätig zu sein – wenn man bewusst ist. Es ist unmöglich, zu vergewaltigen, zu stehlen, zu foltern – all das ist nicht möglich, wenn Bewusstheit vorhanden ist. Nur wenn Unbewusstheit herrscht, nur im Dunkel der Unbewusstheit können alle möglichen Feinde in dich eindringen.

Buddha sagte einmal: »Wenn in einem Haus Licht brennt, wird es von Dieben gemieden; wenn der Nachtwächter wach ist, werden sie es nicht einmal versuchen. Und solange die Menschen im Innern herumgehen und reden und das Haus noch nicht in Schlaf gefallen ist, können Diebe unmöglich einbrechen – gar nicht daran zu denken.«

Doch genau das gilt für euch: Ihr seid ein Haus ohne Licht. Der gewöhnliche Zustand des Menschen ist der des mechanischen Funktionierens: *Homo mechanicus*. Nur dem Namen nach seid ihr Menschen – aber eigentlich seid ihr nur geübte, geschickte Maschinen, und alles, was ihr tut, ist falsch. Und denkt daran, ich sage *alles* – selbst eure Tugenden sind keine Tugenden, wenn ihr unbewusst seid. Wie könnte man tugendhaft sein, wenn man unbewusst ist? Hinter der Tugend versteckt sich dann nur ein großes, enormes Ego – das muss einfach so sein.

Selbst eure Heiligkeit, die ihr mit viel Mühe und Anstrengung praktiziert und kultiviert, ist vergeblich. Denn sie führt nicht zu Einfachheit, sie führt nicht zu Demut, sie führt nicht zu jener großartigen Erfahrung des Göttlichen, die nur geschieht, wenn das Ego verschwunden ist. Ihr führt dann vielleicht ein respektables Leben als Heilige, doch im Grunde seid ihr genauso armselig wie alle anderen auch – innerlich verrottet, innerlich eine bedeutungslose Existenz. Das ist kein Leben, das ist nur ein Vegetieren. Nicht nur eure Sünden sind dann Sünden, sondern eure Tugenden werden ebenfalls Sünden sein. Nicht nur eure Unmoral ist dann Unmoral, eure Moral wird ebenfalls Unmoral sein.

❧

Wie könnte man tugendhaft sein, wenn man unbewusst ist? Hinter der Tugend versteckt sich dann nur ein großes, enormes Ego – das muss einfach so sein. Selbst eure Heiligkeit, die ihr mit viel Mühe und Anstrengung praktiziert und kultiviert, ist vergeblich. Denn sie führt nicht zu Einfachheit, sie führt nicht zu Demut.

❧

Ich lehre keine Moral, und ich lehre keine Tugend – denn ich weiß, dass beides ohne Bewusstheit einfach nur Heuchelei, nur Anmaßung ist. Es macht euch falsch. Es befreit euch nicht, es kann euch nicht befreien. Im Gegenteil, es versklavt euch.

❧

Ich lehre keine Moral, und ich lehre keine Tugend – denn ich weiß, dass beides ohne Bewusstheit einfach nur Heuchelei, nur Anmaßung ist. Es macht euch falsch. Es befreit euch nicht, es kann euch nicht befreien. Im Gegenteil, es versklavt euch.

❧

Es braucht nur eines: Bewusstheit ist der Schlüssel für alles. Er öffnet alle Tore des Lebens. Bewusstheit bedeutet, von Augenblick zu Augenblick zu leben, wach, dir deiner selbst bewusst und all dessen, was von Moment zu Moment um dich herum vorgeht. Du bist wie ein Spiegel, du reflektierst – und du reflektierst so vollkommen, dass jede Handlung, die aus dieser Reflexion heraus entsteht, richtig ist, weil sie stimmig ist, weil sie in Harmonie ist mit dem Leben. Sie entsteht eigentlich gar nicht in *dir* – nicht du bist der Handelnde. Sie entsteht aus dem ganzen Kontext heraus – die Situation, du und alles darum herum sind daran beteiligt. Aus dieser Ganzheit wird die Handlung geboren – es ist nicht deine Handlung, nicht du hast beschlossen, dass es so geschehen soll. Es ist nicht deine Entscheidung, es ist nicht dein Gedanke, es ist nicht dein Charakter. Du tust es nicht, du erlaubst einfach nur, dass es geschieht.

Es ist so, als würdest du früh am Morgen spazieren gehen, die Sonne ist noch nicht aufgegangen, und du triffst auf dem Weg auf eine Schlange – da ist keine Zeit zum Nachdenken. Du kannst nur reflexartig handeln – es ist keine Zeit, um zu überlegen, was du tun sollst und was nicht – du machst sofort einen Satz zurück! Es geschieht *sofort* – kein einziger Augenblick des Zögerns; du springst sofort aus dem Weg. Später kannst du dich dann unter einen Baum setzen und darüber nachdenken, über das, was passiert ist und was du gemacht hast, und kannst dir selbst dazu gratulieren, dass du es gut gemacht hast. Doch eigentlich hast du es gar nicht getan – es ist einfach passiert. Es ist aus dem vollständigen Zusammenhang heraus passiert. Du, die Schlange, die Todesgefahr, das Leben, das sich bemüht, sich selbst zu schützen … und tausend andere Dinge sind daran beteiligt. Die ganze Situation hat die Reaktion ausgelöst. Du warst nur ein Medium.

Solch eine Handlung ist einfach *stimmig*. Du warst nicht der Handelnde. Im religiösen Sinn könnten wir sagen, dass Gott durch dich gehandelt hat. Das ist einfach nur die religiöse Art und Weise, es auszudrücken, das ist alles. Das Ganze hat durch dich als Teil gehandelt.

Das ist Tugend. Solch eine Handlung wirst du niemals bereuen. Und es ist tatsächlich eine befreiende Handlung. Sobald sie geschehen ist, ist sie erledigt. Du bist von neuem frei zu handeln; du wirst diese Handlung nicht mit dir im Kopf herumtragen. Sie wird nicht zu einem Teil deiner psychologischen Erinnerung werden; sie wird keine Wunde in dir zurücklassen. Sie war so spontan, dass sie keine Spur in dir hinterlassen wird. Diese Handlung wird niemals zu

Karma werden. Diese Handlung wird keinen Kratzer auf dir hinterlassen. Handlungen, die zu Karma werden, sind solche, die kein wirkliches Handeln sind, sondern ein Reagieren – die aus der Vergangenheit kommen, aus der Erinnerung, aus dem Denken. Dabei bist du derjenige, der entscheidet, der wählt. Es geschieht nicht aus Bewusstheit, sondern aus Unbewusstheit. Dann ist es Sünde.

Meine ganze Botschaft besteht darin, dass ihr ein Bewusstsein braucht, und keinen Charakter. Bewusstsein ist das Wahre, Charakter das Falsche. Charakter brauchen nur diejenigen, die kein Bewusstsein haben. Wenn man Augen hat, braucht man keinen Stab, um den Weg zu finden, um sich den Weg zu suchen. Wenn man sehen kann, muss man nicht andere fragen, wo die Tür ist.

❧

Charakter brauchen nur diejenigen, die kein Bewusstsein haben. Wenn man Augen hat, braucht man keinen Stab, um den Weg zu finden, um sich den Weg zu suchen. Wenn man sehen kann, muss man nicht andere fragen, wo die Tür ist.

❧

Charakter wird gebraucht, weil die Menschen unbewusst sind. Charakter ist einfach nur ein Schmiermittel; er hilft euch, glatter durchs Leben zu kommen. George Gurdjieff pflegte zu sagen, dass Charakter wie ein Puffer ist. Puffer werden bei Eisenbahnwaggons verwendet; zwischen zwei Wagen befindet sich jeweils ein Puffer. Wenn etwas passiert, verhindern die Puffer, dass die Wagen direkt aufeinander prallen. Oder er ist wie ein Stoßdämpfer: Autos haben Stoßdämpfer, damit sie ruhiger fahren. Stoßdämpfer federn die Stöße bei Unebenheiten ab; deshalb heißen sie Stoßdämpfer. Genau das ist der Charakter: Er ist ein Stoßdämpfer.

Deshalb sagt man den Kindern, dass sie bescheiden sein sollen. Wenn man lernt, bescheiden zu sein, ist das ein Stoßdämpfer – wenn man lernt, demütig zu sein, kann man sich gegen das Ego anderer Menschen schützen. Sie tun einem dann nicht mehr so weh; man ist ein bescheidener Mensch. Wenn man egoistisch ist, wird man immer und immer wieder verletzt – das Ego ist schließlich sehr empfindlich –, also bedeckt man sein Ego mit einer Schicht aus Bescheidenheit. Das hilft, denn es gibt einem eine Art Glätte. Doch es transformiert einen nicht.

Meine Arbeit besteht in Transformation. Das hier ist eine alchemistische Schule; ich möchte, dass sich eure Unbewusstheit in Bewusstheit transformiert, eure Dunkelheit in Licht. Ich kann euch keinen Charakter geben; ich kann euch nur Einsicht geben, Bewusstheit. Ich möchte, dass ihr von Augenblick zu Augenblick lebt, nicht nach einem vorgegebenen Muster, sei es von mir oder von der Gesellschaft, der Kirche, dem Staat. Ich möchte, dass ihr in Übereinstimmung mit eurem eigenen kleinen Bewusstseinslicht lebt, gemäß eurem eigenen Bewusstsein.

Seid offen für den Augenblick und antwortet unmittelbar darauf. Charakter bedeutet, dass man eine bestimmte vorgefertigte Antwort auf alle Fragen des Lebens hat, sodass man immer, wenn eine Situation auftaucht, nach diesem Muster reagiert. Weil man mit einer vorgefertigten Antwort reagiert, ist es keine wirkliche Antwort, sondern nur eine mechanische Reaktion. Ein Mensch mit Charakter reagiert, ein Mensch mit Bewusstsein antwortet: Er nimmt die Situation auf, er reflektiert die Realität, wie sie ist, und aus dieser Reflexion heraus handelt er. Der Mensch mit Charakter reagiert, der Mensch mit Bewusstsein handelt. Der Mensch mit Charakter ist mechanisch; er funktioniert robotermäßig. Er hat einen Computer in seinem Kopf, der voller Informationen ist; frag ihn irgendetwas, und eine vorgefertigte Antwort taucht aus dem Computer auf.

Charakter bedeutet, dass man eine bestimmte vorgefertigte Antwort auf alle Fragen des Lebens hat, sodass man immer, wenn eine Situation auftaucht, nach diesem Muster reagiert. Weil man mit einer vorgefertigten Antwort reagiert, ist es keine wirkliche Antwort, sondern nur eine mechanische Reaktion.

Ein Mensch mit Bewusstsein handelt einfach aus dem Augenblick heraus, nicht aus der Vergangenheit, nicht aus der Erinnerung. Seine Antwort besitzt eine gewisse Schönheit, eine Natürlichkeit, und seine Antwort wird der Situation gerecht. Ein Mensch mit Charakter hinkt immer hinterher, denn das Leben verändert sich ständig, es bleibt niemals gleich. Doch eure Antworten sind immer die gleichen, sie verändern sich nie – sie können nicht wachsen, sie sind tot.

In eurer Kindheit hat man euch bestimmte Dinge gesagt, und all das ist immer noch vorhanden. Ihr seid gewachsen, das Leben hat sich verändert, doch diese Antwort, die euch von euren Eltern oder von euren Lehrern oder von euren Priestern gegeben wurde, ist immer noch da. Und wenn etwas geschieht, funktioniert ihr nach dieser Antwort, die euch vor 50 Jahren gegeben wurde. Doch in diesen 50 Jahren ist so viel Wasser den Ganges hinabgeflossen, dass es sich jetzt um ein vollkommen anderes Leben handelt.

Heraklit sagt: Man kann nicht zweimal in denselben Fluss steigen. Doch ich sage euch: Man kann auch nicht einmal in denselben Fluss steigen, denn er fließt so rasch.

Charakter ist etwas Stagnierendes; er ist eine schmutzige Wasserpfütze. Bewusstsein ist ein Fluss.

Das ist der Grund, warum ich meinen Schülern keine Verhaltensregeln gebe. Ich gebe ihnen Augen, um zu sehen, ein Bewusstsein, um zu reflektieren, ein Wesen wie ein Spiegel, um auf jede Situation antworten zu können, die auftaucht. Ich gebe ihnen keine detaillierten Informationen, was sie tun sollen und was nicht; ich gebe ihnen keine Zehn Gebote. Denn wenn man anfängt, den Menschen Gebote zu geben, kann man nicht bei zehn aufhören, weil das Leben weitaus komplexer ist.

In den buddhistischen Schriften finden sich 33 000 Regeln für einen buddhistischen Mönch. 33 000 Regeln! Für jede mögliche Situation, die irgendwann auftauchen könnte, gibt es eine vorgefertigte Antwort. Doch wie sollte man sich 33 000 Verhaltensregeln merken? Und jemand, der intelligent genug ist, sich 33 000 Regeln zu merken, wird auch intelligent genug sein, immer ein Hintertürchen zu finden. Wenn er eine bestimmte Sache nicht tun möchte, wird er einen Weg finden, und wenn er eine bestimmte Sache tun möchte, wird er auch dafür einen Weg finden.

Jemand, der intelligent genug ist, sich 33 000 Regeln zu merken, wird auch intelligent genug sein, immer ein Hintertürchen zu finden. Wenn er eine bestimmte Sache nicht tun möchte, wird er einen Weg finden, und wenn er eine bestimmte Sache tun möchte, wird er auch dafür einen Weg finden.

Ich habe einmal von einem christlichen Heiligen gehört: Jemand schlug ihm ins Gesicht, weil er am Morgen in seiner Predigt gesagt hatte: »Jesus sagt, wenn jemand dich auf die eine Wange schlägt, dann halte ihm auch die andere hin.« Und der andere wollte das ausprobieren, also schlug er ihn, schlug ihm richtig fest auf eine Wange. Und der Heilige war seinen Worten treu und hielt ihm die andere Wange hin. Doch der Mann war damit noch nicht zufrieden, und er schlug ihm sogar noch fester auf die andere Wange. Da erlebte er eine Überraschung: Der Heilige stürzte sich auf ihn und begann ihn so kräftig zu schlagen, dass er aufschrie: »Was machst du denn da? Du bist ein Heiliger, und diesen Morgen hast du noch gesagt, wenn jemand dich auf die eine Wange schlägt, dann halte ihm auch die andere hin.«

Darauf meinte der Heilige: »Ja – aber ich habe keine dritte Wange. Und Jesus hört hier auf. Jetzt bin ich frei; jetzt kann ich tun, was ich will. Jesus sagt zu diesem Fall nichts mehr.«

Genau das ist auch einmal zu Jesu Lebzeiten passiert. Einmal erklärte er einem Jünger: »Vergib siebenmal.« Der Jünger antwortete: »In Ordnung.« Die Art und Weise, wie er »In Ordnung« gesagt hatte, machte Jesus misstrauisch, also sagte er: »Siebenundsiebzigmal sollst du vergeben.«

Jetzt war der Jünger leicht verstört, doch er sagte immer noch: »In Ordnung.« Denn die Zahlen hören ja schließlich nicht mit 77 auf. Was ist mit 78? Dann ist er frei, dann kann er tun, was er will!

Wie viele Regeln kann man für die Menschen aufstellen? Es ist dumm, es ist bedeutungslos. Das ist die Art und Weise, wie die Menschen religiös und doch nicht religiös sind: Immer finden sie einen Weg, wie sie sich aus diesen Verhaltensregeln und Geboten hinausstehlen können. Sie finden immer ein Hintertürchen. Und Charakter kann einem bestenfalls eine oberflächliche Maske geben, eine dünne Lackschicht: Kratzt nur einmal ein wenig an euren Heiligen, und ihr werdet das Tier dahinter finden. An der Oberfläche sehen sie wunderbar aus, doch nur an der Oberfläche.

Ich möchte nicht, dass ihr oberflächlich seid. Ich möchte, dass ihr euch *wirklich* verändert. Doch eine wirkliche Veränderung geschieht nur durch das Zentrum eures Wesens, nicht durch die Oberfläche. Charakter bedeutet, einfach nur die Oberfläche anzumalen, Bewusstsein ist eine Transformation des Zentrums.

In dem Augenblick, in dem man seine Fehler erkennt, beginnen sie wie tote Blätter abzufallen. Dann muss man nichts weiter tun. Sie zu erkennen ist genug. Sich seiner Fehler einfach nur bewusst zu sein ist alles, was es braucht. In dieser Bewusstheit beginnen sie zu verschwinden, beginnen sie sich aufzulösen.

Man kann einen bestimmten Fehler nur dann immer wieder begehen, wenn man sich seiner nicht bewusst ist. Unbewusstheit ist die Voraussetzung dafür, dass man denselben Fehler immer wieder begeht, und selbst wenn man sich dann zu ändern versucht, wird man den Fehler in irgendeiner anderen Art begehen, in einer anderen Gestalt. Fehler können in jeder möglichen Gestalt und Größe auftreten! Man wird den Fehler dann nur durch einen anderen ersetzen, ihn austauschen, aber ihn nicht loswerden, weil man tief im Innern nicht einsieht, dass es sich um einen Fehler handelt. Andere sagen es einem dann möglicherweise, weil sie es sehen können …

Das ist der Grund dafür, warum jeder sich für so schön, so intelligent, so tugendhaft, so heilig hält – und kein anderer ihm zustimmt! Der Grund dafür ist einfach: Ihr schaut euch die anderen an, ihr seht ihre Realität, doch über euch selbst macht ihr euch Illusionen, schöne Illusionen. Alles, was ihr über euch selbst wisst, ist mehr oder weniger ein Mythos; es hat nichts mit der Realität zu tun.

Doch in dem Augenblick, in dem man seine Fehler erkennt, setzt eine radikale Veränderung ein. Daher haben alle Buddhas aller Zeiten immer nur das eine gelehrt – Bewusstheit. Sie wollen euch keinen Charakter beibringen – Priester und Politiker wollen euch Charakter beibringen, doch nicht Buddhas. Buddhas geben euch *Bewusstsein* und kein *Gewissen.*

Doch in dem Augenblick, in dem man seine Fehler erkennt, setzt eine radikale Veränderung ein. Daher haben alle Buddhas aller Zeiten immer nur das eine gelehrt – Bewusstheit. Priester und Politiker wollen euch Charakter beibringen, doch nicht Buddhas. Buddhas geben euch Bewusstsein *und kein* Gewissen.

Gewissen ist ein Trick, den die anderen mit euch abziehen – sie sagen euch, was richtig und was falsch ist. Sie zwingen euch ihre Ansichten auf, und sie zwingen sie euch von frühester Kindheit an auf. Als ihr noch vollkommen unschuldig wart, so verwundbar, so zart, dass es möglich war, einen Eindruck bei euch zu hinterlassen, euch einen Stempel aufzudrücken, haben sie euch konditioniert – von Anfang an. Diese Konditionierung wird als Gewissen bezeichnet, und dieses Gewissen bestimmt dann euer ganzes Leben. Das Gewissen ist eine Strategie der Gesellschaft, um euch zu versklaven.

Die Buddhas lehren Bewusstsein. Bewusstsein bedeutet, dass man nicht von anderen lernen muss, was richtig und was falsch ist. Es gibt keine Notwendigkeit, das von anderen zu lernen, man muss nur nach innen gehen. Die Reise nach innen ist genug – je tiefer man geht, desto mehr Bewusstsein entsteht. Wenn man das Zentrum erreicht hat, ist man so voller Licht, dass die Dunkelheit verschwindet.

Wenn man Licht in einen Raum bringt, muss man die Dunkelheit nicht mehr daraus entfernen. Die Anwesenheit von Licht ist genug, denn Dunkelheit ist nur die Abwesenheit von Licht. Daher all eure Verrücktheiten, euer Wahnsinn.

❧

Wenn man Licht in einen Raum bringt, muss man die Dunkelheit nicht mehr daraus entfernen. Die Anwesenheit von Licht ist genug, denn Dunkelheit ist nur die Abwesenheit von Licht. Daher all eure Verrücktheiten, euer Wahnsinn.

❧

Einmal besuchte ein Mann, der wie Adolf Hitler gekleidet war, einen Psychiater.

»Sie sehen, dass ich keine Probleme habe«, sagte er zu ihm. »Ich habe die größte Armee der Welt, alles Geld, das ich mir jemals wünschen könnte, und jeden vorstellbaren Luxus.«

»Was ist dann Ihr Problem?«, fragte der Arzt.

»Es ist meine Frau«, erwiderte der Mann. »Sie denkt, sie sei Mrs. Weaver.«

Lacht nicht über den armen Mann. Er ist kein anderer als ihr selbst.

Einmal kam ein Kunde zu einem Schneider und sah dort einen Mann, der an einem Arm von der Decke hing.

»Was macht er denn da?«, fragte der Kunde den Schneider.

»Oh, achten Sie nicht auf ihn«, antwortete der Schneider. »Er denkt, er sei eine Glühbirne.«

»Nun, weshalb sagen Sie ihm denn nicht, dass er keine Glühbirne ist?«, fragte der erstaunte Kunde.

»Was?«, meinte da der Schneider. »Soll ich vielleicht im Dunkeln arbeiten?«

In dem Augenblick, in dem man weiß, dass man verrückt ist, ist man nicht mehr verrückt. Das ist das einzige Kriterium für geistige Gesundheit. In dem Augenblick, in dem man weiß, dass man nichts weiß, ist man weise.

> Das Orakel von Delphi hatte erklärt, Sokrates sei der weiseste Mensch auf Erden. Da gingen einige Leute zu Sokrates und sagten zu ihm: »Freu dich! Das Orakel von Delphi hat dich zum weisesten Menschen auf Erden erklärt.«
> Sokrates erwiderte: »Das ist alles Unsinn. Ich weiß nur eins: dass ich nichts weiß.«
> Die Leute waren erstaunt und verwirrt. Sie gingen zurück zum Tempel und sagten zum Orakel: »Du hast behauptet, Sokrates sei der weiseste Mensch auf Erden, doch er selbst streitet es ab. Im Gegenteil, er sagt, er sei vollkommen unwissend. Er sagt, er wisse nur eins: dass er nichts weiß.«
> Da lachte das Orakel und sagte: »Genau aus diesem Grund habe ich ihn zum weisesten Menschen auf Erden erklärt. Das ist der Grund – weil er weiß, dass er nichts weiß.«

Unwissende Menschen glauben, sie seien weise. Verrückte Menschen glauben, sie seien vollkommen normal.

Und es ist Teil der menschlichen Natur, dass wir immer nach außen schauen. Wir beobachten alle außer uns selbst; daher wissen wir mehr über die anderen als über uns selbst. Wir wissen nichts über uns selbst. Wir beobachten nicht das Funktionieren unseres eigenen Verstandes, wir sind nicht innerlich aufmerksam.

Es braucht eine Wendung um 180 Grad – das ist es, worum es bei der Meditation geht. Man muss die Augen schließen und anfangen zu beobachten. Anfangs wird man nur Dunkelheit finden und nichts anderes. Und viele Menschen bekommen dann Angst und stürzen wieder nach draußen, weil draußen Licht ist.

Ja, draußen ist Licht, doch dieses Licht wird euch nicht erleuchten, dieses Licht wird euch überhaupt nicht helfen. Ihr braucht ein inneres Licht, ein Licht, das seine Quelle in eurem tiefsten Sein hat, ein Licht, das nicht einmal vom Tod ausgelöscht werden kann, ein Licht, das ewig ist. Und ihr habt es, das Potenzial ist vorhanden! Ihr werdet damit geboren, doch ihr haltet es verschlossen; ihr schaut es euch niemals an.

Und weil ihr viele Jahrhunderte lang, viele Leben lang, nach außen geschaut habt, ist das zu einer mechanischen Gewohnheit geworden. Selbst wenn ihr schlaft, schaut ihr euch Träume an – Träume sind Reflexionen des Äußeren. Wenn ihr die Augen schließt, tauchen Tagträume oder Gedanken auf; und auch das bedeutet wieder, dass ihr euch mit Dingen außerhalb von euch selbst beschäftigt. Das ist zu einer so chronischen Gewohnheit geworden, dass es nicht einmal mehr kurze Intervalle gibt, kleine Fenster in euer eigenes Inneres, durch die ihr einen Blick werfen könntet auf das, was ihr wirklich seid.

Anfangs ist es daher ein harter Kampf, es ist anstrengend. Es ist schwierig – aber nicht unmöglich. Wenn ihr entschlossen seid, wenn ihr wirklich auf eine innere Forschungsreise gehen wollt, wird es früher oder später geschehen. Ihr müsst einfach nur immer weiter graben und mit der Dunkelheit kämpfen. Dann werdet ihr euch bald durch die Dunkelheit gekämpft haben und in das Reich des Lichts eintreten. Und dieses Licht ist wirkliches Licht, weit wirklicher als das Licht von Sonne oder Mond, denn alle äußeren Lichter scheinen nur vorübergehend; sie scheinen nur für den Augenblick. Selbst die Sonne wird eines Tages aufhören zu scheinen. Nicht nur kleine Lampen erschöpfen ihre Vorräte und erlöschen, auch die Sonne mit ihren enormen Vorräten stirbt jeden Tag ein bisschen mehr. Früher oder später wird sie zu einem schwarzen Loch werden; sie wird erlöschen und kein Licht mehr ausstrahlen. So lange sie auch leben mag, sie ist nicht ewig. Das innere Licht dagegen ist ewig; es kennt keinen Anfang und kein Ende.

Ich bin nicht daran interessiert, euch zu sagen, dass ihr eure Fehler loswerden sollt, dass ihr gut werden sollt, dass ihr euren Charakter verbessern sollt – nein, überhaupt nicht. Ich bin überhaupt nicht an eurem Charakter interessiert; ich interessiere mich nur für euer Bewusstsein.

Werdet wacher, werdet bewusster. Geht tiefer und immer tiefer in euch selbst, bis ihr das Zentrum eures Seins gefunden habt. Ihr lebt an der Peripherie, und an der Peripherie herrscht immer Unruhe. Je tiefer ihr geht, desto tiefer wird die Stille, die euch umgibt. Und in diesen Erfahrungen von Stille, Licht, Freude beginnt sich euer Leben in eine andere Dimension zu bewegen. Die Fehler, die Irrtümer, beginnen zu verschwinden.

Beunruhigt euch also nicht über eure Fehler und Irrtümer. Kümmert euch nur um eine einzige Sache, ein einziges Phänomen. Widmet eure ganze Energie nur dem einen Ziel, und das ist, bewusster zu sein, wacher zu sein. Wenn ihr eure ganze Energie darauf verwendet, wird es geschehen, ganz unvermeidlich. Es ist euer Geburtsrecht.

Moral hat mit guten und schlechten Eigenschaften zu tun. Derjenige Mensch ist gut – wenn es nach der Moral geht –, der ehrlich, aufrichtig, authentisch und vertrauenswürdig ist.

Ein Mensch mit Bewusstheit ist nicht nur ein guter

Mensch, er ist weit mehr. Für den guten Menschen ist das Gutsein alles; für den bewussten Menschen ist das Gutsein nur ein Nebenprodukt. In dem Augenblick, in dem man sich seines eigenen Seins bewusst ist, folgt das Gutsein wie ein Schatten nach. Dann braucht es keine Anstrengungen mehr, gut zu sein; es wird einem zur zweiten Natur. So wie die Bäume grün sind, ist man gut.

Doch ein »guter Mensch« ist nicht notwendigerweise auch bewusst. Sein Gutsein entsteht nur durch große Anstrengung, weil er gegen seine schlechten Eigenschaften ankämpft – gegen das Lügen und Stehlen, gegen Unaufrichtigkeit, Unehrlichkeit, Gewalttätigkeit. All das ist in dem guten Menschen vorhanden und nur unterdrückt, es kann jeden Augenblick aufbrechen.

Der gute Mensch kann sich leicht in einen schlechten Menschen verwandeln, ohne jede Anstrengung – denn all die schlechten Eigenschaften sind vorhanden, sie sind nur verborgen, sind durch seine Anstrengung unterdrückt. Wenn er die Anstrengung aufgibt, werden sie sofort in seinem Leben auftauchen. Und die guten Qualitäten sind nur bewusst kultiviert, aber nicht von Natur aus vorhanden. Er versucht immer mit aller Kraft, aufrichtig zu sein, wahrhaftig zu sein, nicht zu lügen – doch es ist immer eine Anstrengung, es ist ermüdend.

Der gute Mensch kann sich leicht in einen schlechten Menschen verwandeln, ohne jede Anstrengung – denn all die schlechten Eigenschaften sind vorhanden, sie sind nur verborgen, sind durch seine Anstrengung unterdrückt. Wenn er die Anstrengung aufgibt, werden sie sofort in seinem Leben auftauchen.

Der gute Mensch ist immer ernsthaft, denn er hat Angst vor all den schlechten Eigenschaften, die er unterdrückt hat. Und er ist ernsthaft, weil er sich tief im Innern danach sehnt, für sein Gutsein geachtet zu werden, belohnt zu werden. Er sehnt sich danach, respektiert zu werden. Eure so genannten Heiligen sind größtenteils nur »gute Menschen«.

Es gibt nur eine Möglichkeit, den »guten Menschen« zu transzendieren, und das geschieht, indem man mehr Bewusstheit ins eigene Sein bringt. Bewusstheit ist nichts, was man kultivieren müsste; sie ist bereits vorhanden, sie muss nur geweckt werden. Wenn man vollkommen erwacht ist, ist alles, was man tut, gut, und alles, was man nicht tut, schlecht.

Ein guter Mensch muss sich enorm anstrengen, das Gute zu tun und das Schlechte zu vermeiden; das Schlechte ist eine ständige Versuchung für ihn. Es ist eine ständige Wahl: In jedem Augenblick muss er das Gute wählen und nicht das Schlechte. Zum Beispiel ein Mann wie Mahatma Gandhi – er ist ein guter Mensch; sein ganzes Leben lang versuchte er, auf der Seite des Guten zu stehen. Doch selbst im Alter von 70 Jahren hatte er noch sexuelle Träume, und er war sehr beunruhigt deswegen: »Soweit es die Zeit meines Wachseins betrifft, kann ich mich vollständig der Sexualität enthalten. Doch was kann ich im Schlaf machen? Was ich tagsüber unterdrücke, taucht in der Nacht auf.«

Das zeigt eins, nämlich, dass all das nicht verschwunden ist; es ist im Innern geblieben und wartet. In dem Augenblick, in dem man sich entspannt, in dem man die Anstrengung aufgibt – und zumindest im Schlaf muss man sich entspannen und die Anstrengung aufgeben, gut zu sein –, kommen alle schlechten Eigenschaften, die man unterdrückt hat, und tauchen in den Träumen auf. Eure Träume sind eure unterdrückten Begierden.

Der gute Mensch befindet sich in einem andauernden Konflikt. Sein Leben ist niemals voll Freude; er kann nicht aus ganzem Herzen lachen, er kann nicht singen, er kann nicht tanzen. Bei allem muss er ständig bewerten. Sein Verstand ist voller Urteile und Bewertungen – und weil er selbst so angestrengt versucht, gut zu sein, beurteilt er die anderen nach denselben Kriterien.

Er kann niemanden so akzeptieren, wie er ist; er kann andere nur dann akzeptieren, wenn sie seine Ansprüche an das Gutsein erfüllen.

Und weil er Menschen nicht so akzeptieren kann, wie sie sind, verurteilt er sie. All eure Heiligen sind voll negativer Urteile über alle anderen; wenn es nach ihnen geht, sind alle anderen Sünder.

Das sind nicht die Qualitäten eines wahrhaft religiösen Menschen. Der wahrhaft religiöse Mensch bewertet nicht und verurteilt nicht. Er weiß, dass es nicht die Handlung ist, die gut ist oder schlecht ist – Bewusstheit ist gut, und Unbewusstheit ist schlecht. Du magst in Unbewusstheit etwas tun, was in den Augen der ganzen Welt gut ist, doch für den religiösen Menschen wird es nicht gut sein. Und du magst etwas Schlechtes tun, und alle werden dich verurteilen, außer der wahrhaft religiöse Mensch. Er kann dich nicht verurteilen – denn du bist unbewusst; du brauchst Mitgefühl, keine Verurteilung. Keine Verdammung – du verdienst nicht die Hölle, niemand verdient die Hölle.

Wenn man einen Punkt vollkommener Bewusstheit erreicht hat, gibt es keine Wahl mehr – man tut einfach das, was gut ist. Man tut es unschuldig, so wie der Schatten einem folgt, ohne Anstrengung. Wenn man rennt, rennt der Schatten mit; wenn man anhält, hält auch der Schatten an – das ist für den Schatten nicht mit Anstrengung verbunden.

❧

Wenn man einen Punkt vollkommener Bewusstheit erreicht hat, gibt es keine Wahl mehr – man tut einfach das, was gut ist. Man tut es unschuldig, so wie der Schatten einem folgt, ohne Anstrengung.

❧

Ein bewusster Mensch lässt sich nicht mit einem guten Menschen gleichsetzen. Er *ist* gut – doch auf eine vollkommen andere Art, von einem vollkommen anderen Standpunkt aus. Er ist nicht gut, weil er *versucht*, gut zu sein; er ist gut, weil er bewusst ist. Und in der Bewusstheit verschwindet das Böse, das Schlechte, all diese negativen Qualitäten, so wie die Dunkelheit angesichts von Licht verschwindet.

Die Religionen sind reine Moralanstalten geblieben. Sie haben ihre ethischen Vorschriften; sie sind nützlich für die Gesellschaft, doch sie sind nicht nützlich für euch, nicht nützlich für das Individuum. Sie sind von der Gesellschaft geschaffene nützliche Einrichtungen. Wenn jeder anfangen würde zu stehlen, wäre das Leben bald unmöglich; wenn jeder anfangen würde zu lügen, wäre das Leben bald unmöglich; wenn jeder unehrlich wäre, könnte man nicht mehr zusammenleben. Auf der untersten Ebene braucht es also eine gewisse Moral für die Gesellschaft; es ist eine soziale Notwendigkeit, doch darin liegt keine religiöse Revolution.

Gebt euch nicht damit zufrieden, einfach nur gut zu sein.

Denkt daran, man muss an einen Punkt kommen, an dem man nicht mehr darüber nachdenken muss, was gut ist und was schlecht ist. Das eigene Bewusstsein, die eigene Bewusstheit führt einen ganz einfach zu dem, was gut ist – ohne dass man irgendetwas unterdrücken müsste. Ich würde Mahatma Gandhi nicht als einen bewussten Menschen bezeichnen, nur als einen guten Menschen – und er versuchte wirklich sehr, gut zu sein. Nicht, dass ich seinen Motiven misstraue, doch er war vom Gutsein besessen.

Ein bewusster Mensch ist von überhaupt nichts besessen – er hat keine Obsessionen. Er ist einfach entspannt, ruhig und friedlich, still und heiter. Was immer aus seiner Stille erblüht, ist gut. Es ist immer gut – er lebt in einer Bewusstheit, in der es keine Wahl gibt.

Geht also über das gewöhnliche Konzept eines guten Menschen hinaus. Dann seid ihr nicht mehr gut oder schlecht. Dann seid ihr nur noch wachsam, aufmerksam, bewusst, und dann ist alles gut, was daraus entsteht. Um es mit anderen Worten auszudrücken, könnte ich auch sagen, dass ihr in vollkommener Bewusstheit die Qualität von Göttlichkeit erreicht – und das Gute ist nur ein kleines Nebenprodukt von Göttlichkeit.

Die Religionen haben euch gelehrt, gut zu sein, damit ihr eines Tages Gott finden könnt. Das ist nicht möglich – kein guter Mensch hat jemals zur Göttlichkeit gefunden. Ich lehre euch genau das Gegenteil: Findet Göttlichkeit, und das Gute wird von allein zu euch kommen. Und wenn das Gute von allein kommt, besitzt es eine Schönheit, eine Anmut, eine Einfachheit, eine Bescheidenheit. Es sehnt sich nicht nach einer Belohnung, jetzt oder im Jenseits. Es trägt seine eigene Belohnung in sich.

Experimente im Beobachten

Die Menschen beobachten immer nur die anderen; nie machen sie sich die Mühe, sich selbst zu beobachten. Jeder beobachtet – und dabei handelt es sich um das oberflächlichste Beoachten –, was die anderen tun, welche Kleidung sie tragen, wie sie aussehen … Jeder beobachtet. Beobachten ist nichts, was man ganz neu in eurem Leben einführen müsste. Es muss nur vertieft werden, es muss von den anderen abgezogen und auf eure eigenen inneren Gefühle, Gedanken, Stimmungen gelenkt werden – und schließlich auf den Beobachter selbst.

Ein Jude sitzt in einem Zugabteil einem Priester gegenüber. »Sagen Sie mir doch bitte, Euer Hochwürden«, fragt der Jude, »warum tragen Sie Ihren Kragen verkehrt herum?«
»Weil ich ein Vater bin«, antwortet der Priester.
»Ich bin auch Vater, und ich trage meinen Kragen trotzdem nicht so.«
»Oh«, meint da der Priester, »aber ich bin ein Vater von Tausenden.«
»Dann wäre es vielleicht besser«, erwidert der Jude, »wenn Sie Ihre Hose verkehrt herum tragen würden.«

Die Leute sind immer sehr aufmerksam, wenn es um andere geht.

Zwei Männer gehen spazieren; plötzlich beginnt es zu regnen.
»Rasch«, meint da der eine, »mach deinen Schirm auf.«
»Das wird nichts nützen«, sagt sein Freund. »Mein Schirm ist voller Löcher.«
»Warum hast du ihn dann überhaupt mitgenommen?«
»Weil ich nicht angenommen habe, dass es regnen wird.«

Ihr lacht über die dummen Dinge, die andere Leute machen, aber habt ihr schon einmal über euch selbst gelacht? Habt ihr euch selbst schon einmal bei etwas Lächerlichem ertappt? Nein, ihr achtet überhaupt nicht auf euch selbst. Euer ganzes Beobachten gilt den anderen, und das wird euch nicht helfen.

Aus der Zeit in die Zeitlosigkeit

Legt einfach einmal eine Uhr mit Sekundenzeiger vor euch hin und behaltet den Sekundenzeiger im Auge – ihr werdet überrascht feststellen, dass ihr nicht einmal eine Minute lang daran denken könnt. Vielleicht 15, 20 Sekunden lang, höchstens 30 Sekunden lang, und dann vergesst ihr es. Dann verliert ihr euch in irgendwelchen Gedanken – bis euch plötzlich wieder einfällt, dass ihr ja versucht habt zu beobachten. Auch nur eine Minute lang durchgehend bewusst zu bleiben ist schon schwierig; man muss sich also bewusst sein, dass es kein Kinderspiel ist. Wenn ihr versucht, in den kleinen Dingen des Lebens bewusst zu sein, denkt also daran, dass ihr es viele Male vergessen werdet. Ihr werdet euch von allen möglichen Dingen ablenken lassen. Sobald ihr euch dann wieder erinnert, fühlt euch nicht schuldig – das ist eine der Fallen.

Wenn ihr anfangt, euch schuldig zu fühlen, könnt ihr nicht zu der Bewusstheit zurückkehren, die ihr geübt hattet. Es gibt keinen Grund, sich schuldig zu fühlen, denn es ist einfach nur natürlich. Fühlt euch nicht schuldig, denn es ist natürlich, es passiert jedem Suchenden. Akzeptiert es als normal; sonst könnt ihr in der Reue stecken bleiben, in dem Schuldgefühl, dass ihr nicht einmal ein paar Augenblicke lang bewusst sein könnt und es immer wieder vergesst.

Der Jaina-Meister Mahavira war der erste Mensch in der Geschichte, der herausgefunden hat, dass es ausreicht, wenn ein Mensch 48 Minuten lang ununterbrochen bewusst ist – dass er dann erleuchtet wird, dass ihn dann nichts mehr daran hindern kann. Nur 48 Minuten – doch selbst 48 Sekunden sind schon schwierig! Es gibt so viele Ablenkungen …

Vergesst also Schuldgefühle und Reue – in dem Augenblick, in dem euch auffällt, dass ihr vergessen habt, was ihr tut, kommt einfach zurück. Kommt einfach zurück und fangt wieder von vorn an. Weint nicht um die vergossene Milch – das wäre dumm.

Es wird Zeit brauchen, doch langsam werdet ihr bemerken, dass ihr länger und länger bewusst bleiben könnt, vielleicht eine ganze Minute lang, vielleicht zwei Minuten lang. Und dann ist es solch eine Freude, dass ihr zwei Minuten lang bewusst gewesen seid – doch verliert euch nicht in der Freude, denkt nicht, dass ihr etwas Besonderes geleistet hättet. Das würde zum Hindernis werden. So kann man sich verlieren – nur ein kleiner Fortschritt, und schon denkt man, dass man nach Hause gekommen ist.

Arbeitet langsam und geduldig daran. Es gibt keine Eile – ihr habt die ganze Ewigkeit Zeit. Versucht nicht, euch besonders zu beeilen. Ungeduld wird euch nicht weiterbringen. Bewusstheit ist nicht wie eine Sommerblume, die in sechs Wochen aufblüht und dann verwelkt. Bewusstheit ist wie eine libanesische Zeder, die Hunderte von Jahren benötigt, um heranzuwachsen, dann aber Jahrtausende lebt und 50, 60 Meter hoch werden kann.

Bewusstheit wächst langsam, doch sie wächst. Man muss einfach nur geduldig sein.

Wenn sie zunimmt, werdet ihr plötzlich viele Dinge wahrnehmen, die euch niemals zuvor aufgefallen sind. Beispielsweise werdet ihr Spannungen in eurem Körper wahrnehmen, die ihr nie zuvor bemerkt hattet, weil sie so subtil sind. Jetzt, da ihr bewusst seid, könnt ihr diese subtilen, zarten Spannungen spüren. Wann immer ihr nun Spannungen im Körper wahrnehmt, könnt ihr diesen Teil bewusst entspannen. Und wenn der ganze Körper entspannt ist, nimmt die Bewusstheit schneller zu, denn diese Spannungen sind Hindernisse.

Wenn eure Bewusstheit weiter zunimmt, werdet ihr überrascht feststellen, dass ihr nicht nur im Schlaf träumt, sondern dass selbst dann, wenn ihr wach seid, eine Unterströmung von Träumen vorhanden ist. Sie fließt unmittelbar unter eurem Wachsein dahin – schließt in irgendeinem Moment die Augen, und ihr könnt einen Traum wahrnehmen, der wie eine Wolke am Himmel vorüberzieht. Doch nur wenn ihr etwas bewusster werdet, könnt ihr sehen, dass euer Wachzustand kein wirkliches Wachsein ist. Der Traum schwebt durch euch hindurch – ihr bezeichnet das als Tagtraum. Wenn ihr euch einen Augenblick lang in einen Sessel setzt und die Augen schließt, tritt sofort der Traum in den Vordergrund. Dann stellt ihr euch vor, dass ihr Präsident seid oder große Heldentaten vollbringt – oder irgendetwas anderes, von dem ihr bereits während des Traums wisst, dass es Unsinn ist. Ihr seid nicht der Präsident, und doch läuft der Traum trotz dieses Wissens weiter. Durch Bewusstheit werdet ihr die Schichten von Träumen erkennen können, die in eurem Wachzustand vorhanden sind. Und sie werden anfangen sich aufzulösen, so wie die Dunkelheit sich auflöst, wenn man Licht in einen finsteren Raum bringt.

Die unsichtbare Berührung

Was immer du tust – ob du gehst, sitzt, isst oder überhaupt nichts tust, einfach atmest, dich ausruhst, dich im Gras entspannst –, vergiss niemals, dass du ein Beobachter bist.

Du wirst es wieder und wieder vergessen. Du wirst dich in irgendwelchen Gedanken, Gefühlen, Emotionen, Stimmungen verlieren – irgendetwas wird dich vom Beobachten abbringen. Dann erinnere dich und begib dich zurück zum Zentrum des Beobachtens.

Mache das zu einem andauernden inneren Prozess ... und du wirst staunen, wie das Leben seine Qualität vollkommen verändert. Ich kann meine Hand ohne jede Aufmerksamkeit bewegen, und ich kann meine Hand bewegen und dabei die ganze Bewegung von innen heraus beobachten. Diese beiden Bewegungen sind vollkommen verschieden. Die erste Bewegung ist mechanisch, die Bewegung eines Roboters. Die zweite Bewegung ist bewusst. Und wenn man bewusst ist, fühlt man die Hand von innen; wenn man nicht bewusst ist, kennt man die Hand nur von außen.

Du kennst dein Gesicht nur von außen, im Spiegel, weil du kein Beobachter bist. Wenn du anfängst zu beobachten, wirst du dein Gesicht von innen spüren können – und das ist eine ganz besondere Erfahrung, sich von innen zu beobachten. Dann werden irgendwann seltsame Dinge passieren. Gedanken verschwinden, Gefühle verschwinden, Emotionen verschwinden, und eine gewisse Stille wird dich umgeben. Dann bist du wie eine Insel in der Mitte eines Ozeans aus Stille ... nur ein Beobachter, so als befände sich eine Flamme aus Licht im Zentrum deines Seins, die dein ganzes Wesen erleuchtet.

Anfangs wird es sich nur um eine innere Erfahrung handeln. Doch langsam wirst du bemerken, wie die Strahlung sich außerhalb deines Körpers ausbreitet, wie diese Strahlen andere Menschen erreichen. Du wirst überrascht und schockiert feststellen, dass andere Menschen, wenn sie nur ein kleines bisschen sensibel sind, sofort spüren werden, dass etwas Unsichtbares sie berührt hat. Wenn du beispielsweise dich selbst beobachtest, dann geh einmal hinter einem anderen her und beobachte dich dabei, und mit ziemlicher Sicherheit wird sich der andere umdrehen und plötzlich ohne bestimmten Grund nach hinten blicken. Wenn du dich selbst beobachtest, beginnt diese Bewusstheit auszustrahlen und wird den anderen vor dir berühren. Und wenn er von etwas Unsichtbarem berührt wird, wird er sich umschauen: »Was ist da los?« Selbst wenn du so weit vom anderen entfernt bist, dass du ihn nicht einmal mit der Hand berühren könntest.

Du kannst einmal folgendes Experiment machen: Jemand schläft, und du setzt dich an seine Seite und beobachtest dich selbst, und plötzlich wird der andere aufwachen, die Augen öffnen und sich umschauen, als ob ihn jemand berührt hätte.

Und langsam wirst du auch fähig werden, die Berührung durch die Strahlen wahrzunehmen. Das ist es, was man als Schwingung bezeichnet. Es handelt sich durchaus um etwas Reales. Der andere kann es spüren; und auch du wirst merken, dass du den anderen berührt hast.

Der Begriff *berühren* wird bezeichnenderweise für beides verwendet. Man kann ihn verwenden, ohne zu verstehen, was damit gemeint ist, wenn man zum Beispiel sagt: »Dieser Mensch hat mich sehr berührt.« Er hat vielleicht kein einziges Wort zu dir gesagt. Er ist vielleicht nur an dir vorbeigegangen. Er hat dir vielleicht nur einmal kurz in die Augen geblickt, und doch hast du dich von ihm »berührt« gefühlt. Das ist nicht nur eine Redewendung – es ist tatsächlich geschehen. Und dann gehen diese Strahlen weiter zu Menschen, zu Tieren, zu Bäumen, zu Felsen ... und eines Tages wirst du bemerken, dass du das ganze Universum aus dem Inneren heraus berührst.

Buddhas Methode war *Vipassana* – *Vipassana* bedeutet Zeugesein. Und er fand eine der großartigsten Techniken aller Zeiten, nämlich die Technik, den eigenen Atem zu beobachten – einfach nur den Atem zu beobachten. Der Atem ist ein so einfaches und natürliches Phänomen, und er ist 24 Stunden am Tag vorhanden. Man braucht überhaupt keine Anstrengungen zu unternehmen. Wenn man ein Mantra wiederholt, muss man sich anstrengen, muss man sich zu etwas zwingen. Wenn man immer wiederholt: »Ram, Ram, Ram«, muss man sich ständig bemühen. Und man wird es notwendigerweise immer wieder vergessen. Und außerdem kommt auch das Wort *Ram* aus dem Verstand, und etwas aus dem Verstand kann einen niemals über den Verstand hinausführen.

Buddha hat eine vollkommen andere Herangehensweise entdeckt. Beobachte einfach nur deinen Atem – wie der Atem einströmt und wie er ausströmt.

Es gibt vier Punkte, die es zu beobachten gilt. Sitze still da und fange einfach an, den Atem wahrzunehmen, den Atem zu spüren. Der einströmende Atem ist der erste Punkt. Wenn der Atem eingeströmt ist, hält er einen Moment inne – es ist ein kurzer Augenblick, er hält einen Sekundenbruchteil inne; das ist der zweite Punkt. Dann kehrt sich der Prozess um, und der Atem strömt aus; das ist der dritte Punkt. Und wenn schließlich der Atem vollkommen ausgeströmt ist, hält er wieder für einen Sekundenbruchteil inne. Das ist der vierte Punkt zum Beobachten. Danach beginnt der Atem wieder einzuströmen … das ist der Kreislauf des Atmens. Wenn du diese vier Punkte beobachten kannst, wirst du staunen, wirst du verblüfft sein über das Wunder eines so einfachen Prozesses – denn der Verstand hat nichts damit zu tun.

Beobachten ist keine Qualität des Verstandes; Beobachten ist eine Qualität der Seele, des Bewusstseins. Beobachten ist überhaupt kein mentaler Prozess. Wenn man beobachtet, hört der Verstand auf zu arbeiten, hört er auf zu sein. Natürlich wirst du es anfangs viele Male vergessen, und dann kommt der Verstand und beginnt wieder mit seinen alten Spielchen. Doch sooft du dich erinnerst, dass du es vergessen hast, braucht es keine Reue, keine Schuldgefühle – fang einfach wieder an zu beobachten, kehre wieder und wieder zur Beobachtung deines Atems zurück. Langsam, ganz langsam wird der Verstand sich immer weniger und weniger einmischen.

Und wenn du deinen Atem 48 Minuten lang ununterbrochen beobachten kannst, wirst du erleuchtet werden. Das überrascht euch vielleicht – nur 48 Minuten lang? Weil ihr denkt, dass das nicht so besonders schwierig ist … nur 48 Minuten! Aber es ist sehr schwierig. Probiert es nur mal 48 Sekunden lang aus, und ihr werdet merken, wie oft ihr dabei dem Verstand zum Opfer fallt! Versucht es mit einer Uhr vor euch; anfangs könnt ihr nicht einmal 60 Sekunden lang aufmerksam sein. In nur 60 Sekunden, in einer einzigen Minute, werdet ihr viele Male einschlafen. Ihr werdet das Beobachten vollständig vergessen – die Uhr und das Beobachten, beides zusammen. Irgendein Gedanke wird euch mitnehmen, weit weg; dann plötzlich wird es euch wieder einfallen … ihr schaut auf die Uhr, und zehn Sekunden sind vergangen. Zehn Sekunden lang habt ihr nicht beobachtet.

Doch langsam, ganz langsam – es ist wie ein Kniff; es ist keine Übung, es ist mehr wie ein Kniff –, langsam, ganz langsam wirst du es dir zu Eigen machen. Denn die wenigen Augenblicke, in denen du aufmerksam bist, sind von solch außergewöhnlicher Schönheit, schenken dir so enorme Freude, dass du wieder und wieder dorthin zurückkehren möchtest, sobald du einmal solche Augenblicke erlebt hast – aus reiner Freude am Präsentsein, am Dasein mit dem Atem, und nicht aus irgendeinem anderen Motiv heraus.

Denkt daran, das ist nicht derselbe Prozess wie beim Yoga. Beim Yoga wird es als *Pranayama* bezeichnet; das ist ein vollkommen anderer Vorgang, tatsächlich handelt es sich um das genaue Gegenteil von dem, was Buddha als *Vipassana* bezeichnet hat. Beim *Pranayama* nimmt man tiefe Atemzüge, man füllt seine Brust mehr und mehr mit Luft, mehr und mehr mit Sauerstoff; dann leert man seinen Brustkorb so vollständig wie möglich von allem Kohlendioxid. Das ist eine Körperübung – sie ist gut für den Körper, doch sie hat nichts mit *Vipassana* zu tun.

Beim *Vipassana* geht es nicht darum, den Rhythmus des natürlichen Atems zu verändern. Man nimmt keine langen, tiefen Atemzüge, man atmet nicht anders aus als sonst auch. Man lässt es vollkommen normal und natürlich sein. Das ganze Bewusstsein befindet sich dabei auf einem Punkt und beobachtet.

Und wenn man den eigenen Atem beobachten kann, kann man auch anfangen, andere Dinge zu beobachten. Wenn man geht, kann man beobachten, wie man geht, wenn man isst, kann man beobachten, wie man isst. Und schließlich und endlich kann man sogar beobachten, wie man schläft.

An dem Tag, an dem du beobachten kannst, wie du schläfst, wirst du in eine andere Welt versetzt. Der Körper schläft weiter, und im Innern brennt ein helles Licht. Die Aufmerksamkeit bleibt ungestört. Dann ist 24 Stunden am Tag eine Unterströmung des Beobachtens vorhanden. Du machst weiter irgendwelche alltäglichen Dinge … für die äußere Welt hat sich nichts verändert, doch für dich hat sich alles verändert.

Ein Zen-Meister war gerade dabei, Wasser vom Brunnen zu holen, und ein Anhänger, der von ihm gehört hatte und weit gereist war, um ihn zu sehen, fragte ihn: »Wo kann ich so-und-so antreffen, den Meister dieses Klosters?« Er dachte, dieser Mann sei ein Diener, da er Wasser vom Brunnen holte – man trifft keinen Buddha, der Wasser vom Brunnen holt, man trifft keinen Buddha, der den Boden putzt.

Der Meister lachte und sagte: »Ich bin derjenige, den du suchst.«

Der Anhänger konnte es nicht glauben. »Ich habe viel von dir gehört, doch ich kann mir nicht vorstellen, dass du Wasser vom Brunnen holst.«

Der Meister sagte: »Aber das ist es, was ich zu tun pflegte, bevor ich erleuchtet wurde. Wasser vom Brunnen zu holen und Holz zu hacken – das habe ich vorher gemacht, und das mache ich auch jetzt immer noch. Ich bin in diesen beiden Dingen sehr geübt: Wasser vom Brunnen holen und Holz hacken. Komm mit – als Nächstes werde ich Holz hacken, schau mir zu!«

»Aber was ist denn dann der Unterschied? Vor der Erleuchtung hast du diese beiden Dinge getan, und nach der Erleuchtung machst du immer noch dieselben beiden Dinge – was ist der Unterschied?«

Der Meister lachte. »Der Unterschied ist innerlich. Vorher tat ich alles im Schlaf; jetzt tue ich alles bewusst, das ist der Unterschied. Die Aktivitäten sind dieselben, doch ich bin nicht mehr derselbe. Die Welt ist dieselbe, doch ich bin nicht mehr derselbe. Und weil ich nicht mehr derselbe bin, ist die Welt für mich auch nicht mehr dieselbe.«

Die Transformation muss innerlich stattfinden. Das ist wahre Entsagung: Die alte Welt ist verschwunden, weil das alte Wesen verschwunden ist.

Die Phänomene des Träumens und der Wachsamkeit sind zwei vollkommen unterschiedliche Dinge. Versuche einfach einmal Folgendes: Jede Nacht, wenn du einschläfst, wenn du in einem Zustand bist, in dem du noch halb wach und schon halb eingeschlafen bist, in dem du langsam immer tiefer in den Schlaf sinkst, wiederhole vor dich hin: »Ich werde mich daran erinnern, dass es ein Traum ist.«

Wiederhole das, bis du eingeschlafen bist. Es wird ein paar Tage dauern, doch eines Tages wirst du überrascht feststellen: Sobald diese Vorstellung tief in dein Unbewusstes eingesunken ist, kannst du deine Träume als Träume beobachten. Dann haben sie keine Herrschaft mehr über dich. Wenn deine Wachsamkeit dann langsam immer stärker wird, werden die Träume allmählich vollkommen verschwinden. Sie sind sehr scheu; sie wollen sich nicht beobachten lassen. Sie existieren nur in der Dunkelheit des Unbewussten. Wenn deine Aufmerksamkeit Licht ins Dunkel bringt, beginnen sie zu verschwinden.

Mach also diese Übung immer weiter, und du kannst deine Träume zum Verschwinden bringen. Und du wirst dich wundern: Deine Träume loszuwerden hat viele Auswirkungen. Wenn deine Träume verschwinden, wird das Schnattern deines Verstandes tagsüber ebenfalls abnehmen. Zweitens wirst du mehr im Augenblick sein – nicht in der Zukunft, nicht in der Vergangenheit. Drittens wird deine Intensität zunehmen, und du wirst in deinen Handlungen stärker präsent sein.

Träumen ist eine Krankheit. Träume werden gebraucht, weil der Mensch krank ist. Doch wenn man seine Träume vollkommen loslassen kann, kann man eine neue Art von Gesundheit erlangen, eine neue Sichtweise. Und ein Teil des Unbewussten wird bewusst werden, sodass die eigene Individualität gestärkt wird. Dann wird man niemals mehr bereuen, was man getan hat, weil man es so voller Bewusstheit getan hat, dass es keine Reue gibt.

Wachsamkeit ist die größte Magie, die man erlernen kann, weil sie eine Transformation des gesamten Wesens in Gang setzt.

Wenn ihr anfangt, eure Träume zu beobachten, werdet ihr feststellen, dass es fünf verschiedene Arten von Träumen gibt. Die erste Art von Traum besteht nur aus Abfall – und Tausende von Psychoanalytikern arbeiten nur mit diesem Abfall. Aber diese Art von Traum ist einfach nur nutzlos. Er taucht auf, weil man den ganzen Tag über viel Abfall ansammelt. So wie der Körper Staub ansammelt und man ein Bad braucht, eine Reinigung braucht, so sammelt auch der Verstand Staub an. Und weil es keine Möglichkeit gibt, dem Verstand ein Bad zu gönnen, hat er seinen eigenen automatischen Mechanismus, um all diesen Staub und Schutt loszuwerden. Diese Art von Traum – die erste Art von Traum – besteht also nur aus dem Staub, den der Verstand hinauskehrt, und das macht den größten Teil aller Träume aus, beinahe 90 Prozent. Beinahe 90 Prozent aller Träume sind nichts anderes als Staub, der hinausgekehrt wird. Achtet also nicht auf sie. Und nach und nach, wenn eure Bewusstheit zunimmt, werdet ihr immer besser erkennen können, wann es sich um Staub handelt.

Die zweite Art von Träumen besteht aus einer Art Wunscherfüllung. Es gibt viele Bedürfnisse, natürliche Bedürfnisse, doch die Priester und die so genannten religiösen Lehrer haben euren Verstand vergiftet. Sie erlauben euch nicht einmal, eure grundlegenden Bedürfnisse zu erfüllen. Sie haben sie vollkommen verdammt, und diese Verdammung ist auf euch übergegangen. Ihr hungert also nach vielen Dingen – und dieser Hunger fordert eine Befriedigung, und die zweite Art von Träumen ist nichts anderes als eine Erfüllung dieser Bedürfnisse. Was immer ihr euch selbst wegen eurer Priester und Lehrer verweigert habt, versucht sich der Verstand auf die eine oder andere Weise in Träumen zu erfüllen.

Bei dieser Art Traum sollte man auf das Bedürfnis achten, nicht auf die Bedeutung. Bedeutungen gehören zum bewussten Verstand, Bedürfnisse gehören zum Unbewussten – und das ist die Art und Weise, wie die zweite Art von Träumen entsteht. Zuerst beschneidet ihr euch eure Bedürfnisse, und dann erfüllt sie sich der Verstand in seinen Träumen. Ihr habt großartige Bücher gelesen, ihr seid von irgendwelchen Philosophen vergiftet worden, und sie haben euren Verstand auf bestimmte Art und Weise geformt. Ihr seid nicht mehr offen für das Leben selbst; die Philosophien haben euch geblendet – und ihr beginnt eure Bedürfnisse zu beschneiden. Dann steigen diese Bedürfnisse hoch und tauchen in euren Träumen auf, weil das Unbewusste keine Philosophien kennt. Das Unbewusste weiß nichts von Bedeutung, von Zweck und Ziel. Das Unbewusste weiß nur eins: was es braucht, um sich erfüllt zu fühlen. Und dann erzwingt das Unbewusste seine eigenen Träume. Das ist die zweite Art von Traum. Es ist sehr sinnvoll, ihn zu verstehen und darüber zu meditieren. Denn das Unbewusste versucht über diese Art von Traum mit euch zu kommunizieren: »Sei kein Narr! Du wirst darunter leiden. Lass dein Inneres nicht verhungern. Begeh keinen Selbstmord, und bring dich auch nicht auf Raten um, indem du deine Bedürfnisse vernachlässigst.«

Denkt daran: Wünsche stammen aus dem bewussten Verstand, Bedürfnisse aus dem Unbewussten. Und dieser Unterschied ist sehr, sehr bedeutsam, man muss ihn genau verstehen.

Wünsche kommen aus dem bewussten Verstand – das Unbewusste kennt keine Wünsche, das Unbewusste kümmert sich nicht um Wünsche. Was ist ein Wunsch? Ein Wunsch entsteht aus eurem Denken, eurer Erziehung, eurer Konditionierung. Du wärst gern Präsident deines Landes – das Unbewusste kümmert sich darum nicht. Das Unbewusste ist nicht daran interessiert, der Präsident eines Landes zu werden, das Unbewusste interessiert sich nur dafür, wie es zu einer erfüllten organischen Einheit werden kann. Doch der bewusste Verstand sagt: »Du musst unbedingt Präsident werden, und wenn du alles, was du liebst, dafür opfern musst, um Präsident zu werden, dann opfere es. Wenn du deinen Körper dafür opfern musst – opfere ihn. Wenn du deine Ruhe dafür opfern musst – opfere sie. Erst einmal musst du Präsident werden.« Oder wenn es darum geht, großen Reichtum anzusammeln – auch das kommt aus dem bewussten Verstand. Das Unbewusste kennt keinen Reichtum, das Unbewusste kennt nur das, was natürlich ist. Es ist unberührt von der Gesellschaft; es ist wie die Tiere, wie die Vögel, wie die Bäume. Das Unbewusste wurde noch nicht von der Gesellschaft, von den Politikern konditioniert. Es ist noch rein.

Lauscht auf die zweite Art von Träumen und meditiert über sie, und sie werden euch sagen, was eure Bedürfnisse sind. Erfüllt die Bedürfnisse und kümmert euch nicht um die Wünsche. Wenn du wirklich glücklich werden willst, erfülle deine Bedürfnisse und kümmere dich nicht um deine Wünsche. Und wenn du unglücklich werden willst, ignoriere deine Bedürfnisse und laufe deinen Wünschen nach.

Das ist die Art und Weise, wie ihr alle unglücklich geworden seid. Es ist ein ganz einfaches Phänomen, ob man glücklich oder unglücklich ist – es ist überaus einfach: ein

Mensch, der auf seine Bedürfnisse lauscht und ihnen folgt, so wie ein Fluss zum Meer fließt. Der Fluss fragt nicht danach, ob er nach Osten oder nach Westen fließen soll, er sucht sich einfach seinen Weg. Osten oder Westen macht keinen Unterschied. Der Fluss, der zum Meer fließt, kennt keine Wünsche; er kennt nur seine Bedürfnisse. Das ist der Grund, warum Tiere so glücklich wirken – sie haben nichts und sind doch so glücklich. Und ihr habt so viele Dinge und seid doch so unglücklich. Selbst Tiere übertreffen euch an Schönheit, an Glückseligkeit. Was ist da los? Tiere haben keinen bewussten Verstand, mit dem sie das Unbewusste kontrollieren und manipulieren könnten; sie sind nicht innerlich gespalten.

Die zweite Art von Traum hat euch also viel zu lehren. Mit der zweiten Art von Traum könnt ihr euer Bewusstsein verändern, euer Verhalten verändern, euer Lebensmuster verändern. Hört auf eure Bedürfnisse, was immer euch das Unbewusste auch sagt.

Denkt immer daran: Das Unbewusste hat Recht, denn es besitzt die Weisheit der Ewigkeit. Ihr habt schon Millionen von Leben gelebt; doch das Bewusstsein stammt nur aus diesem Leben. Es wurde in der Schule und der Universität, der Familie und der Gesellschaft trainiert, in der ihr geboren wurdet – zufällig geboren wurdet. Das Unbewusste dagegen enthält alle Erfahrungen all eurer Leben. Es enthält die Erfahrungen aus der Zeit, als ihr ein Fels wart, als ihr ein Baum wart, als ihr Tiere wart – es enthält alles, die gesamte Vergangenheit. Das Unbewusste ist extrem weise, und der bewusste Verstand ist extrem dumm – das muss so sein, denn er stammt ja nur aus diesem Leben, er ist winzig, ohne Erfahrung. Er ist kindisch. Das Unbewusste dagegen enthält ewige Weisheit. Hört also darauf.

Die ganze Psychoanalyse im Westen macht nun genau das und nichts anderes: auf die zweite Art von Träumen zu hören und das Lebensmuster entsprechend zu verändern. Und die Psychoanalyse hat damit schon vielen Menschen geholfen. Sie hat ihre Grenzen, doch sie hat schon vielen geholfen, denn allein das – auf die zweite Art von Träumen zu hören – macht euer Leben bereits entspannter, weniger angespannt.

Dann gibt es noch eine dritte Art von Träumen. Diese dritte Art ist eine Botschaft aus dem Überbewussten. Die zweite Kategorie war eine Botschaft aus dem Unterbewussten. Die dritte Kategorie von Träumen ist selten, weil wir den Kontakt zum Überbewussten fast vollständig verloren haben. Und doch können sie auftreten, denn das Überbewusste ist immer noch in euch vorhanden. Es ist vielleicht zu einer Wolke geworden und in den Himmel aufgestiegen, als wäre es verdunstet, es ist vielleicht sehr weit entfernt, und doch ist es immer noch in euch verankert.

Eine Botschaft aus dem Überbewussten ist selten. Nur wenn ihr sehr, sehr wach werdet, werdet ihr solch eine Botschaft überhaupt wahrnehmen. Ansonsten geht sie verloren in dem ganzen Staub, den der Verstand in seinen Träumen aufwirbelt, und in der Wunscherfüllung, die sich der Verstand herbeiträumt – von unvollständigen Dingen, unterdrückten Dingen. Sie geht darin verloren. Doch wenn ihr bewusst seid, ist sie wie ein leuchtender Diamant – vollkommen anders als alle Steine ringsumher.

Wenn du einen Traum hattest, der aus dem Überbewussten kam, achte auf ihn. Meditiere über ihn, denn er ist dein Führer; er wird dir den Weg zu deinem Meister weisen. Er wird dich zu der Art von Leben hinlenken, die richtig für dich ist, er wird dich zu deiner spirituellen Disziplin führen. Dieser Traum kann zu einem tiefen inneren Führer werden. Man kann auch mit dem bewussten Verstand einen Meister finden, doch dieser Meister wird nichts anderes sein als ein Lehrer. Auch mit dem Unbewussten kann man einen Meister finden, doch dieser Meister wird nichts anders sein als ein Geliebter – man verliebt sich in eine bestimmte Persönlichkeit, einen bestimmten Typus. Nur das Überbewusste kann einen zu seinem wahren Meister führen; dann ist er nicht nur ein Lehrer; dann ist man nicht einfach nur verliebt in das, was er sagt, in das, was er ist. Stattdessen wird man vom Überbewussten zu demjenigen geführt, der am besten zu einem passt, der die besten Möglichkeiten des Wachstums bietet, der einen reichen Boden für das eigene Wachstum bereithält.

Dann gibt es noch eine vierte Art von Träumen, die aus vergangenen Leben stammen. Sie sind gar nicht so selten – sie tauchen recht häufig auf. Doch alles in euch ist ein Durcheinander; ihr könnt keine Unterscheidungen treffen. Ihr seid nicht da, um Unterscheidungen zu treffen.

Im Osten haben wir viel mit dieser vierten Art von Träumen gearbeitet. Aufgrund dieser Kategorie von Träumen sind wir über das Phänomen der Reinkarnation gestolpert. Durch diese Art von Träumen wird man sich – nach und nach – seiner vergangenen Leben bewusst. Man bewegt sich zurück, zurück in der Zeit. Dann beginnen sich viele Dinge innerlich zu verändern – denn wenn man sich erinnert, und sei es nur in einem Traum, wer man in seinen vergangenen Leben war, werden viele Dinge bedeutungslos, und viele neue Dinge bekommen Bedeutung. Das ganze Muster verändert sich, die gesamte Gestalt verändert sich.

Weil du in einem vergangenen Leben so viel Reichtum angesammelt hast, bist du als reichster Mann im Land gestorben und warst doch tief im Innern ein Bettler – und jetzt machst du dasselbe in diesem Leben wieder. Plötzlich verändert sich das Muster. Wenn du dich daran erinnern kannst, was du getan hast und wie das alles zu nichts geführt hat – wenn du dich an viele Leben erinnern kannst, erkennst du, dass du viele Male immer wieder und wieder dasselbe gemacht hast, wie eine hängen gebliebene Schallplatte; wie in einem Teufelskreis machst du immer wieder dasselbe, und immer führt es wieder zum selben Ende – wenn du dich also an ein paar dieser Leben erinnern kannst, wirst du plötzlich überrascht feststellen, dass du nie etwas Neues gemacht hast. Wieder und wieder hast du Reichtum angesammelt; wieder und wieder hast du versucht, politisch einflussreich zu werden; wieder und wieder hast du zu viel Wissen angehäuft. Wieder und wieder hast du dich verliebt, wieder und wieder bist du in das Elend geraten, das die Liebe mit sich bringt ... wenn du diese Wiederholungen erkennst, wie kannst du da noch derselbe bleiben? Dann wird dein Leben plötzlich vollkommen verwandelt. Du kannst nicht mehr in der alten Spur weiterlaufen.

Das ist der Grund, warum die Menschen im Osten seit Jahrtausenden fragen: »Wie können wir aus diesem Rad des Lebens und des Todes entkommen?« Es scheint immer dasselbe Rad zu sein, es scheint immer wieder dieselbe Geschichte zu sein – eine ständige Wiederholung. Wenn du das nicht weißt, denkst du, dass du etwas Neues machst, und bist aufgeregt deswegen. Doch ich kann erkennen, dass du diese Dinge immer und immer wieder gemacht hast.

Es gibt nichts Neues im Leben; es ist ein ewiges Rad. Es bewegt sich immer im selben Kreis. Nur weil ihr eure Vergangenheit immer wieder vergesst, verspürt ihr so viel Aufregung. Sobald ihr euch erinnert, ist die ganze Aufregung vorbei. In diesem Erinnern geschieht *Sannyas*.

Sannyas ist eine Anstrengung, aus der alten Spur auszuscheren, vom Rad abzuspringen. Es bedeutet, dass man sich selbst sagt: »Jetzt ist es genug! Jetzt nehme ich nicht mehr an diesem ganzen alten Unsinn teil. Ich ziehe mich da raus.« *Sannyas* bedeutet, das Rad vollkommen zu verlassen – nicht die Gesellschaft hinter sich zu lassen, aber das eigene innere Rad von Tod und Wiedergeburt.

Das ist die vierte Art von Traum.

Und dann gibt es noch eine fünfte, letzte Art von Traum – die vierte Art bedeutet, zurück in die Vergangenheit zu gehen, und die fünfte, vorwärts in die Zukunft zu gehen. Sie ist selten, sehr selten – es geschieht nur manchmal, wenn man sehr, sehr verwundbar, offen, empfänglich ist. Die Vergangenheit wirft einen Schatten, und die Zukunft wirft einen Schatten, und beides spiegelt sich in dir. Wenn du dir deiner Träume bewusst werden kannst, wirst du dir eines Tages auch dieser Möglichkeit bewusst werden – dass die Zukunft bei dir hereinschaut. Es öffnet sich einfach plötzlich eine Tür, und die Zukunft führt ein Gespräch mit dir.

Das sind die fünf Kategorien von Träumen. Die moderne Psychologie kennt nur die zweite Kategorie und verwechselt sie häufig mit der ersten. Die drei anderen Arten sind praktisch unbekannt.

Wenn du meditierst und dir deines inneren Wesens in Träumen bewusst wirst, beginnen noch viele andere Dinge zu geschehen. Zuerst – nach und nach, je mehr du dir deiner Träume bewusst wirst, wirst du anfangen, immer mehr an der Realität deiner wachen Stunden zu zweifeln. Daher sprechen die Hindus davon, dass die Welt wie ein Traum sei.

Im Augenblick gilt noch genau das Gegenteil. Weil du von der Realität der Welt in deinem Wachzustand so überzeugt bist, denkst du beim Träumen, dass auch diese Träume real seien. Niemand hat beim Träumen das Gefühl, dass der Traum nicht real ist – während des Träumens wirkt er vollkommen real und wirklich. Am Morgen wird man natürlich sagen, dass es nichts als ein Traum war – doch das ist nicht der entscheidende Punkt, denn zu diesem Zeitpunkt funktioniert ein anderer Verstand. *Dieser* Verstand war an dem Traum überhaupt nicht beteiligt; *dieser* Verstand hat nur ein Gerücht davon gehört. Der bewusste Verstand, der am Morgen aufwacht und sagt, dass es nur ein Traum war – dieser Verstand war überhaupt nicht dabei, wie könnte er also irgendetwas dazu sagen? Er hat einfach nur ein Gerücht gehört.

Es ist so, als würdest du schlafen, und zwei Leute reden miteinander, und hier und da hörst du – während du schläfst, und nur, weil sie so laut reden – einige Worte, die einen wirren Eindruck in dir hinterlassen. Das ist es, was vor sich geht – während das Unbewusste die Träume erzeugt und enorme Aktivitäten in Gang sind, schläft das Bewusstsein und hört nur die Gerüchte darüber und sagt am Morgen: »Das ist alles falsch. Es war nur ein Traum.«

Doch in dem Augenblick, in dem du träumst, hast du das Gefühl, dass es vollkommen real ist. Selbst absurde Dinge, unlogische Dinge wirken real, weil das Unbewusste keine Logik kennt. In deinem Traum gehst du vielleicht eine Straße entlang, siehst ein Pferd, das auf dich zukommt, und plötzlich ist das Pferd kein Pferd mehr, sondern ist zu deiner Frau geworden. Und in deinem Kopf passiert nichts, taucht nicht die Frage auf: »Wie ist das möglich? Wie ist aus diesem Pferd plötzlich meine Frau geworden?« Kein Problem taucht in dir auf, kein Zweifel taucht auf. Das Unbewusste kennt keinen Zweifel. Selbst solch ein absurdes Phänomen wird geglaubt; du bist von seiner Realität überzeugt.

Genau das Gegenteil passiert, wenn du dir deiner Träume bewusst wirst und das Gefühl bekommst, dass es sich wirklich nur um Träume handelt – nichts ist mehr real, alles ist nur noch ein Drama des Verstandes, ein Psychodrama. Du bist die Bühne, du bist der Schauspieler, und du bist der Autor. Du bist der Regisseur, du bist der Produzent, und du bist der Zuschauer – niemand anderer ist da, es ist nur eine Kreation deines Verstandes. Wenn dir das bewusst wird, dann wird auch diese ganze Welt, die während deines Wachzustands existiert, ihre Qualität verändern. Dann wirst du erkennen, dass hier dasselbe gilt – es spielt sich zwar auf einer größeren Bühne ab, doch der Traum ist derselbe.

Hindus bezeichnen diese Welt auch als *Maya* – Illusion, Traum, Trugbild. Was meinen sie damit? Meinen sie, dass sie nicht wirklich ist? Nein, sie ist wirklich – doch wenn der Verstand daran beteiligt ist, erschafft man sich eine eigene unwirkliche Welt. Wir leben nicht in derselben Welt; jeder lebt in seiner eigenen Welt. Es gibt so viele Welten, wie es Köpfe gibt. Wenn die Hindus sagen, dass diese Welt *Maya* ist, dann meinen sie, dass diese Welt zusammen mit dem Verstand *Maya* ist. Die Realität, das, was wirklich ist, kennen wir nicht. Die Realität zusammen mit dem Verstand ist Illusion, ist *Maya*.

Wenn jemand vollkommen erwacht ist, ein Buddha, dann kennt er die Realität, wie sie *ohne* Verstand ist. Dann handelt es sich um die Wahrheit, *Brahman*, das letztendlich Gültige. Kommt der Verstand hinzu, wird alles zum Traum, denn der Verstand ist das, was Träume erzeugt. Ohne den Verstand ist nichts mehr ein Traum; nur die Realität bleibt zurück, in ihrer kristallklaren Reinheit.

Der Verstand ist wie ein Spiegel. In einem Spiegel wird die Welt reflektiert. Diese Reflexion kann nicht real sein, sie ist nur eine Spiegelung. Wenn der Spiegel nicht mehr vorhanden ist, verschwindet die Reflexion – dann sieht man die Realität. Es ist wie in einer Vollmondnacht, wenn der See still daliegt und der Mond sich im See spiegelt, und du versuchst den Mond zu fangen. Das ist es, was alle Menschen viele Leben lang gemacht haben – alle haben versucht, den Mond im Spiegel des Sees zu fangen. Und natürlich kann das niemals gelingen – es kann nicht gelingen, es ist unmöglich. Man muss den See vergessen und in die entgegengesetzte Richtung blicken. Dort ist der Mond. Der Verstand ist der Spiegel, in dem die Welt zur Illusion wird. Ob man nun mit geschlossenen oder mit offenen Augen träumt, macht keinen Unterschied – solange der Verstand da ist, ist alles, was geschieht, ein Traum.

Das wird die erste Erkenntnis sein, wenn du über Träume meditierst.

Und die zweite Erkenntnis wird sein, dass du ein Zeuge bist: Der Traum ist vorhanden, doch du bist kein Teil davon. Du bist kein Teil deines Verstandes, du transzendierst ihn. Du bist im Verstand, doch du bist nicht der Verstand. Du schaust durch den Verstand, doch du bist nicht der Verstand. Du benutzt den Verstand, doch du bist nicht der Verstand. Plötzlich bist du ein Zeuge – und bist nicht mehr der Verstand.

Und dieses Zeugesein ist die wichtigste, die letzte Erkenntnis. Dann macht es keinen Unterschied mehr, ob der Traum abläuft, während du schläfst oder während du wach bist – du bleibst immer Zeuge. Du bleibst in der Welt, doch die Welt kann nicht mehr in dich eindringen. Die Dinge sind noch da, doch der Verstand ist nicht mehr in den Dingen, und die Dinge sind nicht mehr im Verstand. Plötzlich kommt der Zeuge hinzu, und alles ist verändert.

Es ist einfach, sobald ihr den Trick einmal raushabt. Ansonsten wirkt es schwierig, beinahe unmöglich – wie sollte man wach bleiben, während man träumt? Es scheint unmöglich, doch das ist es nicht. Es braucht drei bis neun Monate, wenn man jede Nacht beim Einschlafen versucht, wachsam zu sein und den Traum zu beobachten.

Doch denkt daran, ihr dürft nicht versuchen, in einem *aktiven* Sinn wachsam zu sein, denn sonst werdet ihr nicht einschlafen können. Es braucht eine passive Aufmerksamkeit – locker, natürlich, entspannt, so als würde man aus dem Augenwinkel heraus zuschauen. Nicht zu aktiv – nur eine passive Bewusstheit, nicht zu bemüht. Man sitzt am Ufer, und der Fluss zieht vorüber, und man beobachtet ihn einfach nur. Es braucht drei bis neun Monate. Dann, eines Tages, fällt der Schlaf plötzlich wie ein dunkler Vorhang über dich – so als wäre die Sonne gesunken und die Nacht würde heraufziehen. Er umgibt dich von allen Seiten, doch tief im Innern brennt noch immer eine Flamme. Du beobachtest – still, passiv. Dann beginnt die Welt der Träume abzulaufen. Viele Spiele, viele Psychodramen laufen ab, und du beobachtest sie einfach nur. Nach und nach wirst du lernen zu unterscheiden – nun erkennst du, um welche Art von Traum es sich jeweils handelt. Und dann plötzlich, eines Tages, erkennst du, dass es genau dasselbe ist wie im Wachzustand. Es gibt keinen Unterschied in der Qualität. Die ganze Welt ist zu einer Illusion geworden. Und wenn die ganze Welt zur Illusion geworden ist, ist nur der Zeuge noch real.

Nachwort

Am seidenen Faden

In Indien gibt es eine alte Geschichte:

Ein großer Weiser schickte einmal seinen besten Schüler zum Hof des Königs Janak, damit der junge Mann dort lernen sollte, was ihm noch fehlte.

Der junge Mann meinte: »Wenn du es mich nicht lehren kannst, wie kann dieser Janak es mir dann beibringen? Du bist ein großer Weiser, und er ist nur ein König. Was weiß er schon über Meditation und Bewusstheit?«

Der Weise erwiderte: »Befolge einfach meine Anweisungen. Geh zu ihm und verbeuge dich vor ihm. Sei nicht überheblich und denke nicht, dass du ein *Sannyasin* bist und er nur ein gewöhnlicher Alltagsmensch, dass er in der Welt lebt und weltlich ist, und du spirituell. Vergiss das alles. Ich schicke dich zu ihm, damit du etwas lernst; für diese Zeit ist er also dein Meister. Und ich weiß, ich habe versucht, es dir hier beizubringen, doch du kannst es nicht verstehen, weil du einen anderen Hintergrund brauchst, um es zu verstehen. Der Hof von Janak und sein Palast werden dir den richtigen Hintergrund geben. Geh einfach zu ihm und verbeuge dich vor ihm. Diese paar Tage lang wird er mich repräsentieren.«

Widerwillig machte sich der junge Mann auf den Weg. Er war ein Brahmane, von hoher Kaste! Und wer war dieser Janak? Er war reich, er besaß ein großes Königreich, doch was konnte er einen Brahmanen schon lehren? Brahmanen denken immer, dass nur sie andere Menschen lehren können. Und Janak war kein Brahmane, er war ein Kshatriya, ein Mitglied der indischen Kriegerkaste. Sie gelten als zweitrangig gegenüber den Brahmanen; die

Brahmanen sind die erste, die vorrangige, die höchste Kaste. Sich vor diesem Mann verneigen? Das war ja noch nie da gewesen! Dass sich ein Brahmane vor einem Kshatriya verneigt, geht gegen den indischen Verstand.

Doch der Meister hatte es befohlen, und so musste es geschehen. Widerwillig ging der junge Mann hin, und widerwillig verneigte er sich. Und während er sich verneigte, war er in Wahrheit wütend auf seinen Meister, denn sich vor Janak verneigen zu müssen war in seinen Augen unwürdig. Eine wunderschöne Frau tanzte an dem Hof, und die Leute tranken Wein, und Janak saß mit ihnen zusammen. Der junge Mann war innerlich voller Kritik – doch trotzdem verneigte er sich.

Janak lachte und sagte: »Du brauchst dich nicht vor mir zu verneigen, wenn du so viel Kritik in dir trägst. Und sei nicht so voller Vorurteile, bevor du mich überhaupt kennen gelernt hast. Dein Meister kennt mich gut, und das ist der Grund, warum er dich hergeschickt hat. Er hat dich geschickt, damit du etwas lernst, doch das ist keine Art, etwas zu lernen.«

Der junge Mann sagte: »Das ist mir gleichgültig. Er hat mich geschickt, ich bin gekommen, doch am Morgen werde ich wieder gehen, denn ich sehe nicht, dass ich hier etwas lernen könnte. Tatsächlich wäre mein ganzes Leben verschwendet, wenn ich etwas von dir lernen würde! Ich bin nicht gekommen, um zu lernen, wie man Wein trinkt und schönen Frauen beim Tanzen zusieht, und all diese Zügellosigkeiten.«

Janak lächelte immer noch und sagte: »Du kannst am Morgen wieder gehen. Doch da du jetzt hier bist und bestimmt müde bist ... ruhe dich wenigstens über Nacht aus, und am Morgen kannst du dann wieder gehen. Und wer weiß – vielleicht wird die Nacht zum Hintergrund für die Lehre, für die der Meister dich hergeschickt hat.«

Das schien ihm eine rätselhafte Aussage. Wie sollte die

Nacht ihn irgendetwas lehren? Doch nun gut, schließlich musste er die Nacht hier verbringen, also wollte er sich nicht darüber aufregen. Er blieb. Der König befahl, dass ihm der schönste Raum im Palast zur Verfügung gestellt wurde, der luxuriöseste. Der König begleitete den jungen Mann, er sorgte dafür, dass er ein Abendessen bekam, ein Bett, und dann verließ er ihn.

Doch der junge Mann konnte die ganze Nacht hindurch nicht schlafen, denn als er nach oben blickte, sah er ein Schwert, das genau über seinem Kopf an einem dünnen Faden von der Decke hing. Es war so gefährlich, dass das Schwert jeden Augenblick herabfallen und den jungen Mann töten konnte. Also blieb er die ganze Nacht über wach und wachsam, damit er die Katastrophe abwenden konnte, falls das Schwert fiel.

Am Morgen fragte der König: »War das Bett bequem, war der Raum angenehm?«

Der junge Mann erwiderte: »Angenehm! Alles war angenehm – doch was war mit dem Schwert? Warum hast du mir so einen Streich gespielt? Das war grausam! Ich war müde, ich war zu Fuß von dem weit entfernten Aschram des Meisters gekommen, und du hast solch ein grausames Spiel mit mir gespielt. Was soll das, ein Schwert an einem so dünnen Faden aufzuhängen, dass ich immer Angst haben musste, dass es beim leisesten Windhauch herabfällt und mich auslöscht? Ich bin nicht hierher gekommen, um Selbstmord zu begehen.«

Da sagte der König: »Ich möchte dich nur eines fragen. Du warst so müde, dass du leicht hättest einschlafen können. Doch du konntest nicht schlafen. Was war los? Die Gefahr war groß, es war eine Frage von Leben und Tod. Also warst du wach, aufmerksam. Das ist meine Lehre. Du kannst jetzt gehen, oder du kannst noch ein paar Tage bleiben, um mich zu beobachten, wenn du möchtest.

Auch als ich gestern bei Hof saß und eine wunderschöne Frau für mich tanzte, war ich mir immer des Schwertes über meinem Kopf bewusst. Es ist unsichtbar; sein Name ist Tod. Ich habe nicht die Frau betrachtet. So wie du den Luxus des Raumes nicht genießen konntest, habe ich den Wein nicht genossen. Ich war mir nur des Todes bewusst, der jeden Augenblick eintreten kann. Ich bin mir ständig des Todes bewusst, daher lebe ich im Palast und bin doch ein Eremit. Dein Meister kennt mich und versteht mich. Er weiß, was ich weiß. Das ist der Grund, warum er dich hierher geschickt hat. Wenn du ein paar Tage lang hier bleibst, kannst du es selbst beobachten.«

Ihr wollt wissen, wie ihr bewusster werden könnt? Werdet euch der Unsicherheit des Lebens stärker bewusst. Der Tod kann jeden Moment zu euch kommen – schon im nächsten Augenblick kann er an eure Tür klopfen. Ihr könnt nur unbewusst bleiben, wenn ihr denkt, dass ihr ewig lebt – wie könntet ihr unbewusst leben, wenn der Tod immer in eurer Nähe ist? Unmöglich! Wenn das Leben vergänglich ist, eine Seifenblase, bei der es nur einen Nadelstich braucht, damit sie für immer zerplatzt … wie kann man da unbewusst bleiben?

Vollbringt jede Handlung mit Bewusstheit.

❧

Ihr wollt wissen, wie ihr bewusster werden könnt? Werdet euch der Unsicherheit des Lebens stärker bewusst. Der Tod kann jeden Moment zu euch kommen – schon im nächsten Augenblick kann er an eure Tür klopfen.

❧

Es gibt zwei Ebenen in euch: die Ebene des Verstandes und die Ebene jenseits des Verstandes. Oder lasst es mich so ausdrücken: eine Ebene, auf der ihr euch an der

Peripherie eures Wesens befindet, und eine Ebene, auf der ihr im Zentrum eures Wesens seid.

Jeder Kreis hat ein Zentrum – ob ihr es nun kennt oder nicht. Vielleicht vermutet ihr überhaupt nicht, dass es ein Zentrum gibt, und doch muss es da sein. Ihr seid eine Peripherie, ihr seid ein Kreis – also gibt es auch ein Zentrum. Ohne Zentrum könntet ihr nicht existieren; es gibt einen Kern eures Wesens.

In diesem Zentrum seid ihr bereits ein Buddha, einer, der nach Hause gekommen ist. An der Peripherie befindet ihr euch in der Welt – im Verstand, in Träumen, in Sehnsüchten, in Ängsten, in tausend verschiedenen Spielen. Und ihr seid beides.

Im Zentrum seid ihr bereits ein Buddha, einer,
der nach Hause gekommen ist. An der Peripherie befindet
ihr euch in der Welt – im Verstand, in Träumen,
in Sehnsüchten, in Ängsten, in tausend verschiedenen Spielen.
Und ihr seid beides.

Es wird Augenblicke geben, in denen ihr bemerkt, dass ihr für kurze Zeit wie ein Buddha wart – dieselbe Anmut, dieselbe Bewusstheit, dieselbe Stille; dieselbe Welt der Seligkeit, des Glücks, des Segens. Es wird Augenblicke geben, in denen ihr euer eigenes Zentrum für einen Moment wahrnehmen könnt – sie können nicht permanent sein; wieder und wieder werdet ihr an der Peripherie landen. Und dann werdet ihr euch dumm und traurig und frustriert fühlen, so als würdet ihr am Sinn des Lebens vorbeigehen – weil ihr auf zwei Ebenen existiert, auf der Ebene der Peripherie und auf der Ebene des Zentrums.

Doch nach und nach werdet ihr fähig, euch vollkommen mühelos von der Peripherie zum Zentrum und vom Zentrum zur Peripherie zu bewegen – so wie ihr euch in ein Haus begebt und wieder nach draußen geht. Dabei stellt ihr ja auch keinen Widerspruch her. Ihr sagt nicht: »Ich bin jetzt draußen, wie kann ich ins Haus gelangen?« Und ihr sagt auch nicht: »Ich bin im Haus, wie kann ich jetzt nach draußen gelangen?« Es ist sonnig draußen, es ist warm, es ist angenehm – ihr setzt euch nach draußen in den Garten. Dann wird es heiß und immer heißer, und ihr beginnt zu schwitzen. Jetzt ist es nicht mehr angenehm, es wird unangenehm – und ihr steht einfach auf und begebt euch ins Haus. Dort ist es kühl; dort ist es angenehmer. Jetzt ist es im Innern des Hauses angenehmer. Und so begebt ihr euch immer wieder hinein und hinaus.

Auf dieselbe Art und Weise begibt sich ein Mensch mit Bewusstheit und Verständnis von der Peripherie zum Zentrum und vom Zentrum zur Peripherie. Er bleibt niemals irgendwo haften. Vom Marktplatz zum Kloster, von extrovertiert zu introvertiert – er bewegt sich ständig hin und her, denn das sind seine beiden Flügel. Sie sind nicht gegeneinander gerichtet. Sie sind vielleicht in entgegengesetzte Richtungen orientiert – doch das müssen sie auch sein; wenn beide Flügel auf einer Seite wären, könnte sich der Vogel nicht in den Himmel erheben. Sie müssen einander ausgleichen, sie müssen in entgegengesetzte Richtungen weisen, doch sie gehören zum selben Vogel, und sie dienen demselben Vogel. Euer Äußeres und euer Inneres sind eure beiden Flügel.

Ein Mensch mit Bewusstheit und Verständnis begibt sich von der Peripherie zum Zentrum und vom Zentrum zur Peripherie. Er bleibt niemals irgendwo haften. Vom Marktplatz zum Kloster, von extrovertiert zu introvertiert – er bewegt sich ständig hin und her, denn das sind seine beiden Flügel. Sie sind nicht gegeneinander gerichtet.

Dessen muss man sich sehr tief gewahr sein, denn es besteht die Möglichkeit ... der Verstand neigt dazu, sich festzulegen. Es gibt Menschen, die ganz auf den Marktplatz fixiert sind; sie sagen, sie könnten sich nicht von ihm befreien; sie sagen, sie hätten keine Zeit zum Meditieren; sie sagen, selbst wenn sie Zeit hätten, wüssten sie nicht, wie man meditiert, und sie glauben nicht, dass sie meditieren könnten. Sie sagen, dass sie weltliche Menschen seien – wie könnten sie da meditieren? Sie sind materialistisch eingestellt – wie könnten sie da meditieren? Sie sagen: »Leider sind wir extrovertiert – wie könnten wir da nach innen gehen?« Sie haben nur den einen Flügel gewählt. Und es ist nur natürlich, dass daraus Frustration entsteht. Mit nur einem Flügel muss einfach Frustration auftauchen.

Dann gibt es Menschen, die die ganze Welt satt haben und aus ihr entfliehen, ins Kloster gehen, in den Himalaja, *Sannyasins* werden, Mönche werden, allein leben, ein Leben der Introversion wählen. Sie schließen ihre Augen, sie verschließen alle ihre Türen und Fenster, sie werden wie die Leibniz'schen Monaden – ohne Fenster –, und dann fühlen sie sich gelangweilt.

Auf dem Marktplatz hatten sie es satt, waren sie es leid, waren sie frustriert. Es wurde für sie zum Irrenhaus; sie konnten keine Ruhe mehr finden. Es gab zu viele Beziehungen und nicht genug Urlaub, nicht genug Raum, um sie selbst zu sein. Sie verloren sich in den Dingen, sie verloren ihr Wesen; sie wurden mehr und mehr materialistisch und weniger und weniger spirituell. Sie verloren ihre Richtung. Sie verloren das Bewusstsein, das sie doch eigentlich sind. Also entflohen sie dem Ganzen. Sie flohen, weil sie es satt hatten und frustriert waren. Jetzt versuchen sie, allein zu leben, ein Leben der Introversion – und früher oder später wird es ihnen langweilig werden. Sie haben den anderen Flügel gewählt, doch wieder nur einen

Flügel. Das ist ein einseitiges Leben. Sie sind auf der anderen Seite der Polarität wieder in dieselbe Täuschung verfallen.

Ich bin weder für das eine noch für das andere. Ich wünsche mir, dass ihr fähig werdet, auf dem Marktplatz zu bleiben und doch meditativ zu sein. Ich wünsche mir, dass ihr Beziehungen zu anderen Menschen habt, dass ihr liebt, dass ihr Millionen von Beziehungen habt, denn sie bereichern euch – und doch fähig bleibt, eure Türen zu schließen und manchmal einen Urlaub von all diesen Beziehungen zu nehmen ... damit ihr auch mit eurem eigenen Wesen in Beziehung sein könnt.

Seid in Beziehung zu anderen, doch seid auch in Beziehung zu euch selbst. Liebt andere, doch auch euch selbst. Geht hinaus! Die Welt ist wunderschön und voller Abenteuer; sie ist eine Herausforderung, sie bereichert euch. Lasst euch die Gelegenheit nicht entgehen – wann immer die Welt an eure Tür klopft und euch ruft, geht hinaus. Geht ohne Angst – es gibt nichts zu verlieren, es gibt alles zu gewinnnen. Doch verliert euch nicht. Geht nicht weiter und weiter, bis ihr euch verloren habt; kommt gelegentlich zurück nach Hause. Vergesst manchmal die Welt – das sind die Augenblicke für Meditation. Wenn ihr im Gleichgewicht sein wollt, solltet ihr jeden Tag das Äußere und das Innere ausgleichen. Beides sollte dasselbe Gewicht haben, sodass ihr innerlich niemals einseitig werdet.

❧

Wenn ihr im Gleichgewicht sein wollt, solltet ihr jeden Tag das Äußere und das Innere ausgleichen. Beides sollte dasselbe Gewicht haben, sodass ihr innerlich niemals einseitig werdet. Das bedeutet es, wenn Zen-Meister sagen: »Gehe im Fluss, doch lass das Wasser nicht deine Füße berühren.«

❧

Das bedeutet es, wenn Zen-Meister sagen: »Gehe im Fluss, doch lass das Wasser nicht deine Füße berühren.« Sei in der Welt, doch sei nicht von der Welt. Sei in der Welt, doch erlaube der Welt nicht, in dir zu sein. Wenn du nach Hause kommst, kommst du nach Hause – so als wäre die ganze äußere Welt verschwunden.

> Hotei, ein Zen-Meister, ging einmal duch ein Dorf. Er war einer der schönsten Menschen, die jemals auf Erden wandelten. Er war als der Lachende Buddha bekannt – er pflegte die ganze Zeit nur zu lachen. Doch manchmal saß er auch unter einem Baum – in diesem Dorf saß er mit geschlossenen Augen unter einem Baum –, nicht lachend, nicht einmal lächelnd, vollkommen ruhig und gesammelt. Jemand fragte ihn: »Du lachst ja gar nicht, Hotei?«
> Er öffnete die Augen und sagte: »Ich bereite mich vor.«
> Der Fragende konnte das nicht verstehen. »Was meinst du mit ›vorbereiten‹?«
> Hotei antwortete: »Ich muss mich auf das Lachen vorbereiten. Ich muss mir Ruhe gönnen. Ich muss nach innen gehen, ich muss die ganze Welt vergessen, sodass ich erfrischt zurückkommen und wieder lachen kann.«

Wenn ihr wirklich lachen möchtet, werdet ihr lernen müssen, wie man weint. Wenn ihr nicht weinen könnt und nicht zu Tränen fähig seid, werdet ihr unfähig sein zu lachen. Ein Mensch des Lachens ist auch ein Mensch der Tränen – dann ist der Mensch im Gleichgewicht. Ein Mensch der Glückseligkeit ist auch ein Mensch der Stille. Ein ekstatischer Mensch ist auch ein zentrierter Mensch. Beides ist miteinander verbunden. Aus dieser Verbundenheit der beiden Pole entsteht ein ausgeglichenes Wesen. Und das ist das Ziel.

Über den Autor

Oshos Lehren lassen sich nicht in ein enges Raster pressen, sie decken alles ab von der individuellen Sinnsuche bis hin zu den drängenden sozialen und politischen Fragen unserer Zeit. Seine Bücher wurden nicht von ihm geschrieben, sondern sind Transkriptionen der Audio- und Videoaufzeichnungen seiner Vorträge, die er im Lauf von 35 Jahren vor einem internationalen Publikum hielt.

Die Londoner *Sunday Times* zählte Osho zu den »1000 Gestaltern des 20. Jahrhunderts«, und der amerikanische Autor Tom Robbins nannte ihn »den gefährlichsten Menschen seit Jesus Christus«. Osho hat über sich und sein Wirken gesagt, dass er dazu beitrage, die Voraussetzungen für die Geburt eines neuen Menschen zu schaffen. Er hat ihn oft als »Sorbas, der Buddha« charakterisiert – ein Mensch, der die irdischen Freuden eines Alexis Sorbas ebenso wie die heitere Stille eines Gautama Buddha genießen kann. Durch alle Aspekte von Oshos Werk zieht sich wie ein roter Faden eine Vision, die die zeitlose Weisheit des Ostens und das höchste Potenzial westlicher Wissenschaft und Technologie vereint.

Bekannt ist Osho auch für seinen revolutionären Beitrag zur Wissenschaft der inneren Transformation. Seine Auffassung von Meditation bezieht das beschleunigte Tempo unseres modernen Lebens mit ein. Daher sind seine einzigartigen »aktiven Meditationen« so gestaltet, dass zuerst der in Körper und Geist angesammelte Stress freigesetzt wird, was es leichter macht, einen gedankenfreien und entspannten Zustand von Meditation zu erfahren.

Von Osho sind zwei autobiografische Werke erhältlich:

Autobiography of a Spiritually Incorrect Mystic. St. Martins Press, 2000 (dt.: *Autobiographie eines spirituellen Provokateurs.* Wilhelm Heyne Verlag, München 2003)

Glimpses of a Golden Childhood. The Rebel Publishing House, 1985 (dt.: *Goldene Augenblicke.* Osho Verlag, Köln 1995; jetzt über Innenwelt Verlag, Köln, zu beziehen)

Die Webseite www.osho.com bietet in mehreren Sprachen einen detaillierten Überblick über Oshos Werk und seine Meditationen.

OSHO® Meditations-Resort™

Das Osho Meditations-Resort ermöglicht die unmittelbare Erfahrung einer neuen Lebensweise, die mehr Achtsamkeit, Entspannung und Freude zum Ziel hat, ist aber auch ein wunderbarer Ort, um einfach nur Urlaub zu machen und auszuspannen. Es liegt in Pune, Indien, etwa 150 Kilometer südöstlich von Bombay. Pune, einst Zufluchtsort der Maharadschas und der reichen britischen Kolonialherren vor der Sommerhitze, ist heute eine aufstrebende moderne Großstadt, die mehrere Universitäten und diverse High-Tech-Industrien beherbergt.

Das Resort umfasst rund 15 Hektar Land im üppig grünen Wohnviertel Koregaon Park und bietet den Tausenden von Besuchern, die jedes Jahr aus über hundert Ländern nach Pune kommen, ein umfangreiches und vielseitiges Programm, größtenteils in modernen, klimatisierten Räumlichkeiten. Unterkunftsmöglichkeiten gibt es in zahlreichen nahe gelegenen Hotels und Privatwohnungen sowie in einem neu erstellten luxuriösen Gästehaus im Resort selbst.

Alle Angebote basieren auf Oshos Vision des neuen

Menschen, der kreativ und erfolgreich seinen Alltag meistert, sich ebenso aber auch in Stille und Meditation zu versenken vermag. Neben dem täglichen Meditationsprogramm werden das ganze Jahr über Einzelsitzungen, Gruppenworkshops und Kurse angeboten. Die Themenbereiche reichen von Kunst und Kreativität über ganzheitliche Gesundheit, Beziehungsfragen und esoterisches Wissen bis hin zu persönlicher Transformation und Therapie. Das »Club Med«-Programm – »Med« für Meditation – bietet die Möglichkeit, auf einem liebevoll gestalteten Gelände auf »Zen«-Weise mit verschiedenen Sportarten zu experimentieren und Erholung zu finden.

Im Resort werden in Cafés und Restaurants im Freien sowohl Gerichte der traditionellen indischen Küche als auch eine Vielfalt internationaler Gerichte mit biologisch angebautem Gemüse von der eigenen Farm serviert. Das Resort verfügt zudem über eine eigene Filtrieranlage für sicheres, sauberes Trinkwasser.

Informationen über Anreise und Programme bei:
www.osho.com/resort

www.osho.com
Diese umfassende Webseite bietet in verschiedenen Sprachen eine Onlineführung durch das Meditation Resort in Pune, eine Übersicht über die dort angebotenen Kurse und Seminare, Informationen über Bücher und CDs, die Adressen von Osho-Informationszentren weltweit sowie Auszüge aus Oshos Vorträgen.

Osho International
New York
E-Mail: oshointernational@oshointernational.com
Webseite: www.osho.com/oshointernational